二〇世紀の現代建築を検証する

磯崎新
鈴木博之

聞き手＝二川幸夫

GA

J-92

本書は、1999年11月に刊行された、
GA JAPAN 別冊「20世紀の現代建築を検証する○と×」の改訂新版です。
インタヴューは、1999年7-9月(第1-7章)、2013年6月27日(あとしまつ)に行われました

2000年まであと92日。
カウントダウンするエッフェル塔

磯崎新(左)と鈴木博之(右) / 1999年9月20日

第一章

新古典主義からモダニズムの誕生へ

新古典主義とゴシック

二川　たまたま我々は現在世紀末にいるわけですが、一度今世紀の建築を全般にわたって検証してみたらどうだろうかと思ったのが、この企画のきっかけです。これからあと一、二ヶ月後に次の一〇〇年がスタートしますが、きっと今世紀の始まりとはずいぶん状況が違うのではないかと思うのです。一九〇〇年初頭には、生産性の問題や新しい材料などが次々と出てきた。それによって建築が変わっていった。一方、二〇〇〇年初頭としてはそういう事件は今のところ見当たりません。

ぼくは、新古典主義から近代に移行する状況があんまり明確に言われていないのではないかという印象を以前から持っているのです。その辺りのことから歴史家として鈴木さんに整理していただきたいし、磯崎さんには、建築家として現代建築との関わりについて解明していただきたいと思います。

磯崎　それはヴィクトリアンの問題だと思いますね。まさに鈴木さんがカバーしているエリアで、時代的には十九世紀の後半全部です。そこで起こった様々な事件は、二〇世紀に繋がっている部分と切れている部分と両方ある。ヴィクトリアンは、二川さんの言われる新古典主義の後の問題ですから、まずは十九世紀の真ん中辺りを議論することになるんですかね？

鈴木　かもしれません。一七五〇年代から、**マルク・アントワーヌ・ロージエ**［一七一三〜一七六九］の著作やギリシャの建築の実測図集が出てきて、新古典主義の建築について語られ始めます。それと革命的建築家というのが十八世紀末に出てきます。それが何故近代性なの

マルク・アントワーヌ・ロージエ［Marc-Antoine Laugier、1713-1769］：フランスの聖職者で建築理論家。ここで鈴木が触れている『建築試論（Essai sur l'Architecture）』を1753年に発表し、古典建築の素形をコラム（柱）・エンタブラチュア（梁）・ペディメント（破風）で構成される「原始の小屋（＝primitive hut）」とした。本の中で描かれた、4本の柱梁の骨組みに三角形の屋根が載るその絵は建築の原型とも言われ、この書籍は、古典建築を合理的に分解し幾何学的な構成につなげたという意味で、新古典主義のきっかけとされる

かというと、やはり理念で建築を支えるからでしょうね。歴史性だけが建築を支えるのではない、という考え方が出てくるわけです。それは新古典主義建築の真骨頂であると同時に、近代が受け継ぐ一つの考え方でもあったような気がするんですね。

そして、十八世紀の最後の頃に近代の始まりのメルクマールがいくつかあると言われますが、一番大きいのは産業革命が始まっていたこと。一般には、一七七〇年代頃から、蒸気機関がいろんな形でもののつくり方に変化を与えていくというわけです。二つ目の要素として挙げられるのは一七八九年のフランス革命で、人間の在り方として、身分ではなくて基本的人権があるんだという考え方が出てきた。これも近代に結びつくわけです。三つ目の要素としてよく挙げられるものとしては、アメリカが一七七六年に独立宣言を出す。ヨーロッパにとっては、それまで植民地であったものが同人種の同格を主張し始めるわけです。そこで、ヨーロッパ中心的世界観というのが一極構造ではなくなってしまう。否応なしに自己を相対化するようになってくる。それが、近代的な社会のあり方、人間のあり方、意識のあり方を決めていくんだという見方をよくするわけです。

一方そういう変化によって建築自体がどう変わっていくかというと、十八世紀の末の事柄が、直接、現代、あるいは近代には結びつかない。何故ならその真ん中に十九世紀があって、十九世紀というのは、理念的な在り方が現実に食い破られてしまうような時代だったんではないかと思うのです。現実的には、アメリカが独立したと言っても、ヨーロッパにしてみればインド帝国といった植民地が実体として強くなっていく。ヨーロッパの世界が本当の意味で世界を制覇していくのは十九世紀を通じての問題だと思うんですね。日本から見れば、だからこそ黒船も来るようになってしまうわけだし、ヨーロッパ人が万国博覧会のような形で世界の見取り図をつくろうとしたのも、現実にはヨーロッパがいよいよ世界を制覇していく時期であったという意識の現れだったわけです。そうなってくると理念によって建築を成立させようという新古典主義よりは、実体としてのバックグラウンドがもっと必要で、ヨーロッパにとってはナショナリズムに基づいた建築の成立根拠が欲しいということで、十九世紀には一挙に歴史主義的な建築が強くなっていく。

特にナショナリズムに結びつくのはゴシックであるわけです。それに対して、新古典主義というのは明らかにインターナショナリズムに結びつく。新古典主義の建築はギリシャ、ローマに起源を持つヨーロッパのほとんどの国にとって、自国の様式ではないわけです。それに対してゴシックというのは、ちょうどヨーロッパに今見るような国が出来てきた時期の様式だから、イギリス人は、ゴシックは自分の国の国民的様式だと言うし、フランス人は自分の所で出来たって言うし、ドイツは、ゴシックはゲルマン的なものだと言う。それぞれが逆に中世に根を持つことでナショナリズムが保証される。そういう歴史が十九世紀を通じて建築を支配していった。

新古典主義の問題から近代を考えるというのは、非常に大きな意味があって、新古典主義は、まず本質的にインターナショナルな基盤を持っているのです。また、建築の正当性を歴史性によって保証するというよりも、理念において保証するという考え方が出てきたのが、新古典主義の時代だった。それが近代のなかでもう一度意味を持ってくる。ちょうど一九〇〇年が始まって、それまでの、アール・ヌーヴォーのような形で歴史と決別しようとしていたものが意識化されると同時に、新古典主義に近いモダニズムが生まれてくると。そのように理解できるんではないかと思うのですが。

磯崎　今、ゴシックがナショナルなものの根拠を与えてくれるものだという話があったんですが、しかし一方では、ネイション・ステイトと言われる民族国家が生まれてきたときの最初の様式というのは、みんな新古典主義みたいなものです。例えば、**カール・フリードリッヒ・シンケル**[一七八一〜一八四一]がそうです。ワシントンDCのパラディアンみたいなものもそうだし、フランス革命の後の皇帝主義も新古典主義です。そ

カール・フリードリッヒ・シンケル［Karl Friedrich Schinkel、1781-1841］：ドイツ新古典主義を代表する建築家。アルテス・ムゼウム（旧博物館、1830）は、ギリシャ建築に倣った厳密なオーダーと端正なプロポーションが特徴だが、それにもまして彼が注目されるのは、古典を単に再現するのではなく、ペディメントを省き長方形のファサードにするなど、幾何学的に整理された、モダニズムを予感させる新しいデザインを展開している点

の辺にゴシックはあんまり無いじゃないですか。

鈴木　ただイギリスは国会も最高裁判所も、ゴシックですよね。

磯崎　イギリスが特別なんじゃないのかな。

鈴木　フランスだってネオ・ゴシックの建物が建たないわけではないし、**ノートルダム**とか**サント・シャペル**などが熱心に修復されていくのは、十九世紀のことであるわけです。ただフランス的な理念と新古典主義は、確かに一致するところがあるでしょうね。

磯崎　要するに、革命の理念、あるいはアメリカの建国の理念、これらは、言わばエンライトメントの系列ですから、それがみんな新古典主義に結びつくと考えられます。

鈴木　エンライトメントなんでしょうね。啓蒙主義というか、普遍性を信じる、あるいは普遍性を標榜するときに、新古典主義は非常にぴったりする表現形式なんだと思うのです。ただし逆に言えば極めて非人称的な表現ですが。だから普遍的でもある。ただ本当に人々がそれに自己を同化できるのかどうかという問題は残るような気がしますね。

ノートルダム大聖堂、パリ、1163-1250頃
（19世紀中頃から、ヴィオレ＝ル＝デュクらにより大規模な修復が行われ、大聖堂交差部の尖塔が復元された）

イギリスのゴシック、そしてケルト

磯崎　様々な意味での近代国家の生誕とは、人工

的につくり上げたものです。人工的につくり上げると、何かの形で表現しなければならない。その再現表象は何を手がかりにするか。それは、どこの国も建国のときに必ず生じる問題です。ヒットラーにしても、二〇世紀の国家の建設のときには自国の再現表象の問題を取り上げる。おそらくその辺のテーマは後で出てくると思いますが、さしあたりの十九世紀の始まりの頃、いくつかの先行した国家はそういう問題に直面していました。その場合に、ゴシックがとりわけ目立つのはイギリスです。どうしてイギリスにもっぱら偏ってゴシックが使われたんでしょうか。それがヴィクトリアンに全面的になだれ込むわけです。

鈴木　単純に言えば、ヨーロッパ大陸に対するローマ帝国の支配の強さ。イギリスにはドーバー海峡があったということではないでしょうか。むろん、イギリスにもローマの遺跡はいっぱいあるけれども、陸続きではない。例えば、ナポレオンは皇帝になるわけです。明らかにローマ皇帝をイメージしてそれをなぞっているわけだし、オーストリア＝ハンガリー帝国という帝国意識の奥にも、神聖ローマ帝国というイメージがあったはずです。その意味ではイギリスは、島国だという独立心と、逆に言えば、それによって、他の大陸諸国と違う自分たちのアイデンティティを得られるという意識がその裏にはあったのではないかとぼくは思います。十九世紀のイギリスを大英帝国と称しますが、そこにはナポレオンが抱いたようなローマ皇帝のイメージはない。それだけ、実利的近代性が強かった。

磯崎　イギリスの場合は、イングランド、ウェールズ、スコットランド、アイルランドと、いくつかの由来の異なる国があります。そのなかで、**ケルト**的なものに対する意識が十九世紀の後半に出て来る。そして最終的にはそれがモダニズムの典型になっている。アイルランドの作家ジェームズ・ジョイスは完全にケルトだというのが今や定説です。ケルトの昔ながらのマヌスクリプトのなかで、もっともケルト的な文様のものを亡命しながら唯一持っていた。そのケルト的だという議論がイギリスで起こってきたときに、それは反ゴシックだったんですか？　その辺がぼくにはなかなか掴めない。

鈴木　造形の面で言うと、ケルト的なものに対す

ケルト［Celtic］：ケルトとはヨーロッパ先住民族の総称であるが、ここではスコットランド、アイルランド、ウェールズの動向について述べられている。ケルト民族は元々あらゆるものに神・魂が宿るとするアニミズム信仰を持ち、さらに後年キリスト教を受け入れたことで独自の展開をする。ケルトの特徴である渦巻き模様や組紐模様は、ケルト神話に登場する植物や動物を抽象化した彼らの輪廻転生の思想を示すものであり、アール・ヌーヴォーに多く見られる植物模様にも影響を与えた。スコットランドの建築家、マッキントッシュの背景として重要な要素

る意識を持っている人は、主流派としてのゴシック・リバイバリストでは明らかにない。それに対する反対です。ゴシック・リバイバルの主流というのが、例えば国会議事堂や最高裁をつくり出し、教会をつくり出す。建築家で言えば、**アルバート・メモリアル**をつくったジョージ・ギルバート・スコット［一八一一〜七八］みたいな人です。ケルト派はそうした大建築家に対して距離を持った人たちですよね。ウィリアム・モリス［一八三四〜九六］にしてもそうだし、リバティ商会のデザインにしても、二〇世紀に近くなるまでケルト的なデザインはずいぶん意識されるわけです。**チャールズ・レニー・マッキントッシュ**［一八六八〜一九二八］のある側面にもそういう部分があると思うんですね。

ジョージ・ギルバート・スコット：
アルバート・メモリアル、1863-72

磯崎　ぼくは個人的に、ケルト起源のものがグラスゴー・スクールをつくったのではないかと勝手に思ってるんですが。

鈴木　まさしくそう思いますね。それはある意味で言うと、例えば、我々にとっての中国がありますよね。非常に強大な文化圏がある。それに対して自己のアイデンティティを表現するときに、強大な文化圏をいかに見事に学習して消化したかということによっては、自分のアイデンティティは確立できない。やはりマイノリティとしての自分を意識化することで、アイデンティティを持つという構図です。ですからヨーロッパ全体にとっての古典主義というのは、ギリシ

チャールズ・レニー・マッキントッシュ［Charles Rennie Mackintosh、1868-1928］：後述(p.29)

ャ、ローマの伝統を引いている。その構造のなかにおいてはイギリスは、ヨーロッパ大陸を目の前にした島国である。それがアイデンティティを持つためには、ゴシックというもの、自分たちマイノリティの守護神みたいなものでやらないといけない。

ところがイギリスのなかにおいては、ゴシックが今度は主流になる。そのなかでさらに新しい自己のアイデンティティを持つときには、マイノリティとしての意識が非常に強くなる。ケルトというのは、まさしくそういうものだと思います。ケルト文化の起源の古さは、マイノリティにとってそのとき強さとなる。モリスのようなアウトサイダーにとっても、アイデンティティの問題はものすごく大きいわけです。つまり、アイデンティティの探し方の問題ですね。それはある意味で人工的なものであるわけです。日本人にしたって大和心なんて生まれつきあるわけじゃないし、英国魂だってあるわけじゃない。

磯崎　そのときに、それが起源と思われる古い何ものかを復活させること、というのがアイデンティティを探す一つの手がかりですね。それはかなり共通するパターンです。

鈴木　ええ、磯崎さんの伊勢もそうですけど(笑)。

磯崎　多かれ少なかれそういうことです(笑)。

ドイツの場合

リヒャルト・ヴァーグナーとゴットフリート・ゼンパー

磯崎　イギリスというマイノリティのなかのさらにマイノリティとしてのケルト、というのは今の説明でよくわかりましたが、もう一つのトピックスとして、一八四九年にドレスデンで革命蜂起が起こります。そのときに国外追放された二人組がいた。それが作曲家リヒャルト・ヴァーグナー〔一八一四〜八三〕と建築家**ゴットフリート・ゼンパー**〔一八〇三〜七九〕です。

彼らは十九世紀後半の大きな問題を取り出した二人じゃないかと思うんです。一番最初にゼンパーが亡命したのはロンドンなんですね。そして、一番最初に小さな仕事をしたのは**クリスタル・パレス**のなかのようです。インテリアで資料もないということになっている。会場をくまなく見ていたはずです。あの時のイ

ゴットフリート・ゼンパー［Gottfried Semper、1803-1879］：建築家、建築理論家。1841年、ドレスデン歌劇場（ゼンパー・オーパー）を完成させた後、1849年、革命蜂起を支持したとして亡命を余儀なくされる。パリ、ロンドン、チューリッヒを転々とし、その間『建築芸術の四要素』や『様式論』を発表。磯崎曰く「近代建築の要素主義、機能主義を最初に理論化した人物」。ドレスデン歌劇場は1869年焼失したため、ゼンパーが再度基本設計をし、息子が実現させた（1878）。後年はウィーンで、王宮拡張計画に関わり、オットー・ワーグナーらに影響を与える

ンテリア展示に確かカリブかどこかの土人の家というのがあった。展示の意図はコロニアリズムですが、それをゼンパーが見て、例の四つのエレメント、〈壇・屋根・仕切り・炉〉を抽出しました。要素主義、つまり機能主義的思考の始まりです。ことは**クリスタル・パレス**のなかで起こっているというのが面白い。彼の移動した跡、チューリッヒ、ウィーンを辿ると、**オットー・ワーグナー**［一八四一～一九一八］たち十九世紀末のウィーン派の前に立ちはだかっている。

　もちろんゼンパーが、近代建築におけるエレメンタリズムとファンクショナリズムを最初に理論化した人だと言われています。そして、チューリッヒにゼンパーを呼んだり、狂王ルードヴィッヒⅡ世のための劇場を共同提案したリヒャルト・ヴァーグナーは、最後にはドイツに帰って、ドイツ起源をめぐる虚構の神話を組み立て直す。ある種の近代の国家の作為的な表象がリヒャルト・ヴァーグナーの手で成されたとも言えます。これが二〇世紀の様々な側面に影を落としているわけです。その根源をさぐると、一八四九年の革命の失敗にあると思う。そのときは**ゼンパー・オーパー**の前段階のものがすでに出来ていました。

鈴木　今の歌劇場は当時、まだ完成してないんで

ゴットフリート・ゼンパー：ドレスデン歌劇場（ゼンパー・オーパー）、
1838-41、71-78
（第2次世界大戦の爆撃で馬蹄形のホールを残して崩壊したため、
現在の建物は戦後再建されたもの）

クリスタル・パレス［The Crystal Palace、1851］：後述(p.69)
オットー・ワーグナー［Otto Wagner、1841-1918］：後述(p.38)

すか？

磯崎　ゼンパーが亡命の後にあらためて設計し直したのが、今のオペラハウスです。その前にあったものが火事で焼けてしまうんです。木造の屋根が架かっていたんだと思いますが。その音楽監督がリヒャルト・ヴァーグナーでした。言ってみればヴァーグナーはアジテーターで、ゼンパーはバリケードをつくるときの工兵隊長だった。そして革命蜂起の失敗のあげくに追い出された。この二人にとって言わばフランス革命の反復だったわけです。マルクスが『ブリュメール十八日』という論文で、革命は二度起こる、二度目は茶番劇だと書いています。名文句です。そういう類の革命でした。

　こんな状況でこの二人が出てきたというのはぼくはなかなか面白いと思う。その意味でゼンパーは近代の一つの起源を組み立てた人だと思います。リヒャルト・ヴァーグナーは最終的にバイロイトに祝祭劇場をつくりますね。それをゼンパーに頼むはずでしたが、予算が乏しい。安物を使わないといけないから、しょうがなく別の人間で手軽にやった。だけど、かえってそれがよかった。かなり明瞭にコンセプトをつくっています。コンセプトの一番のポイントは、それまでの王の座を持った劇場の形式を完全に均質の座席に置き換えたこと。つまりこれは扇形のプランなんです。

二川　それはいつ頃ですか。

磯崎　一八七〇年代、つまり十九世紀の最後の四分の一の期間の出来事です。

　バイロイトにおいて、均質な座席は王を中心とした階級制を壊したけれども、今度は芸術家対民衆と

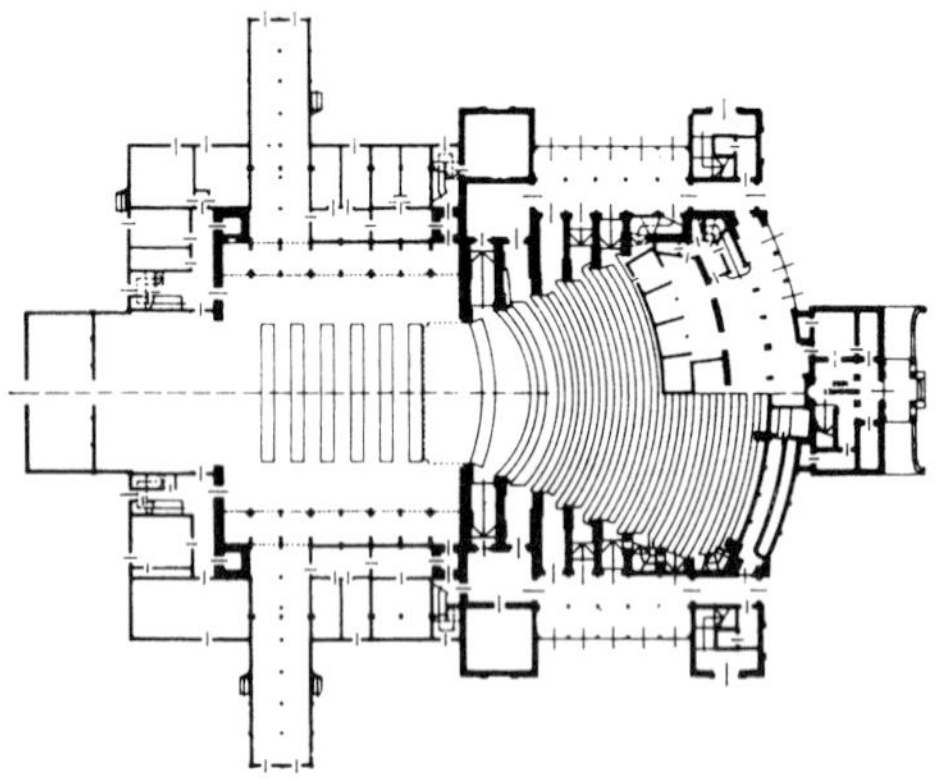

オットー・ブリュクヴァルト：バイロイト祝祭劇場、1876、平面

いう対立を明瞭にしたと言えますね。芸術家はそういう空間の中心にいるんだと。それが、カラヤンまで続いているとぼくは解釈しているわけです。ということは背後にヒットラーがいる。その構図をつくったのがリヒャルト・ヴァーグナーだったわけです。ヴァーグナーはナショナルなものを神話として組み立てるし、一方で旧制度を否定して二〇世紀の典型の均質空間をつくった人と見ていいんじゃないでしょうか。

　劇場やコンサートホールの設計をすると、二〇世紀の最後になっても、このヴァーグナーの枠組みから抜けられないんです。ますます指揮者中心の演奏形式が強固になってくる。それをどうやって崩すかという仕事は今世紀の後半になって試みられているけれど、これはまだ見込みも立ってないという感じですね。

鈴木　いやいや今のお話を伺っていると、最後に、ルイジ・ノーノが出て来る感じがするのですが(笑)。

磯崎　それはずっと後の話ですよ(笑)。

　とにかくこれは、十九世紀の後半に亡命していた連中がやっていた仕事です。ヴァーグナーは亡命しながら、遙か遠くにある帰れない祖国を想っていた。距離があればあるほど、根源を探すということの強さ、強力さが出てくるわけですよ。

鈴木　時間と距離に比例するわけですね。

　磯崎さんのその図式はすごく面白くて、それといかにも磯崎さんらしいなとも思いました。今まで普通に言われている、産業革命が始まって社会が平等になって均質空間が生まれたという定説に対して、全然違う見方で均質空間なるものの成立を解いている意味ですごく面白いと思うのですが、話を戻すと、それだけ十九世紀というのは社会全体が拡散してしまっていると思うんです。

　空間的にはヨーロッパ世界が拡大したわけで、ロンドンのクリスタル・パレスを会場とした万国博覧会というのは、拡散してしまった世界をビジュアライズする非常に大きな情熱の産物だった。ですから、ある意味で十九世紀の歴史的性格の一つは、ものすごく拡散してしまったものをいかに再統合するか、再体系化するか、可視化するか、という情熱だったんだろうと思うのです。パノプティコン《全方向監視システム》も可視化への情熱に支えられているわけで、極めて十九世紀的です。その点からいくと、リヒャルト・ヴァーグナーのいわゆる均質空間というのは、絶対王政がなくなってしまった後の王の代わりに、指揮者席が極座標の中心になった。そういう意味でいうと極座標なんですね。

磯崎　その通りで、中心が移動しただけなんですね。

均質空間というのは、もう少し言い足すと、例えば**ミース・ファン・デル・ローエ**［一八八六〜一九六九］の時代の社会学の人たちが考えていたようなゲゼルシャフト的な社会、孤独なる群衆といったものは、二〇世紀になると、もう一つレベルの違ったところではっきり見えてくるんだと思いますね。

鈴木　右翼の人が、日本は平等だと、一君万乗の国だという言い方をしますね。一君というのは天皇陛下でその前ではみんなが平等だから、日本は平等な君主国だというわけです。陛下は神様だから別格であった。その意味では、バイロイトの劇場にはロイヤルボックスは無かったかもしれないけれど、パノプティコン的というか。簒奪者とは言わないまでも……。

磯崎　簒奪者ですよ。人間という名前の権力者が座れるようになったわけです。

鈴木　今ふと気づいたんですが、新古典主義的近代性と二〇世紀的近代性との違いにもそれは関係して来るんだと思うのです。

新古典主義的近代性と二〇世紀的近代性の差異

鈴木　例えば、シンケルのベルリンの**アルテス・ムゼウム**や新古典主義一般は、ある意味で非常に均質でメカニカルな質を備えています。ですから非人称的だし普遍性を備えるわけですが、現実には、一本一本の柱は古典主義の柱なんです。それと似ているのではないか。ヴァーグナー的均質空間というのは確かに均質性を持っているけれども、それには扇のかなめがあって原点があるわけですよ。

ルートヴィヒ・ミース・ファン・デル・ローエ［Ludwig Mies van der Rohe、1886-1969］：近代建築の巨匠。鉄（骨柱）とガラスによる均質空間こそが現代を表象する現代の建築であるとして、モダニズムを体現し牽引した。ナチスの迫害を逃れてアメリカへ亡命、「ユニヴァーサル・スペース（＝機能を限定せずあらゆる用途に使用可能な空間）」を提唱。これはモダニズムの基本理念となるほどその影響力は大きい。「Less is More（少なければ少ないほど、豊かである）」は、彼の建築思想を一言で示す名言

磯崎　均質というよりも、全方位均等空間ですね。

鈴木　そうです。その意味で言えばルネッサンスの理想都市からカールスルーエの都市計画に至るまで、同心円的に広げることによって、都市を均等に構成していくという極座標的考え方とほとんど変わるところはない。一九〇〇年以降の近代というのは、そういうものすらなくなったと言うとノスタルジックに響くけれども、それすらも否定してしまったのか、成立できなくなってしまったのか。

磯崎　おそらく、今鈴木さんが示されたポイントが、**アドルフ・ロース**［一八七〇～一九三三］を経て、むしろミース・ファン・デル・ローエに言えることだと思いますね。最終的にはハイデガーだと思うんですが。ミース、あるいは**バウハウス**が持っていた空間の原理は、それをもう一つ超えたところのものです。それゆえに、ヒットラーから批判されたわけです。

鈴木　彼は不快に思ったわけですね。ヒットラーは、その意味では面白くて、アール・ヌーヴォー的なものをデカダンスと言って否定してぶっ壊してしまうし、バウハウス的なものについてもヤバイと感じる。

磯崎　自分の居場所がなくなっちゃうからね。それで、突然ものすごいテクノロジーを彼は使うわけだ

カール・フリードリッヒ・シンケル：アルテス・ムゼウム、1823-30

アドルフ・ロース［Adolf Loos、1870-1933］：後述(p.44)

バウハウス［Bauhaus］：後述(p.53)

から。

鈴木　なるほど。祝祭なんかの演出には、ものすごいテクノロジーを使うわけですね。

一番問題になるのは、その極座標的な均等性から、焦点が無限に拡散してしまったような均質というもの——それには弊害ものすごく沢山あるわけですが——が一体いつ出てきたのか。それがどういう形で存在するようになったのかが、ある意味で二〇世紀の問題だと思います。だから最初に二川さんのおっしゃった新古典主義的近代性の出現によって、九〇%以上は近代性が獲得されているんだけれども、最後のかなめが残っていた。それが飛んでしまうというのが二〇世紀的近代なんじゃないかと思うわけです。

磯崎　正確な例としていいかどうかわからないけれども、アメリカの都市というのは、**ジェファーソン・グリッド**で区切られている。要するに直交座標を無限に広げていく。州のボーダーまでそれに合わせていくわけですよね。

ジェファーソン・グリッドによるニューヨーク

abc

鈴木　ジェファーソンは農地全体を一マイルの格子で区切ってしまったんですよね。実に単位も単純で(笑)。

磯崎　そのジェファーソン・グリッドが、ある意味で均質空間のもう一つの極限なんじゃないだろうか。均質空間としてのインフラ。それをつくったのがジェファーソンじゃないかという気もする。いわゆる均質空間的な建築概念は、ジェファーソン・グリッドの上に生まれてきたんですよ。

鈴木　ただし、そういう意味で言えば、ジェファーソン・グリッドは、明らかに古代ローマの条里制の応用ですよね。チェンツリアツィオーネという古代条里制を参考にしているわけです。条里制というのは中国から日本が持ってきた制度の一つでもあるわけですが、ある領域を管理なり支配しようと思ったら、グリッドしかないんですよ。

磯崎　まあギリシャの植民都市も皆そうですね。

鈴木　植民都市は必然的にそうなりますよね。ギリシャであれ中世であれ、計画都市というのはどうしてもグリッドになりがちだし、都市であればまだ極座標都市はつくれるけれど、極座標的国というのは物理的にはできないんじゃないかと思います。単にジェファーソン・グリッドが近代だとも言えないと思うのですが。

磯崎　その上に出来たものだということです。六〇年代に二川さんと一緒にヨーロッパ、アメリカを廻って帰ってきてからぼくが考えて書いたのは、現代都市は立体格子だということです。ジェファーソン・グリッドの上に格子があるよと。これはどちらかというとシカゴ派のフレーム・ストラクチャーに近いものから発していると見てもいい。それは完全にテクノロジーの産物ですね。そこで出てくるのは、剛接合という構造の形式と、空中に持ち上げるエレベーターというテクノロジーです。そのときに例えばアメリカの超高層の議論だと、シカゴ派のクラシックとニューヨーク派のゴシックとが十九世紀の末に衝突して競ったと言われている。最終的には**シカゴ・トリビューン**のコンペではゴシックが採用された。クラシックは**ワルター・グロピウス**［一八八三〜一九六九］をはじめ、負けたわけです。そういう議論があるんだけど、それは立体

シカゴ・トリビューン・コンペティション［Chicago Tribune Tower Competition、1922］：新聞社社屋の設計者を選ぶために行われたものだが、その後のアメリカの摩天楼建築を予見するコンペとなった。1等はレイモンド・フッドのネオ・ゴシックのデザイン。2等はエリエル・サーリネンのナショナル・ロマンティシズムとネオ・ゴシックを合わせたもので、アール・デコの先駆け。新古典主義的な幾何学デザインを用いたグロピウスは落選。フッドはこの後作風を変え、アール・デコの高層建築をニューヨークに次々と建てる。つまりここでの2等案が、1920-30年代のニューヨークの摩天楼建築(＝アール・デコ)を牽引する素形となった

ワルター・グロピウス［Walter Gropius、1883-1969］：後述(p.52)

格子の廻りにつけた意匠の議論であって、それを剥いでしまえば……。

鈴木　今のお話もすばらしく面白いですが、立体格子というもの自体は近代の産物ではない。それこそ、ギリシャのオーダーはプロポーションで行っているわけです。柱の高さは直径の八倍とか。それから柱の並べ方は、柱の太さの何本分という形です。ギリシャというより古典主義建築は、水平方向には柱の割り方、垂直方向にはオーダーによるプロポーションの積み重ね方が決まっていて、しかも柱単位になっている。つまりイマジナリーな立体格子のなかで成立する建築だということをジョージ・ハーシーというイェールの先生だった人が言っていて、彼によればコルポ・トランスパレンテ［トランスペアレント・コープス］だそうです。つまり、イマジナリーな透明な立体格子のなかでつくられていくのがクラシシズムである、ということを言っているんですよ。今おっしゃるように、近代というのは

シカゴ・トリビューン・コンペティション、1922

ハウエル&フッド(1等)

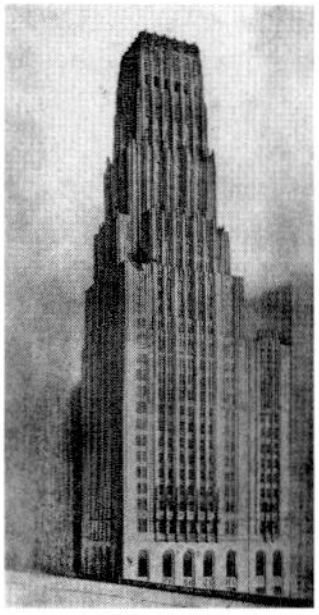
サーリネン(2等)

同左、断面

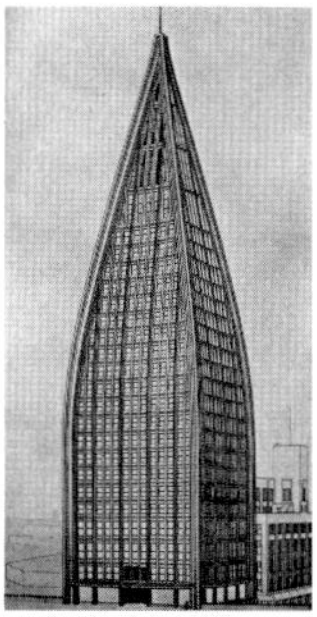
タウト

グロピウス&マイヤー

ロース

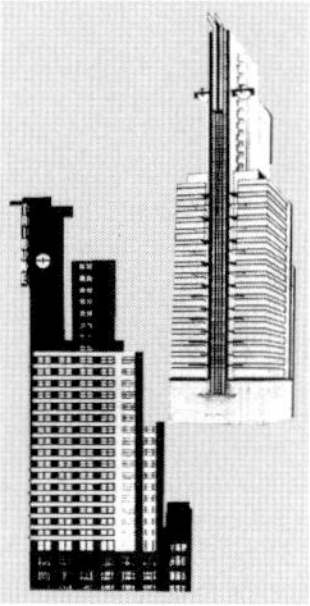
ロンベルグ=ホルム

ジェファーソン・グリッドを立体化していったとも見えるけれども、先ほどの条里制と同じように古典主義の建築がすでにやっていたことだとも言える。そうなると、逆に……。

磯崎　おっしゃるように、フィレンツェのパラッツォはアーチを中に使ったとしても立体格子ですね。パラッツォ・ピッティは、**フィリッポ・ブルネレスキ**［一三七七〜一四四六］のやった部分だってユニットを積み重ねている。

鈴木　近代におけるグリッドについては磯崎さんが言われた通りだと思うのですが、むしろだからこそ逆に意匠というか、外皮が出てくる。近代は立体格子を実体化できてきたけれども、じゃあ本当の意味でスパッと切ったような立体格子がつくれているのか。例えば、ミースはシーグラムをつくるまではできていなかった。それまでは、何故ビルの頂部に頭をつけなきゃいけないのか、何故出窓で覆わないといけなかったのか。むしろそこに面白さがあるんじゃないかと思うわけです。

本質的には**シカゴ派**の時代から現代の高層建築の時代が始まっていたし、その空間が出来ていた。だけど、何故最初の五〇年近くの間は、足元と頭を気にせざるを得なかったのか。そのときの立体格子というものは、我々が今考える立体格子ではなかったんだと思うのです。彼らにとっての立体格子は、始まりがあって頂上がある、というものだったからこそ、じゃあどういう帽子をかぶろうかという問題になったと思うんですね。山高帽がいいんだ、シルクハットがいいんだという議論があったんではないか。むしろ、非本質的な外皮の変化、ディテールの変化、あるいはスタイルの変化と言ってもいいのかもしれませんが、そこにこそ彼らが何を見ていたのかが窺えるのではないかという気がするんですね。

磯崎　おっしゃる通りだと思うんだけれど、様々な人が十九世紀末のシカゴ派に対して解釈を加えているわけですが、テクノロジーのレベルから言うと立体格子の成立です。これはもう誰も疑ってないですね。そしてそれにどういう風な衣装を着せたかということから言えば、もちろん建築家が腕を振るっている。例えば**ルイス・ヘンリー・サリヴァン**［一八五六〜一九二四］。ゴシック的なベイ・ウィンドウをつくった何人かの人が

フィリッポ・ブルネレスキ［Filippo Brunelleschi、1377-1446］：後述(p.141)

シカゴ派［Chicago School］：1871年の大火事によりシカゴは街の再建が急務となる。産業革命と人口の急増（1871年から世紀末までに30万人→200万人）による経済発展を背景に高層建築の需要が劇的に増え、鉄骨骨組みとエレベータの開発によって次々と建設されていく。シカゴ派とは19世紀末から20世紀にかけてこれらの建設に関わった建築家を指し、技術師であり建築家ウィリアム・ル・バロン・ジェニーを筆頭に、ダニエル・バーナム、ルイス・サリヴァンらが挙げられる。鉄骨材を煉瓦で被覆する、また煉瓦造との混合など移行期の折衷的解決が見られ、後の高層建築技術の基礎となった

いる。そういう解釈が様々議論されているけれど、立体格子にしちゃったというのは誰も疑ってないじゃないですか。

鈴木　そのときには、現実には立体格子が成立していたわけですよね。

磯崎　あの時代、技術的にそれが発明されたわけですよ。

鈴木　逆に言えば、十九世紀が延々とゴシックをやっていたわけですが、実際上は、もう近代社会が始まっていたんですよね。大量生産は始まっていたし。けれども彼らはそれがわからなかったんですよ。理念が現実に食い破られるという典型的な十九世紀の姿です。

磯崎　建築はいつも遅れているんですね。

鈴木　だからシカゴ派の連中にしても、立体格子が実現しちゃうと、理念の世界じゃやってゆけなくなっていった。だけど、彼らにとってはそれが何を意味しているかがわからなかった。

磯崎　十九世紀の段階では、誰もそこまで頭が働いてないいんじゃないですか。つまり立体格子なんてデザインだと思ってなかった。

鈴木　そうでしょうね。だけど、今だってかけ声では情報化の時代だと言っているけれど、多分我々は何にもわかってないいんだと思います。それで後から考え

ダニエル・ハドソン・バーナム&ジョン・ウェルボーン・ルート：
モナドノック&キアサージ・ビル、1884-90
（右はミースの連邦政府ビル）

ルイス・ヘンリー・サリヴァン［Louis Henry Sullivan、1856-1924］：シカゴ派を代表する建築家。「形態は機能に従う」と主張し、鉄骨構造で均等な柱割りの、合理的なハコ型の空間をつくりながら、細部には精緻な装飾パターンを与える。シカゴの大火（1871）後の建設ブームで、オフィスビル、デパート、銀行などいくつもの建築を手がけ、19世紀末の興隆するシカゴ建築界を技術的にもデザイン的側面からもリードした

れば、「二〇世紀の後半に、電話が出来てたことの意味を彼らは知らなかった」とか言われるんじゃないか（笑）。だから、情報化社会の建築表現を考えたり、あらゆるものの意味をはぎ取ろうとかやっているけれど、全然ぼくらははぎ取ってなくて、本質は違うということが五〇年後ぐらいにわかる。逆に言えば、今我々が何に意味を見ていたか。壁を剥き出しにすることで本質が見えるみたいに思っていたら、「彼らはそういう風に本質を見ていたんだ」と読むかもしれない。だから十九世紀もそうだったけれども一九〇〇年以降も、非常に些末なというか、あいつらわかってなかったというような、その時代の制約を受けた表現のなかに逆に、その時代が見ていたものの意味が現れて面白いんじゃないかと思うんですよ。

磯崎　鈴木さんは歴史的に、その時代毎にシンパシーを持って説明しようとしてるんだな。ぼくは、遠くから見ていてバサッと切っちゃうみたいな違いがありますね（笑）。

鈴木　それは立場の違いですかね（笑）。

ルイス・ヘンリー・サリヴァン

鈴木　シカゴ派で思い出しましたが、**カーソン・ピリー・スコット**というサリヴァン設計のデパートがありますよね。シカゴの建物って増築に次ぐ増築で、経済成長がそのまま建物になるようなところがありますけど、この建物もその例でして、均等なスパンで、上の階を見れば横窓のラーメン構造なんですが、角だけ丸くなっていて、下部だけ精緻な装飾が成されている。あそこが面白いんですね。

磯崎　ぼくは大学の卒業論文のときに、シカゴ派を調べてて、あの建物の説明に困ったんですよ。

鈴木　「スカイスクレーパーの史的研究」［一九五四］という論文ですね。

磯崎　それで省いた記憶があるんだな。カーソン・ピリー・スコットには円筒形のコーナーがあったんですよ。そこがサリヴァンの腕の見せどころだった。で、これはいけないと思って（笑）。

鈴木　あれはやっぱり変なんですよね。

二川　サリヴァンの名前が出たところで聞いておき

たい。お二人は、サリヴァンをどう評価してますか。ぼくはよくわからないんですね。**フランク・ロイド・ライト**［一八六七〜一九五九］の先生がサリヴァンだったということで、実物大以上に評価されているような気がするんですよ。でも、今のお二人の話を聞いていると、近代建築には結構大きな影響力を持っていたんですかね。

鈴木　どうなんでしょう？　骨組みはすごくシンプルで、ビルダーだけみたいなところがある。そこへレースのような模様を付けた人、という感じがするなあ。

磯崎　デザインは巧いんですよ。あそこまできれいに自分の手で複雑な装飾文様を描けた人というのは、あの当時はいなかった。

二川　彼は確かにデッサン力に優れていたと思いますが、建築全体を評価すると、かなり古いコンセプトですね。

磯崎　後期の小さい銀行［ナショナル・ファーマーズ銀行］はいいと思いますよ。よく出来ていると思う。

鈴木　あれはいいハコですよね。ただ、意地悪く言えばサリヴァンにとっても自分が楽しいのは、装飾パターンがこれほど細かく入れられる、ということであって、あとは非常にそっけなくやるから時代の本質が出るとも言えるんじゃないですかね。均質空間、あるいは非常に合理的なボックスが出てくる。彼より前の人も後の人も、例えば、ヘンリー・ホブソン・リチャードソン［一八三八〜八六］は建築的に多様ですよね。彼は空間をつくる人としては巧かったから空間をひねったけど、サリヴァンの空間は非常に率直、ストレート・フォーワードであった。そこから習ったライトの方はサリヴァンよりも巧みだったから空間をひねった。だけど逆にサリヴァンの建築には非常に率直に、時代が出ているという風にも見えないでしょうか。それを二川さんは下手だとおっしゃるのかもしれない。

磯崎　手を抜いたのか、意図的だったのかわかんないですね。そこは歴史家が判断しないといけない（笑）。

フランク・ロイド・ライト［Frank Lloyd Wright、1867-1959］：後述（p.154）

ルイス・ヘンリー・サリヴァン：カーソン・ピリー・スコット百貨店、1898-1903

カーソン・ピリー・スコット百貨店、
装飾の施された円筒形の入口部分

ルイス・ヘンリー・サリヴァン：ナショナル・ファーマーズ銀行、オワトナ、1906-08

ナショナル・ファーマーズ銀行、壁面

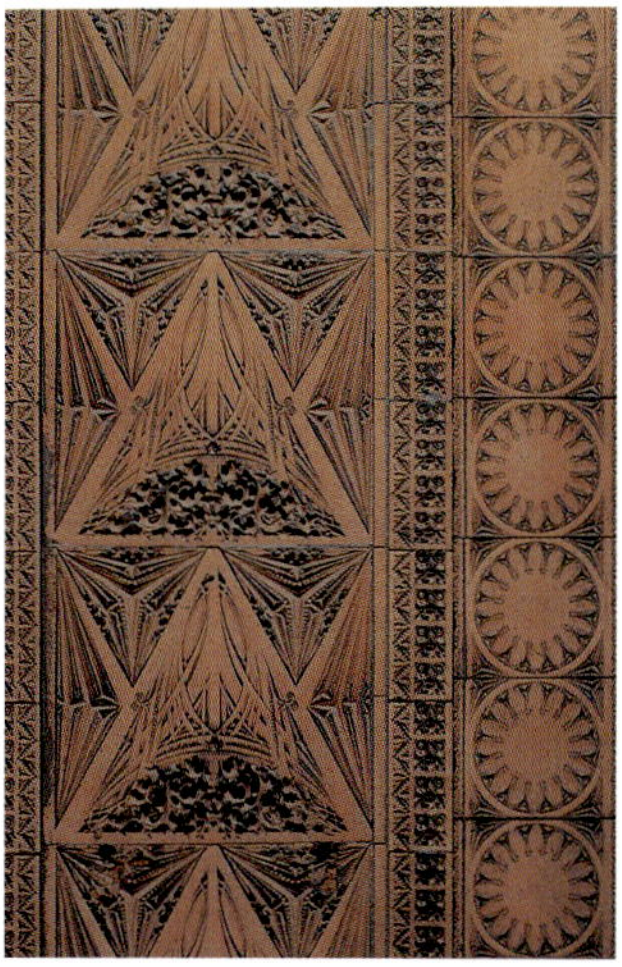
ルイス・ヘンリー・サリヴァン：
ギャランティ・ビル、1894-96、壁面

鈴木　サリヴァンにとっては、細部が面白かったんだと思いますね。

二川　と思いますね。テラコッタ模様でしょうね、やりたかったのは。**エーロ・サーリネン**［一九一〇～一九六一］の家具と一緒じゃないですかね。サーリネンは家具のことをしつこくやっていて、建築のことは**ケヴィン・ローチ**［一九二二～］がやってたわけでしょ。

ルイス・ヘンリー・サリヴァン：ウェインライト・ビル、1890-91

磯崎　建築のデザインはスタッフが中心になってたことは確かですね。

二川　おそらくサリヴァンもテラコッタの模様を描くのが大好きで……。ライトは、ああいうことを始めたらサリヴァンには勝てっこないと思ったんじゃないかな、それで、違う方向へ逃げちゃったんじゃないか。ちょっと乱暴な見方ですけど（笑）。

鈴木　ちょっと荒っぽいなあ（笑）。

磯崎　ライトは、手としては不器用な人だったと思いますね。例えば、同じハイバックの椅子をマッキントッシュがつくり、ライトがつくる。ライトのは重くてごつくて座りにくい。マッキントッシュのは座りにくいけれどシャープできれいに上がってる。そのデザイン能力の差というのはあると思います。だからライトは六角形だというと、六角形の椅子ばっかりつくる（笑）。デザインのうえでフェミニンな要素のなかった人だと思う、ライトは。浮世絵なんかに関心を持ったとしても。

鈴木　でも一方では、流動的空間だとかフェミニンな建築だって一般的には言われてますよね。

エーロ・サーリネン［Eero Saarinen、1910-1961］：後述（p.188）
ケヴィン・ローチ［Kevin Roche、1922-］：後述（p.305）

磯崎　と一般には言われますね。だけどぼくは、あえて彼はフェミニンじゃないなと思うんですね。

二川　ライトについては後にも出てくるでしょうが、とにかくサリヴァンはこの一〇〇年の間ではそれほど大きな存在ではないということですね。

チャールズ・レニー・マッキントッシュ

二川　ここでもう一度戻って**マッキントッシュ**とグラスゴーの辺りの話をしていただけませんか。その辺のことがわかっているようでわかってないところがあるんです。磯崎さん、かなりマッキントッシュに興味を持っていますよね。

磯崎　何故ぼくがマッキントッシュに興味を持っているかというと、おそらくある種の隠れたジャポニズムがあって、それに惹かれているところがある。ちょっとアンビバレントな関係ですよね。ぼく自身としてはやるつもりはないんですから。その意味で、マッキントッシュは確かにかなり興味を持った建築家なんですよ。この話のなかでは順序がずれますが、ぼくが六〇年代の終わりの、自分でもちょっと変わらなきゃいけないと思ったときに関心を持った建築家の一人がマッキントッシュで、あとは**エリック・グンナー・アスプルンド**〔一八八五～一九四〇〕と**ジュゼッペ・テラーニ**〔一九〇四～四三〕なんです。その三人に何故か関心を持ったんですね。どちらかというと、ゴシックじゃなくてクラシシズムなんです。マッキントッシュだけがどう見ていいかわからなかった。リチャードソンなんかに近い空間感覚を持っている人だとは思うんです。マッキントッシュは、すごくきれいな数寄屋を見ている感じですよ。あっ、こういう窓が付いてるとか、ちょっと廻ってみるとこれはイカしてるという。数寄屋というのはそういうもんでしょ。マッキントッシュのなかを歩いているとそればっかりなんですよ。これは理屈じゃないんですね。

エリック・グンナー・アスプルンド［Erik Gunnar Asplund、1885-1940］：後述(p.180)

ジュゼッペ・テラーニ［Giuseppe Terragni、1904-1943］：後述(p.199)

チャールズ・レニー・マッキントッシュ［Charles Rennie Mackintosh、1868-1928］：スコットランドの建築家。近代を迎えた時代にあって自らのアイデンティティをどう表現するかという点で、ヨーロッパの中心にいた建築家とは異なるユニークなデザインを示した人物であり、それゆえグラスゴーの仲間4人(The Four)と共にいち早く雑誌で紹介され(1897)、ヨーロッパ各地にその名が知れ渡る。建築のみならず、ケルト文様から生まれた装飾パターンや家具デザインなども特筆すべき仕事

チャールズ・レニー・マッキントッシュ：ヒル・ハウス、1902-04

ヒル・ハウス、廊下

チャールズ・レニー・マッキントッシュ：
グラスゴー美術学校、1896-99、1906-09、図書室

鈴木　いかにも作家による作家の評価ですね(笑)。

磯崎　で、それまでは、サーリネンやイームズのスタイルで椅子のデザインをやろうと思ってたんだけど、マッキントッシュの方が……と思い始めてマリリン・モンローの椅子なんかをつくり始めるんですね。

鈴木　マッキントッシュもアスプルンドもテラーニも確かにゴシックではないけれど、インスティテューショナルなクラシックじゃなくて……。

磯崎　要するに辺境の人ですよ。

鈴木　ロマンティック・クラシシズムというと、ちょっと別の意味なんですが、やっぱりロマンティックなクラシシズムなんですよ。

磯崎　ナショナル・ロマンティシズムとかね。あそこら辺から出てきているものですね。

鈴木　マッキントッシュというのは、先ほど言ったように、マイノリティがセルフ・アイデンティティを持つときの強さを一番よく示している建築家の一人だと思います。だから、近代のなかで、それまで誰もつくり出せなかった新しさと強さを見せることができた人なんだと思うのです。二重の入れ子構造になっていて、イギリスのさらに外の文化という感じでグラスゴーから出てくる。最終的にロンドンへ行ったときには、もう作家としてダメになっていましたよね。

磯崎　売り絵でやっと食ってたわけですからね。

鈴木　マッキントッシュの出身地はヨーロッパの中心ではないわけで、非西欧が近代を迎えたときの表現探索の形の典型的な人であり、そういう挫折の軌跡でもあると思うんですね。ぼくは前からマッキントッシュと**アントニオ・ガウディ**[一八五二〜一九二六]と伊東忠太[一八六七〜一九五四]は基本的には同じだと思っているんです。要するにユーロセントリックな、ヨーロッパ中心の世界観にさらされることによって自分も目を覚ますんだけれども、目が覚めたときにそっちへ行って優等生になったってダメだ、それは目が覚めたことにならないということに同時に気がついた人たちで、ガウディの場合にはゴシックをベースにしながら何かをやるし、マッキントッシュの場合には、スコットランドというかケルトといったものをベースにしながら何かをやるし、伊東忠太はインドとかアジアを考えながらものをつくるわけです。

アントニオ・ガウディ[Antonio Gaudí, 1852-1926]:後述(p.144)

アール・ヌーヴォーとナショナル・ロマンティシズム

二川　マッキントッシュに関連して言うと、アール・ヌーヴォーが挙げられますね。これはそんなに長い期間のものではない。非常に短い。だけど、ヨーロッパを席巻したということがある。あのネタはどこにあるんでしょうか。

鈴木　マドセンという北欧の学者は、アール・ヌーヴォーの源泉を非常に広く拾い集めていますが、そうした源泉の多様さというのは、逆の見方をすれば、ネタが無くなったということだと思うんですよね。

磯崎　ケルト的なものというのは、ある意味では前ゴシックですよね。つまりローマにヨーロッパが侵略されたときに、どんどん追いやられて辺境に行って、海に追い落とされる直前で生き延びた連中なんです。その連中の持っていた文化は、ある意味で言うと巨石文化とも繋がっているから、ストーンヘンジを辿ればケルトと繋がっているとも言える。またケルトの場合は、むしろケルト文様という不思議な組み紐模様を組み立てていますね。ゴシックの時代の写本とかに残っています。そして十九世紀の半ば頃にケルト復興運動が起こるんです。これはモリスなんかとも繋がっている。

二川　それはイギリスにおいてですか。

磯崎　主にアイルランド。それとスコットランドで

エクトール・ギマール：カステル・ベランジェ、1894-98

エクトール・ギマール：パリの地下鉄入口、1899-1905

ヴィクトール・オルタ：オルタ自邸、1898

ヴィクトール・オルタ：タッセル邸、1892-93

すね。今のアメリカ人で活躍している人にアイリッシュが多い。ジョン・フォードがそうだし、ケヴィン・ローチもそう。その人たちのアイデンティティは、今で言えばアイヌを探したり縄文を探している人たちと同じじゃないかな。それがたまたまマッキントッシュになり、二〇世紀になるとジェームス・ジョイスになりベケットになる。そこまで来ると我々はケルトを無視できない。建築での一番最初ですよね、マッキントッシュは。

鈴木　それに対してアール・ヌーヴォーというのは、ケルトのインスピレーションもあるけれど……。つまり、それ以前は圧倒的に、歴史主義によって自己のアイデンティティなりナショナリティを表現していたけれど、ぼくの感じでは、世紀末になってくると国単位のアイデンティティが破産しちゃってくる。で、アール・ヌーヴォーというのは都市の表現だと思うのです。都市の本質は歴史性じゃないし、都市は寄せ集まりだから、逆に言うと歴史主義なんてうっとおしいわけですよ。つまり歴史主義をいかに否定するかが十九世紀後半の都市文化の表現における課題になってくるわけで、ケルトというのはそれで拾われる意味もある。それ以外にもイスラム風、インド風、日本風とかいってレパートリーを増やしていく。それも意味がなくって気が付いたときにアール・ヌーヴォーが出来たんだと思います。

磯崎　そのときに、いわゆる北欧の**ナショナル・ロマンティシズム**も関係しているんじゃないかな。例えばフィンランドにおいては、サーリネンの親父［エリエル・サーリネン］のジェネレーションやその少し前ぐらいの世代が、非常に独特の形でガウディ風のものをやっている。ストックホルムの場合にはラグナール・エストベリ［一八六六〜一九四五］になる。あとは、東欧のいくつかの街、とくにチェコ、ハンガリーといったところで、時代はちょっとずれているけれども一種のナショナルなロマンティシズムだと思いますが、自分の国家のアイデンティティ探しのために出てくるデザインがある。ガウディのモデルニスモもカタロニアにとって同じだと思います。

鈴木　そうですね。ヨーロッパの周辺諸国、基本的には非西欧諸国が自己表現を求めていくときに、フィンランドのラーシュ・ソンク［一八七〇〜一九五六］であると

ナショナル・ロマンティシズム［National Romanticism］：19世紀末から20世紀にかけて、萌芽していた近代社会を前提に、民族、国家を意識した地域性とアイデンティティを建築で示そうとした動向。近代社会の先陣を切っていたイギリス、フランス、イタリアといったヨーロッパの中心ではなく、周縁国の北欧、東欧、スペインの国々で見られた。フィンランドのエリエル・サーリネンのヘルシンキ中央駅(1914)、スウェーデンのラグナール・エストベリのストックホルム市庁舎(1923)などがその好例

エリエル・サーリネン［Eliel Saarinen、1873-1950］：後述(p.186)

かいろいろな試みが出てくる。その一方でアール・ヌーヴォーというのは、ベルギー、フランスという中心部分のしかも都市のなかで、クラシックやゴシックというものでは自分たちを表現できない、これは自分たちの表現ではないという気持ちが出てくる。それが創作神話をつくるわけです。インスピレーションとしては植物的なもの。だからケルトというのも参考になるし、自然の造形が初めてそこで表に出てくる。それは逆に言えば誰でも使っていい、要するに由緒のないものなんですよね。

二川　それが一斉に出てくるというのは、どういうことなんですかね。

磯崎　それが世紀末現象なんですよ。

二川　それだけで片づけられます？

鈴木　逆に、どの都市も同じ精神状況を抱えていたということだと思います。ただし、それがやはり歴史性を持たなかったから都市の表現として受け入れられたけれども、同時に、歴史性を持たなかったから持続性がなかったと思うんですね。

磯崎　それはどういう意味での歴史性ですか。

鈴木　単純に言えば根がなかったということです。

二川　思いつき？

鈴木　思いつきに近い。都市の住民は過去を嫌う。だから受け入れられた。受け入れられたのとまったく同じ理由によって放棄されたわけです。

二川　それ以後、何か思いつき的なことって何かありませんか。

鈴木　ポスト・モダニズムが似てると思うんですよ。

二川　ぼくもそう思う。今遠慮して言わなかったけど（笑）。磯崎さんはどう思います？

磯崎　思想上のポスト・モダニズムと建築で語られるポスト・モダニズムには大きい差がありますが、建築でのポスト・モダニズムは、歴史のヴォキャブラリーを乱用することによって、単純なモダニズムからずれようとしたわけだからね。

鈴木　まさしくその同じ理由によってすぐに終わったんですよね。

磯崎　始まった理由はいろいろありますが、現象としては二〇年で大体終わりましたね。今二〇年と言ったけれど、アール・ヌーヴォーは何年間だったの？

鈴木　やっぱり二〇年ぐらいでしょうね。人によっては一八五〇年ぐらいから始まっているという人もいるけれども、だいたい一八七〇年代後半から、ちょうど一九〇〇年になれば終わっちゃうぐらいですよね。

二川　実質、二〇年ぐらいということですかね。

磯崎　二〇年ぐらい経つとみんな飽きちゃうんだな？

二川　すると一〇〇年のうち五回ぐらいは流行が来るのかな。

磯崎　それはかなり当たってるんじゃないですか。もうちょっと前だと半世紀ぐらい続いたのかな。新古典主義は半世紀ぐらいだろうか。モデルニテとなるともっと広い概念になるけど、いわゆるモダニズムだって、四〇年代、五〇年代ぐらいで、六〇年代はレイト・モダニズムというぐらいだから二〇年です。

鈴木　半世紀持つっていうのはなかなかないですね（笑）。

二川　二〇年というと経済や戦争とも深く関係があるわけですね。

オットー・ワーグナー

二川　時代的に一緒と言えば、**オットー・ワーグナー**［一八四一〜一九一八］とウィーン派がありますよね。

鈴木　オットー・ワーグナーというのは、日本では岸田日出刀［一八九九〜一九六六］を通じてかもしれませんが、ずいぶん高い評価を得てますよね。それはヨーロッパ内においてそうだったのか？　オットー・ワーグナーの圧倒的影響力とは、東欧圏に対してはワーグナー・シューレというように明らかにあった。けれども例えば、ローマ、ロンドン、パリがあってウィーンがある

オットー・ワーグナー［Otto Wagner、1841-1918］：オーストリアの建築家、都市計画家。ウィーン地下鉄網を計画し駅舎を設計、ドナウ運河の水門建設などインフラ整備に関わる。またウィーン美術アカデミーの教授となり、ウィーン分離派を創設した助手のヨーゼフ・マリア・オルブリッヒ、生徒のヨーゼフ・ホフマンなど、多くの才能ある人材を育て、彼らはワーグナー・シューレ（ワーグナー派）と呼ばれた。ウィーン郵便貯金局（1904-06、1910-12）は、新材料（出納ホールの床・天井のガラス、スティール）と伝統的な材料（外壁の白い大理石、アルミのボルトで取り付けられている）を融合させた傑作で、ウィーンにおける近代建築を切り開いた人物

とすると、ウィーンから右側には影響を与えたけど、左側にはどういう感じだったのかと思うわけですよ。

磯崎　あれはハプスブルグ家との付き合いですよ。

鈴木　そうか、つまり田舎のエースみたいなもんですね（笑）。

磯崎　ハプスブルグ家の最後の王室建築家でしょ。だから、ハプスブルグの支配圏に対しては圧倒的なんじゃないですか。ポーランドのクラコフに行って見ていると、だいたいワーグナー・シューレですよね。

二川　するとハンス・ホライン［一九三四〜］なんかも自分ではその系統だと思ってるわけ？

磯崎　そうでしょうね。思ってるというより、建築家は誰でも国際舞台に出るときに根拠を何にするかを考えるわけですが、彼にとっては、我々のジェネレーションのインターナショナル・スタイルをいかに抜けるかだったわけですよ。するともうウィーン派を頭に入れながら動いていたというのは確かですよね。

オットー・ワーグナー：シュタインホーフの聖レオポルド教会、1905-07

二川　鈴木さんが言ったように、確かに、ワーグナーの評価って実際どうだったんだろうとは思いますね。国によって評価が違うんでしょうが、確かに日本人はワーグナーをかなり評価している。

鈴木　ワーグナーは、著作を通じてでもあるけれど、近代が建築表現にどういう意味を与えるかを啓蒙した人、という側面はあるんじゃないかと思います。彼自身の作品の質は高いとぼくは思いますが、それ以外に果たした役割とは、啓蒙だったんじゃないか。作品だけでなく、概念化した部分を持っていたから、逆に言うと、日本も含めて近代化を追いかけていく国にとっては、非常に良い教師だったんじゃないかと思います。

二川　教科書的だったと。

鈴木　そうですね。

磯崎　今の話に尽きるけど、彼は近代建築についてイデオロギーを持っていたと思う。ヨーロッパのアール・ヌーヴォーの人たちにぼくがいつも感じることは、デザイナーではあるけれど、イデオロギーとして建築の論を組み立てようとした人はあの頃いなかったということです。理論は専門家に任せちゃって、最後はポール・ヴァレリーなんかにやらせる。本人達はひたすら絵を描いているという、そういうデザイン・タイプの人が多かったと思うのです。それに対してオットー・ワーグナーは、ゼンパーを頭に据えて、直接それを継ぎながらゼンパーをどう越えるかということを頭に入れて動いていた人ですね。前半はエクレクティックな仕事をやっているけれど、ヨーゼフ・マリア・オルブリッヒ［一八六七〜一九〇八］とかヨーゼフ・ホフマン［一八七〇〜一九五六］とかがスタッフに加わると、どんどん新しいスタイルに変わって壁の厚みを減らす。壁を薄くしてパネルにしかならないというところにまで、厚い壁を薄くしていく。表層化していくということを考えた人だと思うんです。カーテンウォールはガラスですが、パネル化というのも一種のカーテンウォールですよね。そういうところに到達はしているんですよ、あの人は。その影響はかなりあったと思います。

鈴木　二〇世紀以降の建築家にとっていまだにワーグナーが魅力的なのは、彼の作品のなかには今言われたような新しさがあると同時に、それ以前の歴史主義の余香が残っているわけですよ。ほんとに歴史主義の建物は、取っつきにくいしよくわからないけど、あそこぐらいまで濾過されると非常に読みやすくなるという魅力もあるんだと思うんですね。

これは余談ですが、エストベリの**ストックホルムの市庁舎**が大好きな人っていますよね。あれはかなり凝っているようには見えるけど、本物のゴシックに比べると安っぽいというか、やっぱり近代建築なんですよ。だけどあれは歴史的素養の無い人から見ると、こたえられない口当たりの良さを味合わせるのだなっ感じがするんです。

二川　ぼくは、あれをいいと言った人は個人的には評価しなかったけどね。ぼくもあれは薄っぺらい建物だと思う。

磯崎　洒落て巧いんですよ。

二川　白井晟一［一九〇五〜一九八三］さんの建物に似てない？

オットー・ワーグナー：ウィーン郵便貯金局、1904-06、1910-12

21
OKTOBER
1977
16
17
19 20

オットー・ワーグナー：ウィーン郵便貯金局、中央出納ホール

鈴木　ああ、そうですね。

磯崎　そうだそうだ、よくぞ言ってくれました(笑)。

鈴木　柱をずらっと並べていて、そのなかで一本だけ浮き彫りをつけるなんてねえ。ゴシックの建物だったら全部に違うことをやって当然だったのが、ある意味で密度が落ちてああなってるんですよね。それを知識も素養も何もないところから出発すると、あっ、こいつ洒落てると言って泣き入っちゃうようなところがあるんでしょうね。

ラグナール・エストベリ：ストックホルム市庁舎、1907-23

磯崎　エストベリは他にはあんまりやってませんが、ストックホルムで海洋博物館をつくってるんですよ。これはお金も時間もなかったみたいでかなり単純な建物です。外観はネオ・クラシシズム風で煉瓦張り。普通の建物ですね。いわゆる北欧のグレイシャス・クラシシズム、北欧的エレガンスと言われる人たちの仕事に近いと思います。アスプルンドに協力していたレヴェレンツに近いですね。

アドルフ・ロース

二川　アドルフ・ロースはどうお考えですか。ロースのすごさというのは、自分のなかで一つ革命を起こしていることだと思うのです。

鈴木　革命というのはどういう意味でですか。ラウムプランという空間構成ですか？　それとも空間の表現として？

二川　表現ですね。

磯崎　『建築雑誌』で、原広司さんと石山修武さんとぼくで対談したんですが、二〇世紀は、前半がロー

アドルフ・ロース［Adolf Loos、1870-1933］：オーストリアの建築家。彼が提唱したラウムプラン(Raumplan)は、三次元のハコの中で、目的に応じて水平、垂直方向のサイズを自由に規定することで、無駄のない空間構成が可能になる。ハコの外側は問題ではなく、内側が主題なのだとした。文明の進歩とは装飾を取り去ることであると述べ『装飾と罪悪』(1908)を発表し、ウィーン分離派に見る装飾性を激しく批判。磯崎は「近代とは抽象化された虚構だとして〈非場所〉をハコとして提示した初めての人物である」と語る

スのラウムプランと、後半がイームズ自邸とアトリエで全部語れるって言ってしまった。他は全部要らないって。それぐらい、ぼくにとってロースは、十九世紀を二〇世紀に変えた人ですね。

鈴木　どういう点ですか。やはり表現?

磯崎　コンセプトと言ったらいいのかな。都市に人間は住まないといけないということはわかっているけれど、近代で**ル・コルビュジエ**[一八八七〜一九六五]やミースがやっているような立体格子ではなくて、基本的に人間というのは、都市においては抽象化された空間のなかでしか住めなくなったんだ、とロースは考えたわけです。要するに、大地に繋がっている場所という概念を断念しない限り都市には住めないと。だから建築家が提供できるのはハコだと。それでハコのなかのプランだけをやって外部は一切関知しない、都市なんてろくなもんじゃないという感じでやっていた。

ウィーンの都市は、ロースの著作によれば、「ポチョムキンの都市」だと言うわけです。その由来は、エカテリーナ女王の宰相だった人でポチョムキンという人がいたんです。彼はいつも田舎にある土地を自慢していたらしい。それで女王が見に行きたいと言った。実はそれは全部いい加減な話で、もうボロボロの村でしかなかった。そこで大慌てで、一晩で西部劇風に書き割りを組み立てたんですよ。つまり、女王の通るところの両側だけはものすごい家が並ぶんだけど、それは書き割りだったわけ。そして帰ったら元に戻したという話を『装飾と罪悪』で語っています。ウィーンのデザインは全部それになりつつある。何故ならば石の代わりにスタッコで模倣している。装飾を必要のないところに取り付けている。装飾ですべてを覆い尽くしている。本物の石や本物の空間がない。だからウィーンはポチョムキンがやったのと同じだというわけ。

ぼくはそれを逆に考える。彼がイメージしたような真っ当な組立てで出来た都市は最早あり得ないと思

ル・コルビュジエ[Le Corbusier、1887-1965]：後述(p.113)

アドルフ・ロース：アメリカン・バー、1907

アドルフ・ロース：トリスタン・ツァラ邸、1926-27

うわけです。その土地に合った材料がありテクニックがあり、コミュニティができ、という順々に出来上がっていくような都市というのはもはや近代には絶望的に無くなってしまっていて、もう一切虚構であり、非場所なんだと。場所という概念が無くなったんだ、それがポチョムキン都市だと。だからデコレーションしかない。ゆえに、そのなかで自分で提供できるのは、もう都市なんて関係ないからハコでいいじゃないか。ただし、本物の大理石を張る。自分が使うときには本物の材料だけを使う。だけど、それを飾り立てる必要はない。

では、そのハコのなかにどういうリアルな生活を入れるか。そのリアルな生活そのものを組み立てるのがラウムプランですね。ただそのリアルさというのは、都市生活の、抽象化された虚構のなかにしかない。彼の場合にはデザインなんかどうでもよくて、普通の家具やいいタペストリーとかを平気で入れちゃうわけですよ。だからインテリアの写真を撮るとすごく古く見えちゃう。それでモダニズムの建築家からはロースは古い建築家だと思われてしまう。でもぼくはこれは反

アドルフ・ロース：ロース・ハウス、1910

対で、うんと新しかったんじゃないかと思うんですよ。

鈴木　すごく勉強になりましたけど(笑)、例えば、ぼくはミースがロースから受け継いだものがあるとすれば、本物の素材主義じゃないかと思うんです。真物の材料。要するにデコレーションじゃなくて、物そのもののを表現する。逆に言えばそれしか表現がない。もう一つの問題としてはラウムプランというのは、言われたようにハコですよね。それについてはミースはハコを開いちゃった人だと思うんですが、ロースのハコというのは──最近のロース論というのは、彼をアンチフェミニスト的な見方で見るわけですが──彼のラウムプランのなかには、かなり特権的な視点があった……。

磯崎　それは主婦の視点ですよ。

鈴木　いや、親父の視線ですよ。

磯崎　婦人室からの目でしょ?

鈴木　婦人室が実は見られるという……。書斎には、窓があることが外からはわからない窓があるんです。つまり、どこかに窓があって誰かが誰かを見ることができる。ところが、見られる方からはわからないという、見る見られるという関係において支配的視線が統御しているのがラウムプランなんです。その中心は男性空間である書斎です。だから彼自身にとっては、ハコのなかは、あえて言うなら専制的秩序が支配している空間だったのかもしれない。

磯崎　それは彼にとってのリアルな生活だったんでしょうね。

鈴木　でしょうね。だから表現としての装飾性から物質性にある意味で切り替えた。ミースはある意味で物質性は受け継いだけれども、ハコを開いた人だという位置づけなんでしょうね。

磯崎　壁が無くなったんですからね(笑)。

鈴木　だとすればロースはそんなに偉いですか?やはり過渡期の人ではなかったのか……。

磯崎　過渡期の人だとは言えますが、それは玉手箱みたいなものですから、開けてしまえば勝ちなわけです。それをやった人は、その当時は他にいなかった。

鈴木　人が開いた玉手箱にケチを付けることはできるけれども、玉手箱を開けるのは一人しかしない。それを開いた人だというわけですね。その意味ではそうですね。

二川　すると、ロースの傑作って、磯崎さんは何だと思われます？

磯崎　無い（笑）。プラハにミュラー邸というのがありますが、あれはぼくはよく出来ている建物だと思うけれど、取り立ててというほどでもないですね。

鈴木　ぼくは、**ロース・ハウス**の柱（笑）。

磯崎　それは言えるかもね。

二川　あれはぼくもよく出来ている方だと思う。でもあの近くにいくつか商店建築がありますが、それらを見ると不思議な人だと思いますね。

磯崎　独特の発想はあるんですよ。ハンス・ホラインなんか店のデザインをやるときにはロースを非常に意識してますね。ロースという人はかなり無茶苦茶な人で、**アメリカン・バー**なんて、オリジナルを見るとファサードはアメリカ国旗。今でいうポップアートですよ。そういう強引なところがあるし、そのポップアート的なものがシカゴ・トリビューンのコンペに来たわけです。あれも、新聞にはコラムがある、デザインもコラムだという、考えたらメチャクチャなアイディア（笑）。そのくらいなことを強引に言うわけです。

当時ウィーンのなかでは、衝突していた文化人がかなりいました。そのなかでカールス・クラウスが彼に一番近かったし、アールテンベルグとかココシュカがいたわけ。ヴィトゲンシュタインが住宅をつくったときにロースの弟子のエンゲルマンがアーキテクトだったんですが、彼はロースの信奉者だった。そういうウィーン独特の知的な世界があって、そのど真ん中にロースがいたことは確かですね。

二川　するとオットー・ワーグナーはどうだったんですか？

磯崎　彼は歳が上だし、一九一八年には死んでる。オルロースはホフマンと同い年で一八七〇年生まれ。オルブリッヒは一八六七年生まれで、三人のなかでは一番

ヨーゼフ・ホフマン：ストックレー邸、1905-11

先に死んだ。彼はダルムシュタットの芸術家村の建物をつくりましたね。若いときにはオルブリッヒが三人のなかでは注目された能力のある人だったんでしょうね。その次にホフマン。ホフマンは本当のデザイナーですから、何でもかんでもデザインしていて……。

鈴木　正方形ホフマンと言われるくらい、何でもかんでもグリッドでデザインしてしまった。

磯崎　いまだにぼくも使っていますけどね（笑）。ロースというのはデザインは常に立ち後れていたんです。

二川　いや逆に進んでいたんじゃないですか。

磯崎　それでロースは彼らに対して絶えず批判をしていましたね。長生きしたのはホフマンで、戦後も活動していました。ぼくはホフマンこそアール・デコをつくった人なんじゃないかと思うのです。ホフマンがいたからこそ、アール・ヌーヴォーをアール・デコに繋げたんじゃないか。

鈴木　そうですね。アール・ヌーヴォーからウィーンを経て、アール・デコ的な直線に向かうわけですよね。

磯崎　全部デコレーションであることは変わりない。インテリアですよ。家具はその間にたくさんつく

ヨーゼフ・マリア・オルブリッヒ：ゼツェッション館、1897-98

られているんだから。

鈴木　けれどもホフマン自身は変な人で、最後は婦人雑誌のインテリアみたいな仕事をしてる。最後のホフマンはひどいんですよね。長生きし過ぎたせいなのか。

磯崎　婦人雑誌のインテリアって言ったら、ライトもそうじゃない(笑)。

鈴木　一方で、ロースの位置と言ったらウィーンの文化的サークルの複合体としての意味がわからないと、よくわからない人でしょうね。最初にいただいた二川さんのメモにロースとグロピウスと並べてありましたが、ぼくは、二人の間にアルマ・マーラー夫人を置いて繋げるのかなと思ったりしました。

磯崎　マーラーの奥さんだった人ですね。マーラーの生きている間からグロピウスが恋人で、マーラーが死んだ後結婚しちゃったんです。先に出たロースの友人のココシュカも恋人だった。ファム・ファタールの典型ですね。アルマ・マーラーの伝記を読むと、グロピウスのことはあまりよく書かれていない。バカにされていたというか。その後、ヴェルフェルという詩人と結婚してアメリカに亡命するわけです。ヴェルフェルがユダヤ人ということもあって。彼はかなりの詩人で当時注目されていた。あのときウィーンから亡命した連中は、かなりハリウッドへ行ったんです。ヴェルフェルもシナリオの下書きなんかのアルバイトをしていたらしい。

鈴木　アルマ・マーラーの回想を読むと、グロピウスは家柄もいいし見栄えも良かったんで……という感じですよね。

ワルター・グロピウスとバウハウス

二川　グロピウスもワーグナー同様、日本での評価が高いですね。

磯崎　名前は常に出てきますよね。

鈴木　ただ、ぼくは、グロピウスは下手な人だとか自分ではデザインできないとか作品がないとか言われますが、やっぱり偉かったんではないかと思うんです。一つには**バウハウス校舎**によって、ということなんですが。つまりロースがハコをつくった、ハコにしてしまったと言ってもいいのかもしれませんが、その近代建築をヴォリュームの組み合わせにしたのは、バウハウスの校舎だと思う。

二川　あれはほんとにグロピウスと言ってしまっていいんですか?

磯崎　あの頃はアドルフ・マイヤー［一八八一～一九二九］という協力者がいましたけれど、まあ言っていいんじゃないでしょうか。

二川　だけどあの人はいつも協力者がいるじゃないですか。**マルセル・ブロイヤー**［一九〇二～一九八一］とか。

鈴木　でもまあそういう意味で言ったら、ミースだっていつもパートナーの建築家はいましたよ。

磯崎　ミースにはリリー・ライヒ［一八八五～一九四七］という彼女がいたわけです。彼女が影響しているかな。何しろ、**ヴァイセンホーフ・ジードルンク**のときまではミースはそんなに立派な仕事はしてないんです。安物の建築なわけ。それが、大理石とか、シルクのカ

ワルター・グロピウス［Walter Gropius、1883-1969］：建築家であり教育者。1926年に完成したバウハウス校舎は、「造形は機能に従うものであり、世界的に統一された様式をもたらす」としたグロピウスの信念を体現するものであり、後にフィリップ・ジョンソンらが名付けたインターナショナル・スタイルを先立って実現するものでもあった。ドイツ時代はバウハウスで総合芸術としての建築教育を目指し、1937年にハーヴァード大学に招かれると、ジョンソンらを育て、ヨーロッパのモダニズムをアメリカに輸入し普及させた。アメリカにおいては、その生産システムや工業力を活用してパンナムビル（1958、現メットライフビル）などを設計した

ーテンとかブロンズとかクロームメッキとかを突然やりだしたのは、あの直後なんですよ。ヴァイセンホーフの頃に彼女が出来たわけ。で、彼女がインテリア・デザイナーとしていろいろやっていた。それが一番いい形で出来上がったのがバルセロナ・パヴィリオンですよ。

二川　アメリカへ一緒に行くわけ？

磯崎　行ってないんじゃないかな。とにかく彼女は奥さんにはなってないよね。多分、終戦直後に亡くなったんだと思う。それで、アメリカの仕事が本格的に始まってからは、口の悪いヤツは彼女が居なくなったんで、彼はインテリアの仕事ができなくなったと言うんですね。あの人も、それほどいろんなことができるわけではなかったということですよね。

二川　すると家具も彼女がつくったの？

磯崎　家具はミースのスケッチがたくさんありますよね。

二川　ああスケッチはありますね。ミースはかなり几帳面な人だったらしいですね。例えば、ブルーノ・チエアのスケッチなどは、かなりの枚数を綴じて保存されていますね。

磯崎　ミースは、クレラー・ミュラー美術館のコンペに参加したことがありますが、そのとき敷地に原寸大の書き割りを置いて撮った写真が残ってますね。結局最終案が決まらずに、アンリ・ヴァン・デ・ヴェルデ［一八六三〜一九五七］がもう一遍デザインして建てたんですが。それは、ミースだけじゃなくて他の案もやっている。

鈴木　美術館側がやったわけですか？

磯崎　そうですね。ヴァン・デ・ヴェルデは、グロピウスが校長になる前にバウハウスの前身をつくった人です。その頃の彼のデザインが完成した美術館には残っているんです。ぼくはいい美術館を挙げてくれと言われたら、いつもクレラー・ミュラー美術館を入れるんですが、美術館としては非常にいい。そこがゴッホの大半を持っていたんです。今は主な作品がヴァン・ゴッ

バウハウス［Bauhaus］：1919年ドイツ、ワイマールで設立された造形美術学校。グロピウスが初代校長。1925年にデッサウに移転、26年にはグロピウス設計の校舎が完成する。1930年にミース・ファン・デル・ローエが校長となり1932年ベルリンに移転するも、ナチスにより閉校に追い込まれ、ミースはこれを機にアメリカへ亡命する。初期は表現主義の傾向もあったが、工業デザインや機械生産を考慮して、経済性、合理性を徹底する方向にシフトしてゆき、時代に即した芸術のあり方を指導した

マルセル・ブロイヤー［Marcel Breuer、1902-1981］：後述（p.266）

ヴァイセンホーフ・ジードルンク［Weissenhof Siedlung、1927］：後述（p.167）

ワルター・グロピウス：バウハウス、1925-26

バウハウス、アトリエ棟

バウハウス、講堂

ホ美術館に持って行かれていますが。建物としてはおとなしいけれど、ゴッホぐらいまでの近代美術をどう見せるかを、壁と光の関係で考えると、あの美術館以上のものはまだないですね。その後はライトのグッゲンハイムとかが出てくるけれど、その前のものとしてはいまだに一番いいと思ってます。ただし、ヴァン・デ・ヴェルデはアール・ヌーヴォーから完全に抜けて、その頃はモダニズムの初期みたいな作風ですから、時代としてはずれてしまっているのですが。設計をやってから一〇年か二〇年かずれて、三〇年代に出来たものなので、作品としての評価は無いんですよ。

二川　バウハウスは、どう評価されますか。

鈴木　建物としては大傑作だと思いますね。二〇世紀を決めた建築的ヴォキャブラリーが全部入っているんじゃないかと思う。要するにロースがハコまで持ってきたものを、ヴォリュームの組み合わせにした。あんなこと、それまでの建築に無いですよ。あれが出来てから、今の駅前のショッピング・センターに至るまで何でも出来るようになったと言ってもいいようなかたちではないか。その意味ではコルビュジエが言ったことや彼のルールよりも、バウハウスの校舎は多様な部分を持っていて、それが現代建築を決めた部分はかなりあるような気がします。

二川　今の建物は修復されたものですが、オリジナルそのままだと考えていいんですかね。

磯崎　今出来たのは完全復元でしょう。信用してもいいとぼくは思います。

二川　ただ、講堂のところはちょっとギクシャクしているような感じがしましたけどね。ぼくとしては、そんなに大したものなのかなとも思うわけです。

鈴木　ぼくは、ある意味で近代建築のヴォキャブラリーがすべて叩き込まれていると思いましたが。

磯崎　確かにあのときまでで、あれだけまとまって出来たものはなかったと思いますよ。

二川　何年ですか。

磯崎　一九二六年です。

鈴木　ピロティにしてもキャンチレバーにしても、ブロック全体を道路をまたいで架け渡してしまうということにしても、驚くべき早さですべてが集められているような気がしますね。

ワルター・グロピウス+アドルフ・マイヤー：ファグス工場、1911

インターナショナル・スタイルとMoMA

磯崎　三二年、MoMA［ニューヨーク近代美術館］でフィリップ・ジョンソン［一九〇六〜二〇〇五］とヘンリー・ラッセル・ヒッチコック［一九〇三〜八七］が展覧会［The International Style: Architecture Since 1922］をやって『インターナショナル・スタイル』という本を出してますが、そのときに三つの近代建築の原則をつくっています。そのうちの一つがヴォリュームとしての建築なんです。あと二つは、規則性を持つ建築と装飾忌避の建築。あとの二つは誰でも考えつきますね。つまり、彼らは**デ・スティル**とかコンストラクティビズムなんかを全部飛ばしているんですよ。要するにヴォリューム表現に関わるもの以外は取り上げてない。だから、構成的なものはあのなかには入ってないんです。

鈴木　確かにそうですね。

磯崎　かなりしたたかな戦略がヴォリューム表現

フィリップ・ジョンソン［Philip Johnson、1906-2005］：建築家であり批評家。24歳でニューヨーク近代美術館（MoMA）のキュレーターになる。1932年、ヒッチコックと共に企画した「インターナショナル・スタイル：1922年以降の建築」展は、モダニズム建築を形式的に分類し〈モダン〉イズムから思想を取り去ってスタイルに変えることで大衆化したと言われる。この展覧会を通してミースをアメリカに初めて紹介した。20世紀の建築界において、ポストモダニズム、デコンと、アメリカのみならず世界の動向をプロデュースした偉大なフィクサー

デ・スティル［De Stijl］：後述（p.108）

についてはあって、それ以後の現代建築を方向づけた一言だったんじゃないかという気がします。と同時に、二〇年代の初期のオランダやドイツやロシアなんかのアヴァンギャルドの持っていた構成的な要素を排除したわけですよ。これは今となってみると考えてみるべき点じゃないかと思うんですね。歴史家が悪巧みをやると、いかに事件になるかという例じゃないか。多分、仕掛けたのはヒッチコックでしょうけど。

とにかく構成的な要素が出てくる時期のトピックスとして、バウハウスは区切りとしては大きいと思います。構成的なものからヴォリューム表現に移ろうとしていたのを見せたという意味で。

鈴木　まさしくそう思いますね。

磯崎　そのヴォリュームをあの展覧会のときには芸術とは思ってないんですよ。単純に技術の表現なんですね。つまり「構築」は芸術じゃない。一方、「構成」は芸術なんです。

鈴木　コンポジションとコンストラクションですね。

磯崎　そうです。その区別をはっきりさせたのがバウハウス。とりわけハンネス・マイヤー［一八八九〜一九五四］ですね。彼はデッサウに移ってから来た人ですから、バウハウスにやってきて自分の理屈に持ち込んで、つまり理屈を極端にラディカルに持って行っちゃった人だと思うんですよ。

コンポジションからコンストラクションへの移行というのは、すでにオットー・ワーグナーの頃に議論されているテーマです。ワーグナー自身が「構成から構築へ」と言っているんですね。それはゼンパー批判になっています。ゼンパーは、かつてのクラシシズムの持っていた建築の全体像を要素に分解して、分解した上で構成したわけです。機能主義ですよね。機能として要素を構成するというから要素主義でもあります。それをウィーン派は批判していたはずなんだけど、バウハウスほどの批判にならなかったんだと思うんですよ。そのなかにやぶれかぶれのニヒリズムといった形でロースがいたんだと思うんです。ロースもそれをヴォリューム表現とか、その後の表現に結びつけるまでには行かなかった人で、コンセプト・レベルで終わっている。ロースの死ぬ一年前にＭｏＭＡの展覧会があった。ミュラー邸が出来たのは一九三〇年ですからセレクションに入っていてもいいはずなんだけど、あれはアメリカから見ると、コンクリートのハコであってもヴォリューム表現ではないわけです。テクノロジーではないと見ていたんだと思いますね。その違いはかなりあって、議論のきっかけはバウハウスだったと思うんです。

二川 しかしこの展覧会は、かなり荒っぽいセレクションですね（笑）。

磯崎 いい加減ちゃあいい加減です。山田守［一八九四〜一九六六］なんか入ってるんだから。そう見えるのは、エステティックを拒絶したからだと思いますよ。

鈴木 ただ別の見方をすれば、あの展覧会は、アヴァンギャルドを排除したという風に言われましたけど、近代建築運動から一種のイデオロギー性を抜いたんだとぼくは思います。その意味では逆に非常にエステティックに選んだという言い方ができる。構成ではなくて構築かもしれないけど、社会改革なりユートピア運動ではない。

磯崎 あらためてまた別な次元の「構成」にしたんだと思いますよ。それに対してイデオロギーを持っていた連中は「構築」に行ったんだと思います。

国際建築にしたまでは良かったんです。だけど実際には美学がない。何故かというと、ヨーロッパで起こったものを取り集めてきて十把一絡にして並べたわけですから。そして三原則をつくった。だけどそれは美学じゃないんですね。その後はグロピウスとかミースとか、個人の署名のある作品には影響を受けているけれど。その穴を埋めるために出てきたのが五〇年代のジャポニカだと思う。

鈴木 それは大胆なご意見ですね（笑）。

磯崎 近代美術館のイデオロギーはそこで出来ているから、谷口吉生［一九三七〜］さんがＭｏＭＡの拡張計画の設計者に選ばれている理由はそこなわけ。つまり他にはもうやることがなくなったから戻るし

谷口吉生：ニューヨーク近代美術館新館、1997-2004

かなかったんですよ。

二川　ぼくは最終の三人が選ばれたとき、たまたまニューヨークにいたんですよ。ニューヨーク・タイムズで発表されたときに、直感として谷口さんが入るなと思いました。MoMAの設計者はフィリップ・グッドウィン［一八八五〜一九五八］とエドワード・ストーン［一九〇二〜七八］、フィリップ・ジョンソン、シーザー・ペリ［一九二六〜］と続くわけですが、ストーンの初期の建物のみが成功しているわけです。谷口さんの作風は初期の作品に割合近い。その日のうちにすぐ、「あなたが入る」って谷口さんに手紙を書いたんです。

磯崎　最初は、五〇歳代以下という枠で絞ったようですね。そして割と単純でデコン風でないやつを選んだ。今回のコンペ案の展覧会を見ると、みんな自分のシグネチャーを残そうとしているんですよ。ヘルツォークにしてもチュミにしてもホールにしても。それじゃあ、ああいうビューロクラシーは成立しない。ああいうビューロクラシーを突き抜けるには、まったくシグネチャーのないものしか無理なんです。それで谷口さんしかないと思ったな。

鈴木　最近、ルーヴル美術館で、高階秀爾さんのオーガナイズのもとで私が概説を述べて、石山修武さんと安藤忠雄さんと谷口さんが自分の美術館作品を中心に建築の話をしました。安藤さんと石山さんの場合には、良かれ悪しかれ、外的な状況との関係で自分の建築が決まるということを言うんですよ。だけど谷口さんは、終始一貫していかに外野の雑音を消すかという話をするんですね。それはひどく古風に聞こえる。現在のMoMAにとっては、それがいいんでしょうね。

磯崎　いいんですよ。外部の雑音じゃなくて近代建築の雑音を排除してしまったんですね(笑)。

ジャポニカというのは、ある意味で言うとアメリカン・コロニアリズムなんです。日本という土地を占領してみたら、面白いものがあったといって、浴衣や下駄と同じように日本調を持って帰ったわけだから。そのうちそれを**ルイス・カーン**[一九〇一～一九七四]や**ポール・ルドルフ**[一九一八～一九九七]らの世代の人が壊すわけです。だから六〇年代以降、アメリカで日本が消えますね。で、近代美術館のイデオロギーはある意味でそこで止まったんです。それで何とかしないといけないということでいろいろやってみたけど巧くいかない。それで五〇年代にもう一辺戻す、一番安全なレベルに戻すということですね。

二川　なるほど、面白いね(笑)。

鈴木　五〇年代のジャポニズムはアメリカン・コロニアリズムですか?

磯崎　ぼくはそう思う。

鈴木　ただジャポニズムはそんなに力を持ちましたか?

磯崎　アメリカにおいては持ったと思う。ロックフェラー邸とか。

二川　だけど東の一部分じゃないですか?

磯崎　カリフォルニア・スタイルは完全にそうです

ルイス・I・カーン[Louis Isadore Kahn、1901-1974]：後述(p.284)
ポール・ルドルフ[Paul Rudolph、1918-1997]：後述(p.113)

よ。誰々の建築というのではないですが、障子、畳、襖、家具、可動パネルなんていうのは、ジャポニズムです。

二川　当時京都大学に来ていたノーマン・カーヴァーの『日本建築の形と空間』に、アメリカ人が考えている日本が非常によく表現されていると思いますね。

磯崎　まさにそうですよ。二川さん自身はジャポニカをいかに消すか、それを克服するために民家だという言い方で出ていった人で、その前の人たちの仕事ですよね。石元泰博さんの『桂離宮』とかノーマン・カーヴァーの持っている五〇年代半ばまでの日本調のイメージですよ。浜口隆一さんはそれに影響されたんだと思うね。それで間違いを犯したんですよ(笑)。

二川　そうですね、おっしゃる通りですよね。

磯崎　イサム・ノグチ[一九〇四～一九八八]さんが評価されたのも、その頃ですよね。一つの重要なポイントですよ。それをひとひねり変えようと思ったのが、石元さんの『桂』だと思いますね。

鈴木　ただ、その話はMoMAについてはそうだけど、だからといってアメリカ全体の話ではないですよね。

磯崎　まあMoMAのイデオロギーですよね。

二川　ただMoMAのイデオロギーって結構影響力あるからね。

磯崎　最初が三二年のこの展覧会ですから。

モダニズムは
スタイルか、イデオロギーか、党派か

鈴木　MoMAがアメリカの近代建築のエステティックを何とかつくろうとした。そしてそれが日本だった。それが再び今蘇る。それしかアメリカの近代美学を救うものはないというのは、ちょっとつくりすぎの話で、近代の建築は美学を否定しているわけですよね。少なくとも表立っては。様式ではないとか、デコレーションではないとか。そのために、「**近代建築の五原則**」などといって原則とか原理という言い方をするわけですよ。そういう形で客観化しようとする。だからMoMAのこの展覧会のときにも、要点を三つ挙げるというやり方をする。そこで、戦後ジャポニカというのがすごく影響を与えたという話でお二人の世

近代建築の五原則［Les Cinq Points d'une Architecture Nouvelle］：コルビュジエは、コンクリートと鉄の出現を経て新しい技術を用いた新しい時代の建築が可能になるとし、それらを五つの要点にまとめた＝1.ピロティ／2.屋上庭園／3.自由な平面／4.水平の連続窓／5.自由な立面。床と床は細い柱で支持され壁はなくなり、地面は解放されフラットな屋上には砂を敷き草木を植える。幅いっぱいの水平窓から均質な光が差し込み、平面・立面を自由に設定できる。これはコルビュジエ自身の作品のみならず、近代建築の特徴を示すほどに影響力の強い「原則」となった。これらが最初に実現されたのはクック邸(1926)で、サヴォア邸(1931)ではより明解に表された。「近代」ではなく〈「新しい」建築の5つの要点〉が直訳

代的な盛り上がりがありましたが（笑）、逆に言えば、スタイルとしての影響はそんなに大きかったはずがないんじゃないかと直感的に思うわけです。二〇世紀になってから、あれが流行った、これがすごかったって言っても、それはたかだか数年続いた程度で消えてしまう。出てきたときと同じ理由によって消えていったはずだ。だからそれが再び蘇るという構図は、存在してないだろうと思うんですよ。

磯崎　要するに、二〇年しかもたないだろうということははっきりしている。問題は、常に二〇年ごとにスタイルが変わるということがあったとしても、それは継続的な変化ですよね。例えば、近代をプリミティブな方法から順々に展開していく進歩の過程と見るのはあんまり意味がない。すると事件というのは反復するという性質があるし、行き詰まると反復の方がてっとり早い。だからそこにぴったり戻るんじゃなくて、仮にそこに戻してもう一辺やってみる。そういうことは起こるわけです。今モダニズムを言う人がそうですよね。ネオ・モダニズムというのはポスト・モダニズムを終わらせるために元へ戻れということですから。そういう反復の構図は必ずあるんじゃないかと思うんですよ。リバイバリズムが起こるのは、全部そういうことでしょ。

鈴木　ただ、面白いのはモダンという概念は、ジャズにしてもダンスにしても先がないんですよ。だからポスト・モダンというのは――ポスト・インプレッショニズムを真似たんだろうと思いますが――非常に希有なんですね。モダニズムというのは他のジャンルでも結局そこで止まっちゃったものなんですよ。

磯崎　問題は、モダニズムがスタイルなのかイデオロギーなのかということだと思うんです。イズムである限りイデオロギーであるはずですが、我々が建築のモダニズムを見ていると大体スタイルなんですよね。そこには矛盾があって、その矛盾を起こした原因がフィリップ・ジョンソンとヒッチコックなんです。彼らは、イデオロギーを持ってたはずのアヴァンギャルドを一掃してスタイルにしたわけです。フィリップ・ジョンソンは、私は歴史家ですよと最後に言うんですよ。この歴史家というのは、十九世紀様式主義の歴史概念を俺は持ってるよということなんです。だから彼にとってモダニズムはスタイルなんです。イデオロギーは無くなってる。

鈴木　それはまさしく彼のやったことだと思うんですけど、ただ建築だけじゃなくて、モダン・ダンスにしてもモダン・ジャズにしても完全にスタイル化して標本になってますよね。モダン・ジャズが好きですと言うと、古風ですねという感じに今やなってしまうわけです。だからモダニズムをどう継承するのか、あれは元々やっぱりイデオロギーじゃなかったんじゃないかという気がするんですよ。

磯崎　前衛の頃からということね。

鈴木　そうです。

二川　我々のモダニズムの分け方は通常スタイルだよね。

鈴木　そうですね。

磯崎　問題は、運動をすることによって何か獲得しているようなデザインはありますよね。これはイデオロギーの仕組みそのものだと思うんですよ。ところがメディアが、メディアの表現として取り上げるにはスタイルじゃないと掴めないですよね。今日のメディアの構造というのはイデオロギーは話にならない、と。全部スタイルでいけば簡単だと……。

鈴木　ただそうでありながら、近代建築史は党派性で分けているんではないかと思うわけです。さっきバウハウスはヴォリュームだという話が出て、それからインターナショナル・スタイルは、近代建築のヴォリューム性を排他的に取り上げたんだという話がありました。デ・スティルとかコンストラクティビズムというのはある意味で面なり線なりの構成だ。**オーギュスト・ペレ**［一八七四〜一九五四］というのは建築の面だということも言えるかもしれない。あるいは、ロースがハコにした。バウハウスはヴォリュームにした……。

ぼくは、マナーなり即物的な意味での、テクニックによる分け方というのも可能なんじゃないかと思う

オーギュスト・ペレ［Auguste Perret、1874-1954］：後述(p.136)

わけです。だから我々が何となく思っている、「バウハウスの人がアメリカに行って何々をしました」とか、「ワーグナーの弟子達がこう広まって何をしました」などと言って見ている地図はスタイルなのかな、あるいはスタイルでもなくて党派で見ているのかなという気もするんですけどね。

二川　ただ、あんまりそういうことを限定してしまうと、面白くなくなってくると個人的には思うんですよね。

磯崎　ぼくは、この企画を三人でやるということを聞いたとき、それぞれどういう立場でしゃべるだろうかを考えたんですよ。ぼくは設計をしているわけだから、建築家がものをつくるというところから、どういう議論にせよ離れられない。それで理論を組み立てるとなると制作論みたいなものですから、制作論の手掛かりといったらプラトンしかないわけですね。プラトンは、何かの実際的な物質をイデアに基づいて組み立てていくという制作です。

ところがアリストテレスはそれを外から見てひとまとめにして、制作なんていうのは物質の自動的な生成と同じだという見方をする。人間もものも同じぐらいに見て、もう一つ大きな思考の場を組み立てたわけです。これは鈴木さんだろうと思った。個々のものに網かけて来るだろうと。で、ぼくはその網をかけるのは得意じゃないし、網のなかで、「建築家はそのときにどういう事件があったからこういうものをつくったんだ」ということなら話はできるだろう。

二川さんはどうなるかというと、「わしゃ、建築が好きだよ」というわけです。フィロソフィアですからソクラテスしかない（笑）。その三人で行けば話は面白くなるからそれに徹したらどうかなんて思っていたんですよ。守備範囲となるとそれぞれ違うからね。だから事実の判断について解釈は絶対一致しないとわかった上で、どういう議論をするかということですよね。

第二章　技術とその意味

ペーター・ベーレンスと鉄骨の表現

二川　ペーター・ベーレンス［一八六八〜一九四〇］という人物はどういう存在だったんでしょうか。

磯崎　彼はヘルマン・ムテジウス［一八六一〜一九二七］を引き継いで出てきた人ですね。インダストリアル・デザイン［ＩＤ］をきちんと考えていた人としてある意味で面白いし、建築家としたら古典主義とＩＤ的な機械的なものの中間をやっている人だと思っています。

二川　ＩＤ的って彼の建築で言えばどういうことですか。

磯崎　ムテジウスと一緒にランプをつくっている。

鈴木　実際、ＡＥＧの電気製品のデザインをやっています。

磯崎　あれはとってもいい。その後の、ナチのヘルメットに繋がるようなメカニカルなイメージを彼はつくっていたような気がします。

鈴木　ミース・ファン・デル・ローエもル・コルビュジエもワルター・グロピウスも、一時期ベーレンスの事務所にいたという意味では歴史的に非常に面白い人物だと思いますね。それと彼は、最初はグラフィック・デザイナーというか絵描きだったんです。建築を最初にやるのは、ダルムシュタットの芸術家村に呼ばれて自邸をつくったときです。

磯崎　オルブリッヒが全体計画をやっていて、そのなかに彼がつくったんですよね。

二川　彼の自邸はどう評価されますか。

鈴木　一章で、アドルフ・ロースがハコだという話が出ましたが、ぼくは**ペーター・ベーレンスの自邸**ってすごく面白いと思います。部屋同士が直接繋がって一つ

ペーター・ベーレンス［Peter Behrens、1868-1940］：ドイツの建築家。ヘルマン・ムテジウスのドイツ工作連盟に参加し、総合電機メーカーAEGのデザイン顧問に就く。有名な同社タービン工場の他、工業製品のデザインを多数手がけた。何より、ミース、コルビュジエ、グロピウスがスタッフだったことが興味深い

のハコとして家が出来るという原型を、あれがよく示しているんではないかと思いますね。微妙な段差を付けているので部屋としてのまとまりはある。また、部屋ごとにシンメトリカルな軸線があったりして、様式的なところもある。けれどもよく見ればずーっと繋がっちゃう間取りなんです。プランが流動化していくという流れの一つの先駆をやっているんじゃないかと思います。

十九世紀の住宅で、例えば、マッケイ・ヒュー・ベイリー・スコット［一八六五〜一九四五］とかエドウィン・ラッチェンス［一八六九〜一九四四］の住宅の内部はすごく流動的で、デコレーションがついてるから古風に見えるけれども、骨組みだけ出してくると大変な近代建築の構成になっているわけです。吹抜けがあったり上から見下ろせたりというような建物を沢山つくっている。それを最終的に二〇世紀に繋げていく実例の一つがペーター・ベーレンス自邸だという気がしてます。その意味

ペーター・ベーレンス：ベーレンス自邸、1900-01

ルートヴィヒ・ミース・ファン・デル・ローエ［Ludwig Mies van der Rohe、1886-1969］：前述(p.16)
ル・コルビュジエ［Le Corbusier、1887-1965］：後述(p.113)
ワルター・グロピウス［Walter Gropius、1883-1969］：前述(p.52)

で、ぼくは、彼は建築家としては大したことはない、ということはまったくないと思う。ただ、一番有名なものとしては、AEGの企業に顧問として入ってインダストリアル・デザインをやるということですね。また**AEGタービン工場**をつくるなかで、建築家がそれまではパトロンとしての金持ちと一緒に仕事をしていたのに対して、企業と関係して仕事をしていくパターンを開拓していった人物だと思います。多分、その辺を本能的にミースもグロピウスもコルビュジエも感じて、身を寄せる時期があったんじゃないかと思います。

磯崎　**オーギュスト・ペレ**がパリで事務所を開いていると、いろんな人が寄ってくるというのと同じような感じで、ベーレンスの事務所はベルリンで見られちゃったんでしょうね。

鈴木　ただ、ペレの仕事の方が良く言えばオーソドックスな建築家の仕事で、ベーレンスというのは、もっとインダストリー寄りの場を開拓した人だと思います。確かに裏にはムテジウス以来のドイツ工作連盟の姿勢があったんでしょうけれど。ぼくはAEGタービン工場は今見てもやっぱり迫力のある

ペーター・ベーレンス：AEGタービン工場、1909-10

オーギュスト・ペレ［Auguste Perret、1874-1954］：後述(p.136)

建物だと思います。

磯崎　あの建物が迫力のある理由はディテールだと思うんですね。サッシュは今でいうとビスで留めてますが、当時は一つ一つつくらざるを得なかった。しかもそれまで鋳鉄でやっていたアール・ヌーヴォー風の鉄とガラスのデザインとは違うレベルにポンと持って行った。いかにも機械という感じがするようなディテールをつくった。それを見ているから、その後やっとミースのディテールが出てくる感じがします。

鈴木　足元は鉄骨造の橋梁のピン接合ですよね。アール・ヌーヴォー的鉄細工からあそこで、今残っている形に展開された。多分、**クリスタル・パレス**や機械館はそういうものだったんだと思うんです。それらを我々は今は見られないわけだけれども、タービン工場は現役で使われているし、ああいう形で十九世紀的な鉄の構造がどんどん建築に入っていったんだなという気がします。

鉄骨の時代というのは明らかに十九世紀で、そこでのポテンシャルの高さはものすごいものがあると思うのです。パリのなかでもサマリテーヌ百貨店の内部とかパリジャン新聞社とかの鉄骨造の面白さというのは、今のハイテックにも影響を与えていると思うし、その面白さはもっと伝えていいものだと思いますけどね。近代建築をいわゆる巨匠たちで考えていく流れが何をすくいとっていったかというと、圧倒的にヴォリューム、スペースで見ている。けれど、構成なり材質なり面というもので考えてみると、もっと違う試みがピックアップできるし、それらが持っている意味と迫力はまだまだ知られてない部分が多いような気がします。

クリスタル・パレスの展開　ハイテック、記号性

磯崎　ノーマン・フォスター［一九三五〜］やリチャード・ロジャース［一九三三〜］などのイギリスのハイテックの

クリスタル・パレス［The Crystal Palace、1851］：ロンドンのハイドパークで1851年に開催された第1回万国博覧会で建てられた。ジョセフ・パクストン設計。水晶宮とも呼ばれる。当時の上流階級には異国の動植物をコレクションすることが流行し、そのための庭や建物をつくる技術者が名声を得ていた。パクストンはそのうちの一人で、この大プロジェクトを、ガラスと鉄、そして木材を効果的に使うことで実現させた。後に移築されたが、1936年に焼失

連中と、十九世紀の鉄のデザインとクリスタル・パレスは繋がっているとは思いますが、ぼくはまたしてもすごくいい加減な説を持っていて（笑）、クリスタル・パレスはヴォールト屋根のクラシックなドームですよね。実はぼくはあれ、ゴシックだと思っているんですよ。ゴシック様式というと語弊がありますが、ゴシックというのは一つの単位があるわけです。それをずっと繋いでいく。つまり加算方式で組み立てていくと。ゴシックの場合、全体のプロポーションとか全体の構成があるわけじゃなくて、単位だけなんですよ。イタリアにゴシックが行ったときに衝突する理由は、イタリアはローマ以来、建物はプロポーションだと思っているわけなんです。だから、ミラノの大聖堂にしてもゴシックのディテールがあるけれど、そういう風に見えない。それで非常に混乱している。そのプロポーション感覚がイギリスにはないから、単位を徹底するわけです。あれはゴシックの特徴です。クリスタル・パレスは、単位にしてガラスをプレファブにして組み立てていった。つくり方はゴシックそのものなんです。

鈴木　ゴシックは柱間をベイと言って、ベイ・システ

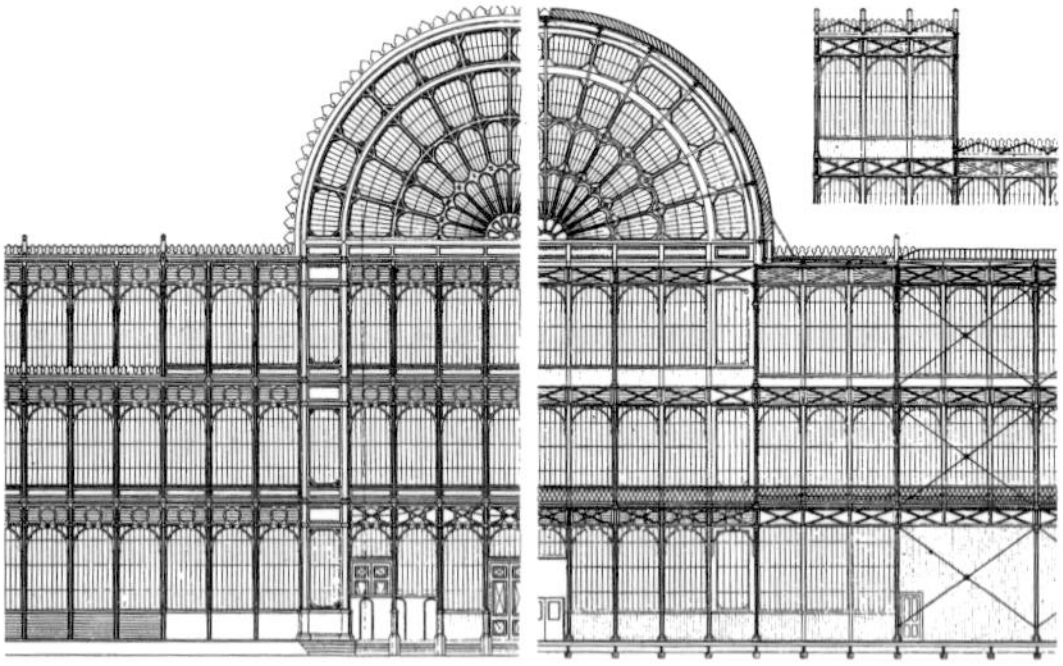

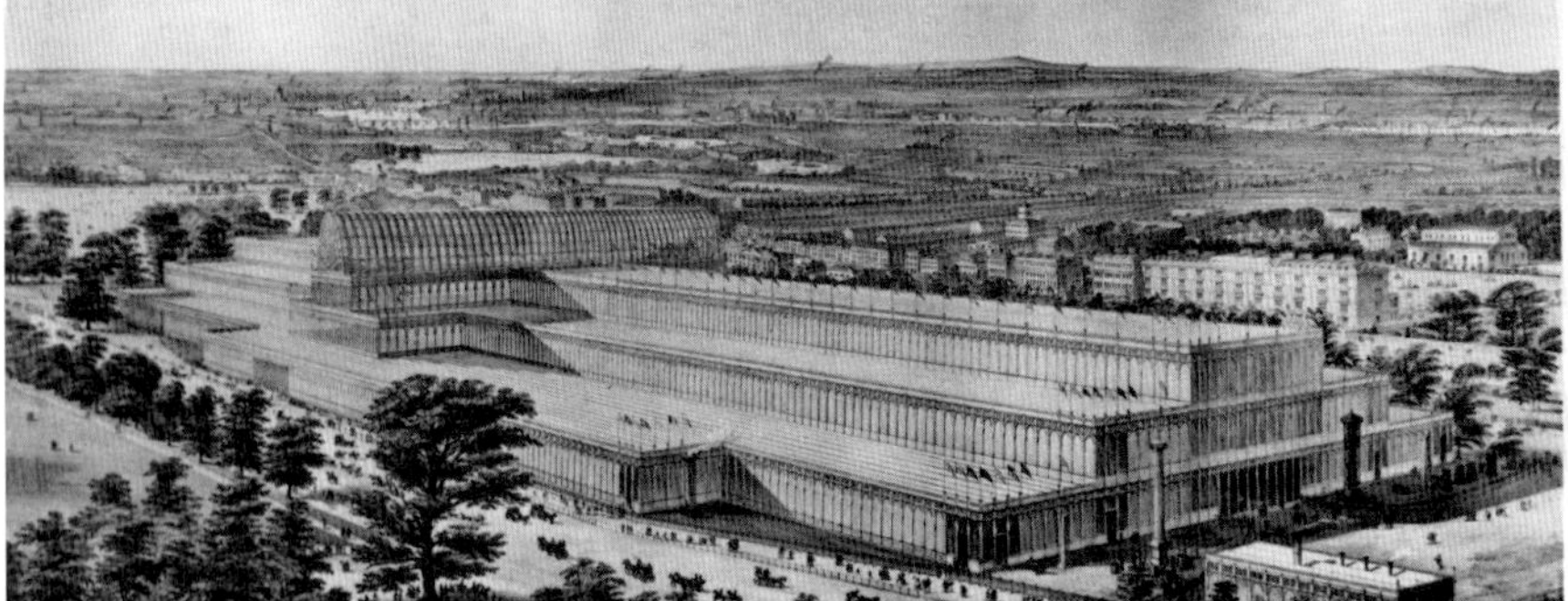

ジョセフ・パクストン：クリスタル・パレス、1850-51、パース（下）、立面及び断面（上）

ムの建築だといいます。確かにクリスタル・パレスはその意味ではゴシックの構成法、建造法と同じところがありますね。

磯崎　鋳鉄構造の建物というのは、生産単位はユニットだからそれを足し算していく形になって、それがハイテックまで繋がっていく。

鈴木　クリスタル・パレスの場合は現実にも、ヴィクトリア女王がオープニングに行って、今まで出たどのミサよりも感激したと書きとめている。当時の人が、一種のカテドラルとアナロジカルなものだという印象を持ったのは事実ですね。空間のつくり方が同じだということを瞬間的に感じたんだろうと思います。

二川　そういう部分とロジャース、フォスターに繋がりはあるんですか。

磯崎　ポンテス・フルテンというポンピドゥー・センターの美術館長をやった人が、その後ＭｏＣＡの館長になって、ぼくは彼と付き合いながらＭｏＣＡのプランをつくったんです。そのときに面白かったのは、ポンピドゥーはゴシックです、と言うんですよ。何故かなと思って聞いてみると、ともかくあれは足し算だというわけ。ぼくのゴシック＝足し算論というのはそこから来ているんです。

鈴木　ただ一般的には、ポンピドゥー・センターは構造露出型で、ゴシックも構造露出型だから、ゴシック的だという言われ方をしますよね。

磯崎　十九世紀のアイアン・ストラクチャーと非常に直結しているということは言えるわけですね。

鈴木　それと一方では、十九世紀のゴシック・リバイバルの時代に、ゴシックは構造露出型だから正直な建築だ、クラシックというのは壁を立てちゃうから書き割りだという認識があった。不正直な建築だという、不思議な理屈があったんですよ。

磯崎　**ウジェーヌ・エマニュエル・ヴィオレ＝ル＝デュク**［一八一四〜七九］だな。

ウジェーヌ・エマニュエル・ヴィオレ＝ル＝デュク [Eugène Emmanuel Viollet-le-Duc、1814-1879]：フランスの建築家。数多くのロマネスクやゴシックなど中世建築の修復に携わり、理論家として近代初期の建築理論に大きな影響を及ぼした。特にゴシック建築の研究から、石造による各建築要素の構造合理的な意味づけを明確化し、素材ごとの「真正さ」を重視する姿勢を、当時の新素材である鉄に対しても一貫させた。修復にあたっては、そのままに再現するのでなく、ありうべき理想的な状態を新たにつくる姿勢を取り、時に物議を醸した。主な修復に、パリのノートル・ダム大聖堂、サント・シャペルなど

鈴木　そうです。ヴィオレ＝ル＝デュクとかピュージン［一八一二～五二］みたいな人は、ゴシック＝合理的かつ正直な建築だという評価をするわけですよ。

磯崎　正直というのは近代建築にずいぶん影響を与えてます。

鈴木　そうですよね。いまだに建築は正直でなければいけない、張りボテではいけない、構造的に合理的でなければいけないという価値観がある。ハイテックは、それを逆手にとって表現しているところがあると思います。それは非常に魅力的なものだと思うけれど、ただ実際は、ハイテックも正直で合理的なのではなくて、かなり無理してやってますよね（笑）。

磯崎　そうするとハイテックになるわけですよ。ここでまたベーシックなコンセプトを過剰に使う。そうするとハイテックに見えちゃうということでしょうね。

鈴木　ハイテックとは別の話ですが、ゴシック自体が単位を連続させるということもある。つまり、中へ入ると空間は繰り返しで先へ延びていくわけです。だからパースペクティブな意識が出来るというのはゴシックの空間と関係があるのではないかと言っている人もいます。ルネッサンスになってパースが完成していくわけですが、それの原体験はゴシック的空間だったんじゃないかと。つまり奥行きを感じるわけですよね。それで空間把握ができたという説もあるらしい。

磯崎　これは**ジークフリード・ギーディオン**［一八九三～一九六八］が引用していますが、クリスタル・パレスについて、「どこまで続くかわからない、終わりがないような連続性という空間の概念が具体的に出てきた」という印象が記されているんです。つまりあの当時に、分節して空間を見せるという立体的な構成を持った古典的な考え方とまったく違うものが、突然出現した。エレメントが無限に続いて、向こうがかすんでついにはわからなくなってしまうぐらいの連続性。それはイノセントに生まれちまったんです。建築の教養があったらそんなことはしなかったんだと思うんですね。このふっきれた感覚。ジョセフ・パクストン［一八〇一～六五］が造園家だったということもありますが、教養が邪魔をしている建築家が新しいテクノロジーの出現を見て、自己批判していく。これが二〇世紀の前半だったと思います。

ジークフリード・ギーディオン［Sigfried Giedion、1888-1968］：後述(p.95)

ヴィクトール・バルタール＋F·E·カレ：パリ中央市場、1853-56
（鉄の出現により、駅舎、市場、温室などの大空間が19世紀中頃から多くつくられるようになった）

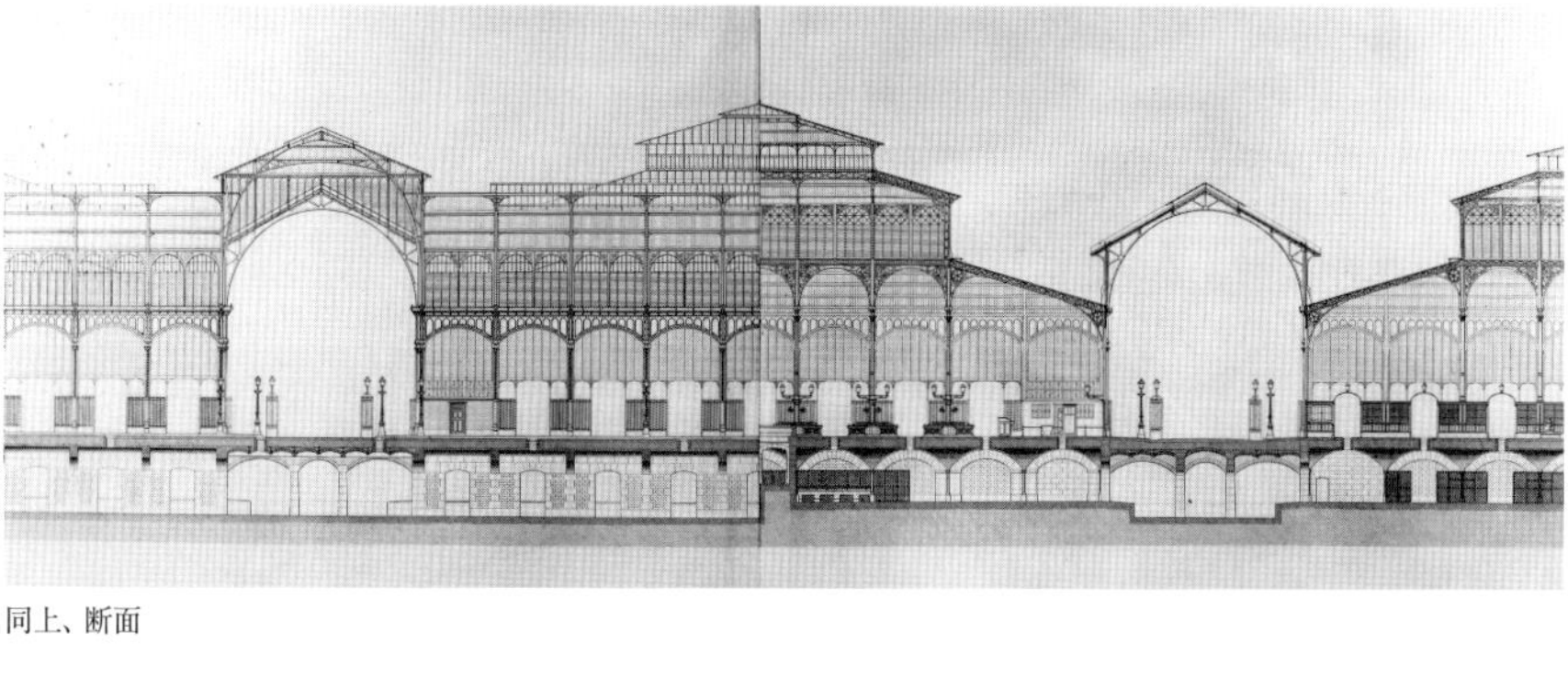

同上、断面

鈴木　ただ建築家の教養と建築物という見方でいくと、パクストンは教養のない造園家だったかもしれないけど、あの断面のユニットを持ち得た裏には、明らかに温室の伝統があったわけです。イギリス人は温室のなかで椰子を育てたかったんです。何故ならば世界中に大英帝国が広がったから、そのすべての土地のものを持って来たいと思った。一番の難物は椰子なんですよね。寒いと枯れちゃうし馬鹿デカくなるから。それで技術開発をする。そこからクリスタル・パレスの技術は生まれたんです。その背景には、ヨーロッパ世界が拡大したことがあった。だから万博をやるし、それに基づいて器も発明されたわけです。
　建築家にはそれ以降、椰子に対する文化的記号としてのイメージが出てきたんですよ。

磯崎　それはブライトンのキッチンですね。

鈴木　そうです。**ジョン・ナッシュ**［一七五二〜一八三五］設計のブライトンの離宮の台所では、すでにクリスタル・パレス以前からエキゾティックなものとして、椰子の木の形の金属柱を林立させているのです。それを**ハンス・ホライン**は**ウィーンの旅行代理店**で引用する。外国へ行くための場所だからっていうんで。

二川　ロバート・スターン［一九三九〜］もニュージャージーの住宅［ルエリン・パークの家］でやってますね。あれは記号なんですか。

鈴木　記号です。

磯崎　ジョージⅣ世というイギリスの王で無駄使いばっかりしたヤツがいて、それをおだてた建築家がい

ハンス・ホライン：ウィーンの旅行代理店、1978

ロバート・スターン：ルエリン・パークの家、1979-81

ソーン自邸、インテリア

ジョン・ソーン：ソーン自邸、1812-13

る。それがナッシュ。ぼくが好きな**ジョン・ソーン**［一七五三〜一八三七］は、ナッシュがあまりにも成功するんでだんだん没落していったんですね。ナッシュは今のイギリスのメイン・ストリートを全部つくった人です。

鈴木　ロンドンの**リージェント・ストリート**の計画をやるわけです。リージェンツ・パークの周りのキッチュな感じの建物を全部やる。

磯崎　それで、ブライトンというロンドンの南のリゾート地に、ジョージⅣ世のためにインド・イスラム風のネギぼうずの建物をつくったんです。中に入ると椰子の木がある。

鈴木　しかもメタルで椰子の木の柱をつくっているんですよ。常磐ハワイアンセンターみたいな感じで（笑）、異国情緒豊かな大宴会場をつくった。

磯崎　ディズニーのテーマパークのメンタリティですね。

鈴木　ナッシュは最後にバッキンガム宮殿の大改

ハンス・ホライン［Hans Hollein、1934-］：後述(p.275)

ジョン・ナッシュ［John Nash、1752-1835］：イギリスの建築家で、摂政(prince regent)時代からの英王ジョージⅣ世の宮廷サーベイヤー（イギリスにおいては、不動産に関わる専門的技術職として、単なるデザイナーではないサーベイヤーという職能が中世以来存在していた。著名な人物としてクリストファー・レンなど）。当時流行のピクチャレスク運動の主要人物の一人であり、王室所有地の開発プロジェクトであるリージェント・ストリートやリージェンツ・パークでは、華麗なテラスハウスや都市景観をつくり出した他、バッキンガム宮殿の主要部など数多くの建築を手がけた

修をやって、それが出来上がったところで、普通建築家は偉くなるとサーの称号を貰うわけですが、彼は一つ上のバロネットを貰ってやろうと思っていた。ところが、ジョージⅣ世が先に死んじゃうんですよ。その途端に彼は失脚してしまう。だからサーも貰ってないんです。かなり後までナッシュ＝いかがわしいヤツということになっていたんですが、一九四〇年代にジョン・サマーソン［一九〇四〜九二］という人がナッシュの本を書いて、ナッシュの再評価が出される。

磯崎　サマーソンは鈴木さんの先生ですよね。

鈴木　そうです。で、キッチュだって言われていたけれど、ある意味では都市を大改造した人だし、石を使わないでスタッコでやったからニセモノだというのは、あり得ないんじゃないかと言ったわけですね。今ではナッシュは単なるリアルな建築でない、建築の持っている別の側面を開拓した人だという評価になっていますね。

磯崎　それが初期ポスト・モダニズムにあらためて復活したんですね。

鈴木　そういうところはあります。

二川　ジョン・ソーンも似たようなところがありますよね。

磯崎　ナッシュと同時代の人で、この人はゴシックとクラシックを奇妙に入り混ぜて使っている。浅いヴォールトが特徴ですね。

鈴木　磯崎先生ご愛用のヴォールトの元祖ですよ（笑）。

ジョン・ナッシュ：カンバーランド・テラス、1826-27

ジョン・ナッシュ：リージェント・ストリート、1814-25

磯崎　ナッシュの方はお断りという感じだったな（笑）。

鈴木　ソーンの方がナッシュより本格的な空間の入れ子構造みたいなことをやっていて、その意味では面白い。ただナッシュは記号的な建築という意味では冴えてた人だし、ブライトンのロイヤル・パヴィリオンの椰子の木のイメージは、いろいろと影響を与えている。ホラインもそうだしニューヨークのシーザー・ペリがやったウィンター・ガーデンには、明らかにクリスタル・パレスの写しのアトリウムがあって、そうである以上、椰子の木がなければいけないということで置かれている。技術とそれを生んだ文化的背景が記号化して用いられるわけです。建築家は教養があるのかないのかわかりませんが、彼はそこに文化的記号を付けている。その意味ではクリスタル・パレスはずいぶんあっけらかんとやっているところがあったんですね。

ここでまたベーレンスに話を戻すと、今見てきた鉄骨構造というのは、ゴシック的なものと近い関係を持って出て来ているわけです。一方、クラシックなものというのは、オーギュスト・ペレがいるようにコンクリートのプロポーションと非常になじむ。ベーレンスのAEGタービン工場は、鉄骨の構造でありながら、まずクラシックを——よく言われるのはギリシャ神殿の換骨奪胎といった感じで——使っている。そして椰子の木みたいな文化的記号という文化性を持たない。極めて即物的である。おそらくそこに、ドイツの鉄骨構造の今に至る元が生まれていたんじゃないか。非常にメカニカルで、ドライで感傷的なところが一切ない。それはミースに通じていくわけですよね。

ベーレンスやナッシュに見るように、即物的でメカニカルなものというのは、その後も大きな図式として二つとも残っていくわけです。椰子の木で思い出しましたが、フロリダのオーランドでマイケル・グレイヴス

ジョン・ソーン［Sir John Soane、1753-1837］：イギリスの建築家。イングランド銀行専属の建築家として名をなし、その後、公的な施設の建築を扱う官庁の建築家として、数多くの建築に関わる。現在、国立のジョン・ソーン美術館として公開されている自邸は、3軒のテラスハウスを順次購入し、複雑に増改築を繰り返した建物で、住宅以外にスタジオや図書室、収集した骨董品や美術品、建築資料を収蔵するギャラリーでもあった。天窓を多用し、様々な建築的アイディアが試みられた高密な応接室＝収蔵室は、独特の空間性を備えている

［一九三四〜］がつくったホテル［ディズニーワールド・ドルフィン・ホテル］を見ると、彼は書き割り的に椰子の木の図柄を使って、文化的記号だけでホテルをつくっています。それと、磯崎さんが**ティーム・ディズニー・ビルディング**でやられたある種の見えない記号性というやり方との対比がすごく面白くて、その意味ではグレイヴスのあの作品は、どんどん記号性を出していった建築の最後のような気がします。あれぐらいでポスト・モダニズムは終わったんじゃないか。

マイケル・グレイヴス：ウォルト・ディズニー・ワールド・ドルフィン・ホテル、1990

二川　例えば、**ギュスターヴ・エッフェル**［一八三二〜一九二三］みたいな人はどういう分類に入るわけですか。

鈴木　メカニカルなんだけれども、彼はエンジニアですよ。

磯崎　建築家ではない。

鈴木　そう思いますね。鉄骨のプレファブ建築はやっていますが。

磯崎　建築の教養がなくても建築をやっている人と、建築の教養がまったくないから建築にもならないという人がいるとすると、エッフェルは後者じゃないかと思います。

アール・デコ

二川　一九一〇年から二〇年代のトピックスとしてはアール・デコが挙げられると思うのです。例えば、マイアミのアール・デコはどういう風に評価されますか。

磯崎　マイアミに到達した頃は三〇年代で、アール・デコの末期ですから、アール・デコ風というものが出来上がっていた上で、地域にコマーシャライズした

ギュスターヴ・エッフェル［Alexandre Gustave Eiffel、1832-1923］：フランスの技師。1866年にコンサルタント、建設業としてエッフェル社を設立。19世紀の鉄道網拡張に伴い、鉄道高架橋や駅舎をはじめ、博覧会会場など数多くの構造物をヨーロッパ各地に建設し、鉄の特性を活かした、大胆な造形を主に錬鉄のトラス構造で実現。力学的な解析に基づく精緻な設計手法の先駆者とされる。引退後は、エッフェル塔の頂部にオフィスを持ち、気象や天体、生物学などの研究に勤しみ、風の研究から建設したエッフェル型風洞は航空機の発展に大きく寄与することになる

というべきでしょう。アール・デコを見ると、一九二五年にアメリカは、パリの装飾芸術の博覧会に出品してないんですよ。その理由はこのコンセプトに相当するような仕事はアメリカにはまだないということでした。アール・デコから降りちゃったんですね。ところがその五年後にはアメリカはアール・デコ一色になるんです。エンパイヤ・ステート・ビルも**クライスラー・ビル**も全部アール・デコですね。時代のスタイルが五年の間にドッと向かっていった。

鈴木　アール・デコ博にアメリカが参加していないというのは不思議なこととして有名な話ですが、実際には建物があったと思うんですね。

磯崎　一九二二年に**シカゴ・トリビューンのコンペ**がありました。あのときの二等が**エリエル・サーリネン**［一八七三〜一九五〇］で、アール・デコだったと思います。だけど、アメリカは採用してないわけ。一等のレイモンド・フッド［一八八一〜一九三四］はゴシックですよね。ゴ

磯崎新：ティーム・ディズニー・ビルディング、1987-91

シックを採用してアール・デコは二等だった。立体格子を露出したグロピウス案なんかを古典主義的とするならば、この辺りは佳作にもなってない。非常に面白い構図が出来ている。そのなかでレイモンド・フッドはあれをつくった後はいきなりアール・デコに変わるんですよ。二等に影響されていく。これはよくある例です。彼はマンハッタンに今でも典型的なアール・デコ・スタイルのスカイスクレーパーを残した唯一の人とも言える。ロックフェラー・センターは、その行き着いた地点です。

二川　そもそもアール・デコというのはどこから出て来るんですか。

鈴木　よく言うのはオーシャン・ライナーの船の内装だという話です。

二川　アール・ヌーヴォーとは関係ないですよね?

鈴木　直接的にはない。やはり船が最初じゃないでしょうか。船内意匠というのは、チャラチャラとはぶら下げられないから、平面的に壁面で処理するようなデザインになったんじゃないか。

磯崎　一番アール・デコ風な印象を持たせるのは、ぼくは突板のベニヤパネルなんじゃないかと思います。薄板を壁面に貼る。普通はモールディングを付けていたのを、アール・デコのときに外しちゃうわけです。

鈴木　やるとしても象嵌でツライチのパターンで処理をする。ローズウッドといった光沢のある木というのはアール・デコの主役ですよね。またガラスの役割がものすごく大きくて、ガラスは透明なものという考えよりも、メタリックに光るものという意味で大々的に使っていく。

磯崎　レリーフしたりしてね。磨りガラスにパターンを彫り込むとか。

二川　アール・デコの傑作って何ですか。

鈴木　ロンドンの**デイリー・エクスプレス・ビル**はいいと思います。

二川　壊しちゃいましたね。一部再現するみたいですが。

磯崎　アール・デコはやはりインテリアですよ。

鈴木　そうした主流に対して、マイアミのパステルカラーのアール・デコというのはヴァナキュラーなものだと思うんです。ぼくも家具の世界でのアール・

シカゴ・トリビューン・コンペティション［Chicago Tribune Tower Competition、1922］：前述(p.20)
エリエル・サーリネン［Eliel Saarinen、1873-1950］：後述(p.186)

デコの意味は大きいと思いますね。

磯崎　だけどあれは三〇年代に全世界を席巻したスタイルだった。インターナショナル・スタイルになる前のインターナショナル・スタイルだったんじゃないかと思います。

鈴木　ぼくは、アール・デコというのは、明らかにメディア、交通の発達、ファッションの発達と関係していると思うんですよ。そのイメージなのではないか。デイリー・エクスプレスは新聞社ですし、クライスラーは自動車だし、そして船の内装で使われた。当然ファッションもそのなかで今までとは違う広がり方を見せていたわけです。

磯崎　レイモンド・フッドを見ていると面白いんですが、その後**ロックフェラー・センター**の主任建築家になるのです。ロックフェラー・センターに行くまで、シカゴ・トリビューンから十年しかない。その間に彼は超高層を四本ぐらい建てています。全部アール・デコ。ラジエーター会社のビルや**マグロウヒル・ビル**もそうですよね。

鈴木　非常にメディア的なんですよね。

二川　二〇世紀の建物を選ぶときにアール・デコで入ってくる建物ってあるんですかね。

鈴木　見方によっては。例えば、ミースのトゥーゲントハット邸とかバルセロナ・パヴィリオンには、アール・デコと共通する美意識があるんじゃないかと思います。アール・デコって空間の構成の問題じゃないですよね。表面処理の問題だしグラフィックな形でのつくり方だから、意識としては、〈近代建築のなかにピカピカッと光るもの〉というイメージがあるんですけどね。

磯崎　スタイルというのは、クラシシズムみたいにきちっとした一貫性を持っていると流行りにくくて、どうでもいい、どういうときでも使えるというものでないと流行らない。そういう意味では、アメリカの三〇年代のインスティテューショナルな建物、学校とか

ウィリアム・ヴァン・アレン：
クライスラー・ビル，1930

オーエン・ウィリアムズ：デイリー・エクスプレス社屋、1930-32

病院とかも一種アール・デコ崩れだと思います。

二川　特に南米に多いですね。四〇年代から五〇年代のブラジルや、コロンビア、アルゼンチン。マイアミのようなものではなくて、壁の処理に多い。

磯崎　渡辺仁［一八八七〜一九七三］の第一生命館は、どう見ますか。ぼくはあれはアール・デコの終末みたいな感じがするんですが。

二川　あれはヒットラーじゃないの?

磯崎　ヒットラーの初期のスタイルですね。

二川　ヒットラーをどうするかという問題があるんです。**アルベルト・シュペア**［一九〇五〜八一］をどう評価するかは二〇世紀でも重要なことですよね。

磯崎　三〇年代の話としては避けるわけにはいかない。片方には、ムッソリーニもあるわけだから。

鈴木　ムッソリーニ、シュペア、第一生命館と来るとそれが一連のものかどうかは別として、古典主義建築の抽象化ですよね。アール・デコというのはそれとはちょっと違っていて、確かに第一生命館やファシズム建築にもアール・デコ的要素があるかもしれないけれど、実際のアール・デコというのは表面付加的な感じなんだろうなと思うわけです。だからアール・デコには二つあると考えてもいいのかもしれない。

磯崎　関係しているけれど、違う面も持っていると。そうかもしれませんね。スターリンもそうだと思うんですよ。だからむしろ構成主義がスターリニズムに移っていく、つまりあの時代の問題に、三〇年代の事件の流れの切り口が見えてくるような気がするんですよ。

鈴木　ただモスクワ大学になっちゃうと、あれはなんだ、という感じもする。

磯崎　モスクワ大学とか**モスクワの地下鉄駅**は、戦後ですけれど、アール・デコじゃないのかな。

鈴木　そうかなあ?（笑）

磯崎　昔、三宅理一さんが、スターリン・デコと言ったことがありましたけど、それはアール・デコとの繋がりかなと思いますよ。

鈴木　**マイアミ・デコ**ぐらいまでは言うけれど、スターリン・デコはどうですかねえ。スターリン時代にソビエト・パレスという計画があって、誇大妄想的な計画がなされますが、結局出来ない。今はクレムリン

アルベルト・シュペア［Albert Speer, 1905-1981］：ドイツの建築家。ナチス政権の軍需大臣。1934年にパウル・トローストの後任としてナチ党の主任建築家となり、ニュルンベルグの党大会会場を設計、130基のサーチライトによる演出を行う。以後、ベルリン新都市計画（ゲルマニア計画）、新総統官邸をはじめ、ドイツ第三帝国の象徴的な建築を、実際の計画としても、理論的にも支えた

レイモンド・フッド：ロックフェラー・センター、1930-33

レイモンド・フッド：マグロウヒル・ビル、1931

のなかに建てられていますが、本来の敷地はモスクワの大聖堂の場所だった。スターリンは大聖堂を破壊して、その大理石は地下鉄の駅なんかに使っています。ところがソ連が崩壊して、今ではまた大聖堂が再建されています。今年の十月に行ったときには、まだ内部は完成していませんでしたけれど外観は出来ていました。東京・神田のニコライ堂を巨大化したような感じで、しかしドーム屋根が林立してロシア的なんです。そうして見ると、モスクワ大学などもロシアの感性に訴えるものだということがわかってきます。

やっぱり、第一生命館にしても、古典主義なき時代にインスティテューショナルなものをどう表現するかという課題に対する解答例ですよ。モスクワに建つものはキエフの教会が影を落とすだろうし(笑)、イタリアに建つものにはコロセウムが影響する、というようなことじゃないですかね。インドのニューデリーの都市計画だってそうで、基本はシンメトリーの古典主義なんだけれど、そこにいろんな衣がついてくるという……。

ヒットラーとファシズム

二川　ただ、今の話を伺っていて思うのは、ヒットラーだけは異質なんじゃないかと思うんですよ。ぼくはベルリンの**オリンピック・スタジアム**は傑作だと思います。

磯崎　ぼくは**テンペルホーフの飛行場**がいいと思う。

二川　テンペルホーフとオリンピック・スタジアム

マイアミのアール・デコ建築

同上

モスクワの地下鉄

は同じような雰囲気を持ってますよね。テンペルホーフは、六三年に磯崎さんと旅行に行ったとき降り立ってびっくりした覚えがある。歴史家の立場ではヒットラーの建物はあまり扱わないですよね。あれは何故なんですか。ムッソリーニは扱うのに。

鈴木　ムッソリーニの方が、既存のローマに対して都市的なインパクトを持っていた。サン・ピエトロ広場の前に通りをつけるといったコンテクストがあったわけです。一方、ヒットラーの場合は二つ理由があるんじゃないですかね。一つは孤立したモニュメントであるという意識が強いのと、ベルリンがその後都市としては完全に分断されたわけで、実際、よくわからない、評価できないということ。これからベルリンの都市が再構築されていくなかで、初めてまともに考えられるような時期になってきたんじゃないですか。意図的に無視したというほどのことすらなくて、評価する条件が整っていなかったということじゃないでしょうか。

磯崎　もうちょっと言うと、要するに近代建築の担い手はみんなジューイッシュですよね。いまだにその問題は尾を引いている。だから禁句なんですよ。レオン・クリエ〔一九四六〜〕はシュペアの本を書きましたが、彼は、ヒットラーの問題ではなくて、何故クラシシズムをベースにした誇大妄想があのときに生まれたのかを考えた。その誇大妄想は今の都市を完全にひっくり返すぐらいのインパクトを持つ部分があるわけだから、それをやればいいじゃないかという見方で評価しているわけです。

二川　ただオリンピック・スタジアムは誇大妄想には見えないけどね。

磯崎　あれは、その時代に何人か優秀な建築家がいたんですよ。オーソドックスなのはパウル・ルートヴィヒ・トロースト〔一八七八〜一九三四〕というクラシシズムをやっていた人。ミュンヘンに美術館をやってますね。もう一人はハインリッヒ・テッセナウ〔一八七六〜一九五〇〕。

鈴木　ただテッセナウ自身はナチスよりも前に自己のスタイルを確立していますよね。

磯崎　ですけど、彼の影響下にある連中がナチに

ヴェルナー・マルヒ：オリンピック・スタジアム、1934-36

入った。シュペアというのはテッセナウの助手だった人です。

鈴木　テッセナウは面白い人で、ドレスデンの近郊にヘレラウという田園都市をつくっているんですが、普通田園都市というのは、だいたいロマンティックで自然主義だから非古典主義でやるんだけど、彼は古典主義の田園都市をつくったんです。一時期はソ連の軍

エルンスト・ザーゲビール：テンペルホーフ飛行場、1939

テンペルホーフ飛行場、ロビー

事キャンプに使われていました。今でも残ってます。そこにダルクローズというモダン・ダンスの創始者みたいな人の学校が出来ていて、リトミックとか新しい教育メソッドを生み出しています。抽象化されたクラシズムという感じで建築もダンスもなかなか面白い。

磯崎　テッセナウのコンポジションは全部**カール・フリードリッヒ・シンケル**ですね。むしろシンケルを単純化するとこうなるのかなという感じのものです。

鈴木　レオン・クリエなんかは、明らかにテッセナウのプロポーション感覚を真似してますね。

磯崎　シルエットはクラシックなんだけど、ディテールは全然違っていて抽象化されていて、その部分だけ見ると非常に明快な近代建築ですね。

二川　ぼくは、イタリアのファシズムを建築として評価するのは、デザインとして優しいからじゃないかと思うんですよ。ところがヒットラーのは恐いんですね。テンペルホーフにしてもオリンピック・スタジアムにしても。それと虐殺ということが十把一絡に封印されてしまったんじゃないか。

磯崎　ある種ドイツ的な崇高性というのはありますね。北方的な崇高性というのか。

シュペアについては、古典主義をベースにしている割には出来が悪いという言い方をしていた人が結構いたんですよ。そうかといって、ヒットラーの時代の三〇年代のドイツの建築家が狙っていたモニュメンタリティをどう組み立てるかということについては、批判する視点がなかったんですね。今でもそれを避けている。

ヒットラーが権力を握った直後のことですが、ハイデガーは大学長になって、入党して熱烈なヒットラーの賛美をしたんですよ。それを黙ったまま、戦後過ごす。で、アウシュビッツの事件があったということがわかったとき、一般的な常識としては謝罪をしなきゃならないのに、ハイデガーはしなかった。一言もアウシュビッツについては語らなかった。それについて非難囂々だったんです。ハイデガーの他の理論は決定的に重要なのに、その部分があるがゆえにハイデガーを全否定する、そういうことになった。最近出た本なんかでは、ハイデガーの理論を突きつめていくと、立脚点からしてヒットラーに行く以外になかったんだという見方が書かれています『存在の政治』リチャード・ウォ

カール・フリードリッヒ・シンケル［Karl Friedrich Schinkel、1781-1841］：前述(p.8)

ーソン、岩波書店』。
ヒットラーのなかには体制派とラディカル派の二派ありました。ラディカル派が親衛隊のトップにいたんですが、それをヒットラーは虐殺する。その様子はヴィスコンティの映画に出てきます［『地獄に堕ちた勇者ども』］。虐殺して、その後徹底した革命を止めて、逆支配をするという連中に権力を移したわけ。ハイデガーは、そこまではラディカルに全面的な改革をしようとしていたヒットラーに、絶望したという説明もあるんです。

鈴木　ヒットラーは明確な都市計画を実行した人でもあります。おそらく古典主義の建築がインスティテューショナルな中央の建築で、田園には郷里［ハイマート］の建築をつくる。それが非常にきれいな第三帝国的な建築観の図式だったわけです。その構図のなかで単純に、オリンピック・スタジアムがいいと言えるかどうか。それが成立するということは、第三帝国における社会イメージがあるということで、群衆が集まって熱狂できる質と装置ではあるかもしれないけど、それがどういうことかを考えるには、まだ時間が経たなすぎている……。

磯崎　シュペアが一九三七年にパリ万博でドイツ館の設計をします。メインの展示物は全部流線型で、それこそドイツ工作連盟を完全に近代化したようなものばかりが展示されました。

ヒットラーがつくったアウトバーンは、鈴木さんが言うように都市の内部の古典主義的な生活に対するものとしての森の生活に、すべての国民をワーゲンに乗せて向かわせるためのものだったんです。だから合理的で、今のトゥーリズムの問題やバケーションの問題やら、すべて政策として取り込んでいたんですよ。これをどんどん打ち出せば、その時代の人は信用しますよね。問題はその行った先が麻原彰晃的であったかどうかということです。仕組みは巧く行っているわけです。その理屈を全面的に否定する論理があるのかないのか。今はただ反対と言うだけでしょ。触れないというだけですよね。でも本来の十九世紀以来の人間の救済をどう見ていくのか。それはもう誰も今世紀には結論を出せないんじゃないかと思いますね。

鈴木 やっぱりそこでユダヤ人問題が出てくるわけですよね。そういう素晴らしい理想ではあるけれど、そのときに排除される集団がいたという。

二川 しかしそれは建築の質には関係ないことですよね。

鈴木 どうでしょうか。そこがぼくはよくわからない。ただ、歴史の評価は時間を必要とするところはありますからね。例えば、グッドデザインの歴史を編んだときに、人間魚雷を載せるかといったら載せられないでしょう。

磯崎 だけど、スペース・シャトルなんていうのは人間魚雷ですよね。

鈴木 でも人間魚雷というのは外からボルトを締めちゃうわけですよ。だから自分の意志では絶対出られない。入ったらお終い。それはデザイン史上では取り上げられない……。

磯崎 そうしたら原爆はどうなるの?

鈴木 ぼくは、原爆ドームを二回ぐらい本をまとめたときの最後に据えているんですよね。あれは今世紀が生み出したデザインとして記憶しておいていいんじゃないかと考えたからです。

磯崎 それは結果として、ですね。

鈴木 そうです。ヤン・レツル[一八八〇～一九二五]がつくった建物は凡庸だったかもしれないけど、非常に不思議な壊れ方をして残っている。あれは二〇世紀の生み出した一つのモニュメントであると。記憶して残されなければならない。調べたところ、銅板葺きのドームだったんですよ。石とかスレートだったら、最初の爆風でベシャっとつぶれてしまったわけです。ところが銅板で鉄骨だったから熱線で銅が最初に溶けてしまった。で鉄骨が残った。その後に衝撃波が来たんだけれど、銅が溶けてスカスカだから衝撃波が中に来て床を吹き飛ばして、ああいう形が残ったんです。

磯崎 それならベルリンのオリンピック・スタジアムだって同じでしょう。

鈴木　つまり建築は造形だけでもないし、社会の結晶だというところがあるわけですよね。作品とそれを生み出した社会との関係で見ざるを得ないところがある。

磯崎　例えばアウシュビッツというのは、**バウハウス**で勉強したヤツが図面を描いたわけですよ。バウハウスはそういうものもつくったんです。

鈴木　工場建築として設計すれば非常に明解なプログラムですよね。

磯崎　屠殺場建築ですかね。

鈴木　言わば処理工場ですよ。ただ、設計した人間はどういうものか知っていたんでしょうね。

磯崎　それはもちろん、プログラムをつくったヤツがいて、それに基づいて図面を引いたと言われています。ただデザイナーの感覚としては、時速三〇〇キロで走る新幹線を設計するのと同じですよ。それをいいとか悪いとか判断するのは、テクノクラートではなくて、別の人間だということになっている。その意味ではミースの**レイクショア・ドライブ**だって同じですよ。あれはたまたま殺さないだけで収容しているわけだから。スタンリー・タイガーマンがあのなかに住んでいるんですが、彼は改装して住んでます。だからミースのハコのなかにはいろんなものを収容できるわけです。あのなかに殺人工場があっても麻薬の取引所があってもいいわけですよ。それが立体格子の意味だったわけですね。

近代建築・歴史の構図

磯崎　我々の二〇世紀の近代建築というのは、偏見を持って組み立てられているわけです。どちらかというと、アール・デコのなかに、アール・デコ風で流行っていたものをもうちょっと単純に機械的にやれって言った連中がごく少数派いて、この連中がバウハウス

バウハウス[Bauhaus]：前述(p.53)
レイクショア・ドライヴ・アパートメント[Lake Shore Drive Apartments、1951]：後述(p.179)

に行き、近代建築運動というものになってCIAMになるわけです。CIAMになったということが歴史をつくって、それを**ジークフリード・ギーディオン**が書いちゃったから構図は崩せないんです。だからそこで拾い上げられなかった残りはいっぱいある。

鈴木　それと今は近代建築自体が、勝ち組を辿って一筆書きで書いたものが大きな流れみたいに見えていて、その他は無視されるわけです。ただそれに対して別の見方があるという動きが出てきたときに、一番最初に目につくのは、「これはちょっと面白い」というものを探してくるというやり方。それがだんだん増えてくる。そのなかで古典主義というのは一番最後まで再評価されない宿命があるんじゃないでしょうか。モダニズムの流れに乗らなかったちょっと違うクラシシズムというのは、非常に評価の軸が難しい。北欧に、十八世紀の末から十九世紀にかけてトルバルセンという新古典主義の彫刻家がいたのですが、彼の美術館がデンマークにあって、結構いい新古典主義の建築なんですよ。けれど、案内してくれた若い人なんかは恥だみたいな言い方をするわけです。やっぱりモダニズムの目から見るとちょっとずれた古典主義というのは、なかなか位置づかなくなっているんじゃないですかね。

磯崎　それは歴史家のつくった歴史観の呪縛ですね。これまた無根拠の説になりますが、近代建築というかモダニズムの建築という限りにおいて、古典主義から逃れられない。モダニズムの美学に潜む構成的な部分は、古典主義を単純化あるいは抽象化したものに過ぎないと言えませんか。その点において、近代建築は、王殺し、父親殺しをしながら血統はそのままになっている。このエディプス的関係が深部に潜んで、古典主義＝歴史的なものを拒絶する。せざるを得なかった。こう見ることもできませんか。

おそらくギーディオンをコテンパンにやるのにはどうしたらいいかということで、いろんな人が書こうとしているけど、**レイナー・バンハム**［一九二二～八八］がまず書いて、その後**チャールズ・ジェンクス**［一九三九～］がメチャクチャにしちゃった。彼らの言うのは流派の分け方で、誰々がいて何時々々に始まって、というツリーだけでページを埋めちゃう。本来その余白に何かあったはずなのにツリーのルートしかないわけですよ。

CIAM［Congrès International d' Architecture Moderne、1928-1959］：近代建築国際会議の略称。1928年の第1回から1959年の第11回まで、世界各地で建築家が集まり、これからの建築・都市について、毎回異なるテーマで議論した国際会議。創立に関わった建築家は28人。建築デザイン、都市計画によって、政治経済を含めた社会の変革を意図し、機能主義をベースとした理念「アテネ憲章」を掲げた

鈴木　一応ジェンクスは、単数のモダン・ムーブメントではなくて複数のモダン・ムーブメンツだというのがミソだと盛んに言ってますけどね。

磯崎　枝がいくつかには分かれているからね(笑)。だけど、そのルートしかないわけですよ。だからシュペアとかテラーニとかは入っているけど、実は葉っぱが増えているだけで枝は変えないつもりなんですよ。だけど、幹自体がおかしいんじゃないかと誰かが疑えば、がらりと変わるはずです。

鈴木　例えば、グロピウスは非常に戦略的な人でした。バウハウスをつくってアメリカへ行った。それでハーヴァードを取ったわけです。その途端にギーディオンを呼ぶ。そして講義をさせて、"Space, Time and Architecture"[『空間・時間・建築』]という本にする。グロピウスは自分がやろうとしていることをアメリカに根付かせるためには、自分が図面を描いているだけじゃ全然ダメだということを知っていたわけです。それでギーディオンを呼んできて彼の力でモダン・アーキテクチャーのアメリカ・デビューを果たす。そういう背景で出来た骨格なんですよね。

磯崎　本になったのはいつ頃ですか。ぼくが学生の頃、つまり五〇年代の前半に原書が手に入った記憶があります。卒論で超高層の歴史みたいなことをやっていたので、最後のロックフェラー・センターについての章は細かく読んだんだけど、時間、空間の四次元論なんてあまりに通俗的だと思ったな。

鈴木　本になったのは四一年。原型は、ハーヴァード大学で毎年行っているチャールズ・エリオット・ノートンという人の記念講座みたいなもので、そこで連続講演としてやるのです。

聞いた話なんですが、分類学というのは実体としてはあり得ないんだそうです。種の分類はいろんな人がやっているけど、ツリー型の平面上の分類に描けるものではない。立体交差していて、例えば、イネと

ジークフリード・ギーディオン[Sigfried Giedion、1888-1968]:スイスの歴史家、建築評論家。形態分析による近代美術史を試みたハインリッヒ・ヴェルフリンの下、美術史を学ぶ。1928年結成のCIAM(近代建築国際会議)に参加、一貫して書記長を務め、理論的バックボーンの形成に寄与。前年にハーヴァード大学に赴任していたグロピウスに呼ばれ、1938年、ハーヴァード大学で講義を行う。これらをまとめた『空間・時間・建築』は、近代建築史の教科書的著作となった

バラは平面的に見ると全然繋がらないけれど、その関係は立体的で、平面的な方法では分類できるものではない。ただそうすると我々にはわからない。つまり、体系があるんじゃなくて、体系化すればそうなるというようなものなんだと。歴史もそういうもので、歴史の概念は政治史が骨格を決めてきたわけですが、日常性のなかの変化の方にむしろ意味があるんじゃないか、王様が交代するよりも、どこかの農民の考え方が変わったことの方が時代の変化を示しているんじゃないかというアナール派的な考え方が出てくる。そうすると歴史は大歴史なのかケース・ヒストリーなのか。今ケース・ヒストリーの持っている意味が非常に高くなってきています。建築史のなかでも、非常に面白いエピソードを探して分析してみせるなかに何が示せるか、という方向への興味が増えてきているんじゃないかと思います。

二川　ただ現実的にはギーディオンの論理に汚染されてますよね。

磯崎　例えば、十九世紀の半ばにルネッサンスやバロックの概念を成立させたブルクハルト［一八一八～九七］がいます。その後リーグル［一八五八～一九〇五］からヴェルフリン［一八六四～一九四五］ぐらいまでで、様式をとりまとめて建築を見るという見方が出来た。で、ギーディオンは元々その続きをやるはずの人で、新古典主義というのが穴だから、そこをやっていた。そのうちに近代建築運動にスカウトされて、そちら側の宣伝係になってハーヴァードに行った。元々近代建築を十九世紀までの建築の様式にどう繋ぐかということをやった人なんです。おそらく今の問題は、建築を様式で見る見方がギーディオンまで来ている。それを元から崩すにはどうしたらいいかということなんです。

鈴木　ただ、それは十五、六年前にデイヴィッド・ワトキン［一九四一～］が、“The Rise of Architecture History”、日本語では『建築史学の興隆』という本で整理をしているんです。かなりイギリス中心ですが、彼に言わせると、建築史の上での一番初めの業績というのはフィッシャー・フォン・エルラッハ［一六五六～一七二三］というドイツ・バロックの建築家が図集をつくるんですが、それだと言うんです。本来の建築史の伝統というのは、百科全書的図面集だという伝統があって、フレッ

レイナー・バンハム［Reyner Banham、1922-1988］：イギリスの建築批評家。戦後イギリスで展開した、ピーター・スミッソンやジェームズ・スターリングなどの「ニューブルータリズム」や、ピーター・クックやセドリック・プライスなどの前衛的な試みを念頭に、前世紀までの様式建築と一定の連続性を持ちながら機械的な美学を持つ近代建築＝第一機械時代に対して、電気的かつ環境的な第二機械時代の建築理論を追求した。『第一機械時代の理論とデザイン』は名著

チャーとかファーガソンという人たちは、十九世紀的やり方をして、基本的には、地域別、時代順で建築を整理する。植物採集に近い方法なわけです。博物学に近い。そういう面白い世界だったのを、近代以降に一つのイデオロギーの系譜で書いていく。デイヴィッド・ワトキンはその始まりをピュージンが一八三六年に書いた『コントラスツ』という本だと言っている。彼は中世と十九世紀を比較して、中世が良い、十九世紀はダメという対比をやっていくわけです。そこから建築というのは昆虫採集ではなくなって、価値によって判断されるものになったと言うんです。

磯崎　文化になったんだね。

鈴木　そうかもしれないですね。そういう一種の判断基準が出来てしまったのが十九世紀の初めであったと。で、二〇世紀になってちょうどピュージンの百年後に、**ニコラス・ペヴスナー**［一九〇二～八三］が『モダン・デザインの展開』という本の初版を書く。そこからトントとギーディオンまでの間に、価値評価が建築の歴史を書く基準だというスタイルが出来ちゃったんですよね。その後ジェンクスぐらいまでは基本的枠組みはそのままで、自分の価値基準を出してきているけれども……。

磯崎　それに乗らないと歴史家になれないわけですね。

鈴木　そうですね。本当にそうかっていう疑問はあるんですが。

磯崎　そこを鈴木さんがやらないといけないわけですよ。

鈴木　ただ、徐々に、新しい価値尺度を出せばいいということでもないのかなという気がするのです。一方では、本質論というのがありまして、例えば日本的なるものは何かとか、英国美術の英国性とは何かとか、スタティックな方向になりがちなんですよ。そういうタイプの本質論を警戒しないといけない。

チャールズ・ジェンクス［Charles Jencks、1939-］：アメリカ生まれ、イギリスの建築理論家、ランドスケープ・アーキテクト。1977年の『ポスト・モダニズムの建築言語』により、教条化したモダニズムを批判し、ポストモダニズム・ブームをもたらした。モダン以降の建築形態が、機械的な美学でなく、人間のコミュニケーションや身体、都市の文脈や自然といったものに根ざすべきだという主張は、モダニズム以降の複雑性に着目した近年の活動まで一貫している

磯崎　どうして？

鈴木　それは磯崎さん批判にもなってくるんですが（笑）、近代のプロセスというのは、別の観点から行くと、王様の支配構造から均質な構造へということで、普遍性になったわけです。ところがそれができるのはヨーロッパの中心諸国であって、近代化というのはそれ以外の諸国にとってはアイデンティティ・クライシスそのものになるわけですよ。日本だってそうですよね。その近代化＝アイデンティティ・クライシスだというところから本質論が出てくるわけです。つまり、自己が危機にさらされると、自分の本質は何なのだろうかと内向してしまう。で、それの持っている危険性を考えなければいけない。例えば日本的とは何かというときに、一番簡単なのは禅と神道と茶の湯だということになる。それで、"From Shinto to Ando"なんて本が出る。それは本当の意味でのアイデンティティをつくり上げたことには全然ならない。予期されるアイデンティティに合わせているに過ぎない。

マイノリティのなかでアイデンティティを獲得するという話が今までに出ましたが、それが一種のクリシエと化してしまっている。日本もそういうことではない位置づけを考えなければいけないし、世界全体の見取り図を考えるときには、ヨーロッパ中心でつくられたツリー構造をもうちょっと自由な目で見直せないかと思います。ヒットラーの建築ヴィジョンを評価できる立場があるとすれば、確かに日本は有力な位置にいるのかもしれない。ただなかなか難しいですよね。

二川　どういうところが難しいですか。

鈴木　建築を価値尺度で評価するというところから我々はまだ自由になっていないから。少し前までは、戦後の日本の建築家で、サン・ピエトロというのは搾取の結晶だから評価しちゃいかんなんて言う人がいたくらいです。だからどんどん自由にはなっていくと思うんです。何をもって評価の軸にするのか、その意味では様式史というのは見直していい部分があると思うんですけどね。

磯崎　磯崎批判というお言葉をいただいたので、ちょっとだけ弁明しておきます（笑）。おそらく鈴木さんが頭に入れて語っているのは、「島国の美学」とか「和様化」とかのぼくの言説だと思います。ここでぼ

ニコラス・ペヴスナー［Nikolaus Pevsner、1902-1983］：ドイツ生まれ、イギリスの美術史・建築史家。美術、工芸を含めた近代運動を、ウィリアム・モリスからワルター・グロピウスへの発展として名著『モダン・デザインの展開』（1936）にまとめる。前世紀までの百科全書的、博物学的歴史学から逸脱して、モダン・ムーヴメントをまさに発展史観的な記述で位置づけた張本人。建築雑誌"Architectural Review"や、ガイドブック、ラジオなどを通じて、啓蒙的かつ影響力のある活動を展開した

くがやろうとしているのは「日本的なもの」に呪縛されてきた今日の建築家の思考形式を解体する作業です。ここで歴史的な事実などを引用したり参照したりしていますが、私には歴史を記述する意図は毛頭ない。戦略的に、目標は建築家に向けられています。一つだけ言えることは、建築史家と呼ばれる人たちのやっていることが役に立たないことです。近代の建築史学が、建築家の実務から自立した十九世紀以来、逆走を始めてしまった。そのツケをこの辺りで鈴木さんに払って貰いたい（笑）、そういう意味です。

バックミンスター・フラー

二川　技術というトピックで言うと、**バックミンスター・フラー**［一八九五〜一九八三］はどうなんでしょう。

鈴木　技術が思想を持つかという問題があって、アウシュビッツをつくる人間というのは技術者であって、命じられたことを遂行する。で、決定するのは政治である。有名なアメリカの軍人の言葉で、「我々は常に国家のために戦う、国が正しかろうと間違っていようと」とあるぐらいですからね。

　しかし特に近代建築になってから、プログラムを実現する能力とプログラムに加担する能力は同じなんです。我々は建築家が悪かったんではなくてプログラムが悪かったんだという見方をせざるを得ないけど、実はそれが問題なんだと思うんですね。そのときに、技術的な立脚点を持っている人の方が大きなヴィジョンを示すことがある。ナチスにおける技術とフラーを混同してはいけない。その意味ではバックミンスター・フラーの言っていることは、世界観を示していたんでしょうね。ただぼくとしては、彼は最終的に何をしたかったのかよくわからなくなってしまうことがある。

磯崎　ぼくは、彼の話を聞いたことがあります。彼は話し始めると止まらないんですよ。当時八〇歳ぐ

バックミンスター・フラー［Buckminster Fuller, 1895-1983］：アメリカの理論家、デザイナー、エンジニア、発明家。数多くの著作を著し、「宇宙船地球号」など多くの言葉を世に広めた。ジオデシック・ドームやテンセグリティ、オクテットトラス構造、ダイマクション地図などを発明。思想的にユニテリアンなバックボーンを持ち、人類全体のサステイナビリティの追求や、細分化した知識、技術、学問でなく、全体としての体系を持ったテクノロジーや豊かさを構築しようとした

らいだと思いますが、夜中の十二時過ぎても止まらない。数名しかいなかったプライベートな会でしたが、我々はずっと聞いているわけ。

二川　何をそんなに話していたんですか。

磯崎　海岸に行って、手で水をすくうと水が手の中に溜まる。それが我々の技術の始まりだと言うんですね。水をすくうボールをいかに組み立てるかから始まって、地球そのものもボールであるという話に行く。もう一つは、三角形の話。これが一番安定した形である、何故安定しているかという話がありましたね。

二川　あの人は建築家の部類に入る人ですか。

磯崎　発明屋さんじゃないですか？　むしろエジソンなんかの系列だと思いますよ。オウム真理教の連中が惚れ込んだマッド・サイエンティストのニコラ・テスラという人も似ています。

鈴木　でもフラーは何を発明したんですか？

磯崎　発明といっても、パテントですかね(笑)。

二川　実用新案みたいなものですね。しかしいろんなことをしてる。

磯崎　最後は地球環境全体のエコロジー問題になっていった。だからドームをつくるということについては、一貫した考えを持っていたと思います。ドームをつくる技術として三本足だというわけです。二本なら倒れるけれど三本なら倒れない。それを思いついたというところから、それがいかにドームになるかということ、宇宙を見たら全部球体じゃないかという風に話が広がっていく。だから自動車も三輪車ですよね。

でも何故三本足にしたのかは不思議なんですよね。四つ足であったり二本足という偶数は、一本余分か一本足りないかだと言うわけです。偶数はこの世の中を無駄にした原因だと。でも建築のリアルな構造を考えていくと、リダンダンシーがないと構造屋さんは困るわけです。立体格子の建物は四つでしょ？　実は**シカゴ派**の売り込み図面が残っていて、そのなかに、剛構造の立体格子は途中がちょっと抜けてもまだもってるよ、というジャングル・ジムのような絵をエンジニアが描いているんですよ。これは基本的にリダンダンシーがあるがゆえに建築が安定しているわけです。フラーはそれは無駄だって言ったんです。その一本の違いが彼の思想の問題になってしまった。

シカゴ派[Chicago School]：前述(p.22)

鈴木　彼にとっては最小必要量で最大の効果を上げるということが一番大事なわけですよ。ノーマン・フォスターが**セインズベリー視覚芸術センター**をつくったときに、建物の重さを聞かれて、重量対容積として君は効率よくやったと誉められたと本に書いています。それはよく考えると、省資源とは言えるんだけど、実のところ美学なんでしょうね。すごい人だって石山修武さんも言うけれど、本当のことを言うと、ハイテックだって一種の美学で、フラーはハイテックの教祖ではあるけれど、何故そうまでして極限による効果を求めるのかというのは、なかなか不思議な情熱だと思いますね。

磯崎　ただ石山さんはローテクとして評価してるんじゃないのかな。

二川　今の話を聞いていると面白いけれど、フラーという人にはあんまり発展性がなかったんじゃないかと思うんですよ。

ノーマン・フォスター：セインズベリー視覚芸術センター、1974-78、88-91

バックミンスター・フラー：
モントリオール万国博覧会アメリカ館、1967

磯崎　とにかく単純な構造にするわけです。六〇年代、みんながドロップアウトしたときに最小限のシエルターをつくらなきゃいけない。そのときフラー・ドームだということになる。フラー・ドームは一番軽いわけですよ。簡単にヘリコプターで運搬できるので、北極の電波望遠鏡に使われたりする。軍事兵器ですよ。あの人は軍需産業にはずいぶん呼ばれてますね。一番典型的なのは三角形単位の地図。正二〇面体を地球という球に内接させたフラーの世界地図というのは、一番早く飛べる大円航路を見つけるのに便利だったわけです。そういう意味じゃ、貢献をしているわけですよ。

鈴木　彼のつくるものは綺麗ですしね。**モントリオール万博アメリカ館のドーム**は実際見て感激しました。

磯崎　あれが一番の傑作じゃないですか。

二川　どこまでも大きくできるわけですよね。

鈴木　理論的には地球全体を覆えるはずです。

二川　ならどうして、野球場とかで使わないんだろう？

鈴木　野球場は背が高い必要がないからですよ。フラー・ドームというのは最小メンバーによって最大容積をカバーできるわけで、野球場は最大容積を必要としないわけ。

磯崎　正力松太郎が、読売ランドでちょっとつくりましたよね。でも実は、東京ドームに当たる読売の野球場はフラーがプランをつくっているんですよ。場所は新宿の辺りだったと思う。そのときには、フラー・ドームだとダメだから、リングを繋げていく**テンセグリティ**という構造を採用した。それだと扁平な形になるわけです。だんだん話が広がって富士山をカバーするなんていう計画もあったんじゃないかな。

鈴木　ほお、しかし富士山をカバーしてどうするんでしょうねえ(笑)。

フラーの影響が強かった頃、ぼくは誰かに聞いたんですが、建築の重量と費用を比べてみると大根並みだとか、一番高いのはジェット飛行機だとか、当時のポータブル・ラジオは重さと費用のバランスからいうと戦闘機並みで非常に価値があるとかって話を聞きましたね。そこに技術の密度が現れるんだという。

磯崎　建築なんていうのは農作物並みで技術に入

テンセグリティ [tensegrity]：バックミンスター・フラーが1960年代に「tensional integrity」のアイディアから生み出した構造概念。構成としては同時代のケネス・スネルソンが試みていた。構造的特徴としては、引張材と圧縮材が明確に分離しており、曲げは発生しない。基本的に張力材の系の中に、お互いに接続しない圧縮材が構成され、張力材とのバランスで成立している。通常、バー状の圧縮材が宙に浮かぶような構成となり、非常に少ない部材で空間をつくり出すが、建築ではまだ十分に試みられていない

らないわけですよ。

鈴木　そういう見方の背後にはフラーの影響を感じたし、それで見えてきたような部分はかなりありますよね。

磯崎　クリスタル・パレスに戻りますが、あのときクリスタル・パレスが何故出てきたかというと、安くて早くつくれて、今までの建築をすっ飛ばすような効率を持っていた。そのテクノロジーが空間のコンセプトを変えたわけだから、それと同じことをフラーは二〇世紀の中頃に試みたんだと思います。クリスタル・パレスに相当するのはフラー・ドームでしょうね。似ているシチュエーションではないでしょうか。

鈴木　ただ、クリスタル・パレスは好評につき移築されたわけですが、フラー・ドームの場合は、理論は素晴らしいんだけど基本的には完結性がある。その意味ではフラーは作家性の強い人だとも言えますが。

磯崎　というか不自由なものが出来てしまったんじゃないか。球体でしかないわけですから。ぼくらとしては扁平にしないとデザイン上使いものにならないから、フラー・ドームをいかにひずませて使うかを考えているんですよね。

二川　彼の自動車にしても案外発展性がありませんよね。

磯崎　四つ足を三本足にしたがゆえに可能になった部分と応用できなかった領域とがあって、我々の世界は余分で成り立っているんですよ。テーブルは四つ足だし。三本足の椅子も転びますから。

鈴木　だから技術論みたいに見えて実は美学の問題なんですね。

磯崎　いや技術論ですよ。それを美学にすることはできると思うけれど。

第三章

一つで歴史に残る家

ヘリット・トーマス・リートフェルトとシュローダー邸

二川　今回は、**ヘリット・トーマス・リートフェルト**［一八八八〜一九六四］からお伺いしたいと思います。

磯崎　何故、突然**シュローダー邸**が出来たのか。その後何故出来ないのか、と考えると面白いんじゃないかと思います。

二川　おっしゃる通りですね。あの家のデザインはやはり当時の西洋絵画との関係が深いんでしょうか。

鈴木　多分そうでしょうね。今まで、ヴォリュームとしての建築とかプロポーションの話が出て来ましたけれど、シュローダー邸は面という側面を代表したわけです。とすれば、一つの作品、一つの家具しか残せなかったとしても、歴史に残ってしかるべき人だと思います。きっとシュローダー邸というのは特殊解なんでしょうね。

ヘリット・トーマス・リートフェルト［Gerrit Thomas Rietveld、1888-1964］：家具職人であり建築家。家具が『デ・スティル』誌で紹介されたことから、この芸術運動に深く関わることになる。シュローダー邸(1924)と赤と青の椅子(1930)はデ・スティルの理念を示した代表作。シュローダー邸1階に事務所を構え、後年移り住んだ

ヘリット・リートフェルト：シュローダー邸、1923-24

磯崎　でしょうね。古い建物の横に増築したということでもありますし。

二川　中は忍者屋敷みたいですね。

磯崎　空間が組み換え可能になっている。パーティションを入れると子供部屋が独立するとか、外すと広い部屋になるなど、工夫はいろいろありますね。あれは日本の影響だと言う人がいるけれど、やはりそうですか？

鈴木　というか、リートフェルトは子持ちの未亡人であったシュローダー夫人と愛人関係にあったから、二人でいるときと夫人が客を呼んだりするときとで、内部を変える必要があった。パーティションはリートフェルトが身を隠すためのものだった。必要が生んだ工夫で、忍者屋敷になったんじゃないかと思いますが(笑)。

磯崎　**デ・スティル**が出てきたことには**フランク・ロイド・ライト**が関係していたと思います。一九一〇年にヴァスムート社からライトの作品集が出て、そのなかに卍型に壁が延びていく構成が出てくる。するとそれに応じたライト風の住宅がオランダに当時出てきた。おそらく、**ワルター・グロピウス**のバウハウス校舎以前の一九一〇年代の仕事にもライトの影響があったんじゃないかと思います。それを面と線に徹底して分解するという動きは第一次大戦中のロシアの**シュプレマティスム**に現れていた。戦後になると、もっと単純に色のついた面が空中に浮いているという状態をイメージし始めた。それをインテリアに組み立てるとこうなったというのがシュローダー邸だと思いますね。

二川　しかしその後の発展がありませんでしたね。ポツっと消えてしまった。

磯崎　シュローダー邸は、ある意味で建築物というよりもモデルとして存在しているんじゃないのかな。

鈴木　ただプロトタイプとしての一般性はない、という気もしますが。

磯崎　モデルというと語弊がありますね。コンセプチュアルなプロトタイプ。リートフェルトは、建築家なんだけれども建築のことを知らないうちに建築をつくってしまったんじゃないか。

鈴木　やはりあれはモデルというよりシュローダー夫人との関係が大きな意味を持つ、特異な特殊解なんだと思いますね。

デ・スティル［De Stijl］：1917年に創刊された雑誌・芸術運動の名称で、オランダ語で「様式」の意味。具象美術・主観的表現に取って代わる「新造形主義」を掲げて抽象表現を提唱、建築においては垂直、水平、直線で構成された幾何学的な形態が追究された。ピエト・モンドリアン、リートフェルト、ヤコーブス・ヨハネス・ピーター・アウトらがメンバー

フランク・ロイド・ライト［Frank Lloyd Wright、1867-1959］：後述(p.154)

ワルター・グロピウス［Walter Gropius、1883-1969］：前述(p.52)

磯崎　一九二〇年代から三〇年代のオランダには、ロッテルダムにＪ・Ａ・ブリンクマン［一九〇二〜四九］の**ファン・ネレ煙草工場**がありますね。コンテナが空中を巡るという迫力のあるいい建物です。ああいうものが近代建築の一つの目標だったと思います。明らかにバウハウスと繋がっている。またニューヨークのＭｏＭＡのコンセプトとも繋がってますね。

二川　あの工場はいい建物だけれども、オランダの近代建築というとシュローダー邸になってしまう。煙草工場は影が薄いですよね。

鈴木　ただ、建物の質としたら、スケールといい表現の幅の広さといい、後世への影響の面からも、煙草工場の方がいいと思う。シュローダー邸は偶然の産物みたいなもので、リートフェルト自身は、これが近代建築だ、なんて思ってはいなかったんじゃないか。

二川　そうでしょうね。それは椅子を見たらわかります。建築というよりも、椅子をつくるようにして

J·A·ブリンクマン＋L·C·ファン·デル·フルフト：ファン·ネレ工場、1925-31

つくったんじゃないですかね。

磯崎　あれをでかくしたわけですね（笑）。その後、彼は建築家として仕事をしましたが、建築のことを知っちゃったからどんどん出来が悪くなる（笑）。最後につくったゴッホ美術館なんていうのは、つくらない方がよかったというような建物ですよね。最初に直感でやったことがたまたま時代と合っていたというのがスタートで、スタートしかなかった。

鈴木　では、シュローダー邸は一体どこから出てきたんだということに対する磯崎さんの見方はどうですか。何で面をバラバラにしていったのか……。

磯崎　ライトでしょうね。ライトの**草原住宅**《プレーリー・ハウス》がバラバラになって抽象化して空間になっていく。その抽象化するプロセスに、もう一つの流れであるシュプレマティスムが関わっていたのであろうと感じます。

鈴木　なるほど。そしてその後の評価が宙に浮いてしまうのは、生産とか工法とか構造ということと無関係に出て来たからですよね。その背後には、この建物はライトの影響もあるかもしれないけれど、同時代の絵画表現の抽象化傾向に近い位置を持っているという事実があると思います。だから、近代社会が生んだ近代建築の流れのなかにはどうにも乗らなくなってしまう。

磯崎　だから、その後建築家になってしまったら、自分の処女作にどうしても追いつかないということになってしまうわけです。

フランク・ロイド・ライト：ロビー邸、1908-10
（プレーリー・ハウス時代を代表する作品）

シュプレマティスム［Suprematism］：絶対主義・至高主義。1910年代半ば、ロシアにおいて徹底した抽象化を追求した芸術運動。提唱したカジミール・マレヴィッチは、意味を排し抽象化を極限まで追求。芸術を芸術という原点に還元した「黒の正方形」を発表した

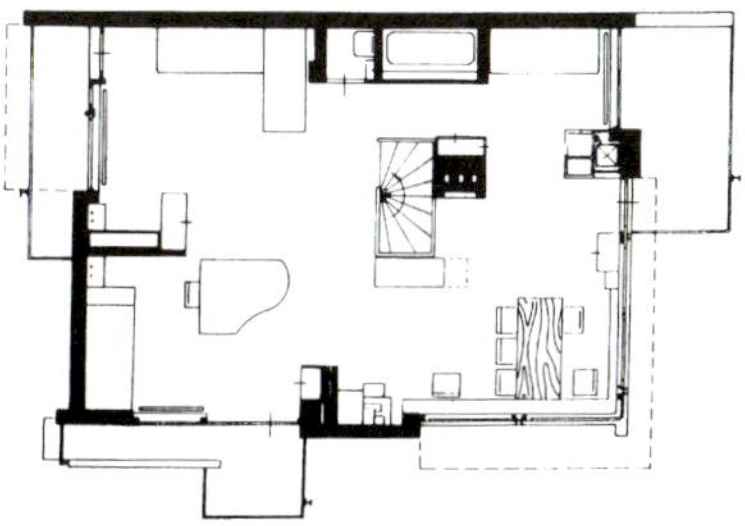

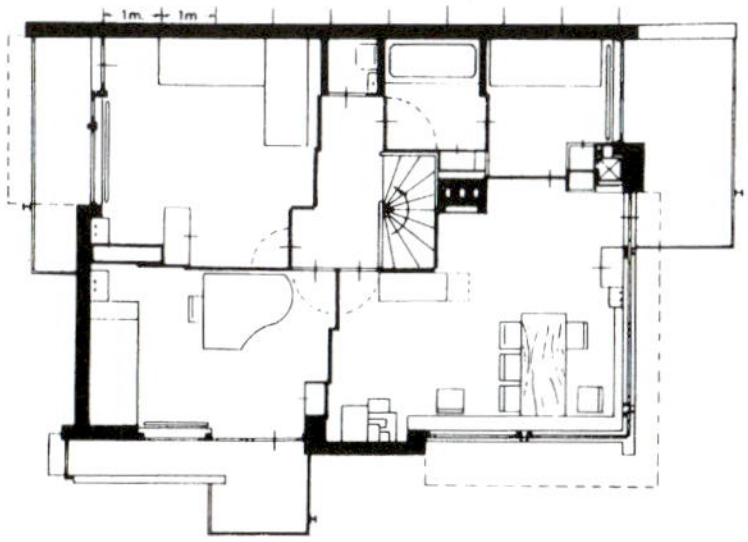

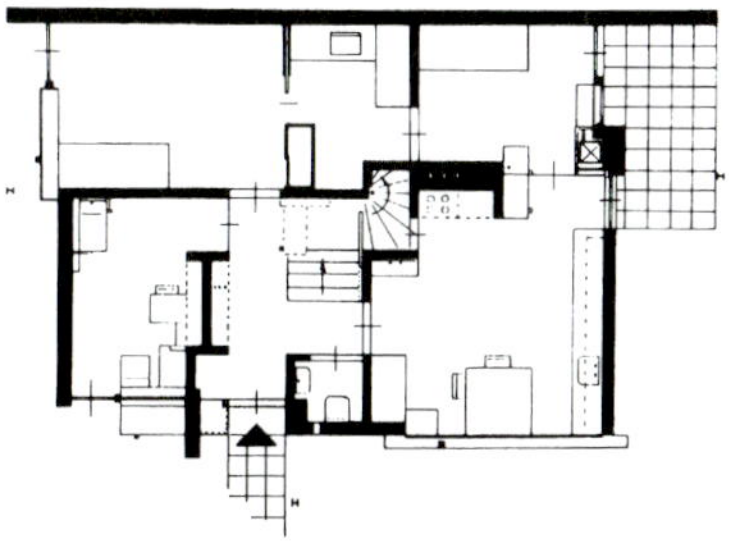

シュローダー邸：1階、2階平面（間仕切壁による開閉を示す）

ヘリット・リートフェルト：シュローダー邸、2階

二川　彼自身のなかでもシュローダー邸的要素はどんどん消えていきますよね。

鈴木　『女性と近代住宅』というウェルスレー・カレッジのアリス・フリードマンが書いた研究書があって、**ファンズワース邸**やシュローダー邸など、女性が建築を動かしている部分に注目して近代建築を分析した本があるんです。ファンズワース邸はある意味では、クライアントが**ミース・ファン・デル・ローエ**に乗せられちゃって、最後は怒り心頭に発してしまったわけだけど、シュローダー邸は、ぼくは女性主導で生まれた空間の典型のような気がしますが。それが次に続かずに宙づりになってしまった一つの理由でもあると思う。

磯崎　ヴィトゲンシュタインの家もそういうものですね。実際はお姉さんの家ですが、最初は**アドルフ・ロース**の影響のある箱型のものをポール・エンゲルマンという建築家がやっていた。そこにヴィトゲンシュタインの姉のマルガレーテ・ストンボローが弟の精神的な不安定さの治癒のために弟に協力をさせた。彼女の趣味を徹底しているうちに、ヴィトゲンシュタインがどんどん細部を極めていった。あれをサポートしてつくらせたのは女性の力ですね。

二川　まあ女性の力というのは、住宅では特によく聞く話ですけれど。ライトは有名ですし。

磯崎　グッゲンハイム美術館は、ソロモン・ロバート・グッゲンハイムがやったということになっているけれど、彼は金を持っていただけで、愛人であったヒラ・リーベイは近代美術のコレクターでした。彼女がライトに設計させたわけですからね。

シュローダー邸とニューヨーク・ファイブ

磯崎　ただ、シュローダー邸を一つの完成されたテクストと考えてみると、解釈によってはその後に影響を与えているのではないかと思います。ぼくは、**ニューヨーク・ファイブ**は、**ル・コルビュジエ**の影響じゃなくてシュローダー邸の影響を受けていたと思うんですよ。何故シュローダー邸があそこに行くかというと、今まで話に出てきましたが、ヴォリュームの問題をエンジニアリングと重ねてやった、それまでのアメリカのモダニズムに対して批判的でないといけないという状態

ルートヴィヒ・ミース・ファン・デル・ローエ［Ludwig Mies van der Rohe、1886-1969］：前述(p.16)
アドルフ・ロース［Adolf Loos、1870-1933］：前述(p.44)
ニューヨーク・ファイブ［New York Five］：ピーター・アイゼンマン、マイケル・グレイヴス、チャールズ・グワスミー、ジョン・ヘイダック、リチャード・マイヤーの5人を指す。アーサー・ドレクスラーとコーリン・ロウの企画で、1969年、MoMAで行われた5人を紹介した展覧会に端を発し、1972年に出版された『Five Architects』で、その呼称が定着した。この5人はモダニズムの純粋形態をコルビュジエを参照して現代的に継承した、と言われるが、ここでは磯崎の新説が展開されている

になったときに、ニューヨーク・ファイブの連中が取り出したのは、もう一つ前の、つまり**フィリップ・ジョンソン**がインターナショナル・スタイルから外したシュローダー邸前後の構成的要素とデ・スティルだったんじゃないか。それを**コーリン・ロウ**［一九二〇～九九］経由のマニエリスムで整理すると五人組になる、と。そういうことにはならないかとぼくは思っているんです。

二川　それは新しい見方ですね。確かに説得力がある。でも彼ら、そういうことは全然言わないでしょ？　コルビュジエのことは言うけれど。

磯崎　彼らはコルビュジエを誤解しているんですよ（笑）。

鈴木　コーリン・ロウによる「透明性」というキーワードを使ったコルビュジエ解釈自体が、コルビュジエの建築構成の面的解釈という側面を含んでいますからね。だからそう言われるとそうかなという気もします。

二川　マイケル・グレイヴス［一九三四～］の初期の建物は、確かにそういう要素がありますね。

磯崎　ピーター・アイゼンマン［一九三二～］だってそうだと思う。彼はいまだに「シュローダー邸」ですよ。最近は折り紙ですけど（笑）。その前までは、コロンバスの美術館やコンベンション・センターにしても、デ・スティルでしょ？

二川　そうですね。リートフェルトの家もアイゼンマンの家も忍者屋敷みたいだし。アイゼンマンの住宅で、階段を上がったところにドアがあるけど開かない、というのがあります（笑）。するとアイゼンマンが一番尾を引いているのかな。

磯崎　と思いますね。アイゼンマンらはいかにしてストレンジな物語を組み立てるかを意識するわけです。リートフェルトは全部直感的にやっているけれど、それを建築的に理屈つけてやらないといけない、というのがマニエリストたちの宿命だから、変形を加えて

ル・コルビュジエ［Le Corbusier、1887-1965］：近代建築の巨匠。建築、都市、デザイン、アート、一建築家をはるかに超え、多岐にわたり、時代を変えるモダニズムのアイディアを提起し続け、実作や著作として発表した。のみならず様々な文献に残されるそのユニークで多面的な人間像は、あらゆる後進者を惹きつけ、本鼎談でも最多の登場回数を誇る。建築学科の学生は、何はさておき向き合わねばならない人物

フィリップ・ジョンソン［Philip Johnson、1906-2005］：前述（p.57）

ミース・ファン・デル・ローエ：ファンズワース邸、1945-51

手の込んだ解決をしないといけないということになるんだと思いますね。まあリチャード・マイヤー［一九三四〜］はもうちょっとコルビュジエ寄りかもしれません。

二川　チャールズ・グワスミー［一九三八〜］もちょっと違うように思いますが。

磯崎　ただ彼もヴォリュームとしてはつくらない人ですから。

ニューヨーク・ファイブの作品(p.116-117)

マイケル・グレイヴス：スナイダーマン邸、1972

歴史に残る一つの家

二川　一回きりといえば、**ピエール・シャロー**［一八八三〜一九五〇］の**ガラスの家**がありますね。クライアントのダルザスさんは婦人科の医者で、当時のインテリ女性は彼のところに通っていたらしい。

磯崎　シャローは、アール・デコのかなり重要なインテリア・デザイナーだったんです。建築の仕事が来たのはガラスの家が最初ぐらいじゃないですか。あとはインテリアの改装みたいな仕事ばかりだった。これも、上部を浮かしておいて下に鉄骨をはめ込むという建築的な作業をかなりやってはいるけれど、改装ですよね。だからインテリアの仕事であって、ついでにファサードもやったという類のものですよ。

二川　あの家にも仕掛けがかなりありますね。

磯崎　ありますね。跳ね上げ階段があったりして機械仕掛けという感じですね。キッチンからダイニングまで、ベルトコンベアでお皿が流れて来て、取り上げてボタンを押すとまた戻るというその実演を見たいと思っているんだけど。

コーリン・ロウ［Colin Rowe、1920-1999］：建築史家。イギリス生まれ。1962年から90年までコーネル大学で教鞭をとった。近代建築はその中に矛盾する「曖昧性」を備えているとの論考は、学生、後進に大きな影響を与えた。ル・コルビュジエの建築がパラディオのヴィラに多大な影響を受けていることを、図面を用いて実証的に論じた文章「理想的ヴィラの数学」「マニエリスムと近代建築」は、鈴木がここで参照している「透明性——虚と実」と並び代表的なエッセイ

コルビュジエは事務所の帰りに密かに工事現場を見に行ってだまって帰るということをしていたらしい。コルビュジエのジュネーブのアパート「メゾン・クラルテ」なんて階段室のガラスブロックとか、細部はガラスの家の完全なコピーです。その意味ではガラスの家は密度が高い。

二川　何故あそこで大々的にガラスブロックが出てくるんでしょうか。

磯崎　もうちょっと前からガラスブロックは出て来てますね。

ピーター・アイゼンマン：住宅第6号、1972

リチャード・マイヤー：ダグラス邸、1973

チャールズ・グワスミー：グワスミー邸+スタジオ、1966

ピエール・シャロー［Pierre Chareau、1883-1950］：家具作家でありインテリアデザイナー。ガラスの家(1932)は、石造のアパートの下2層をくりぬき3層の鉄骨の構造物をはめ込むという、当時としては先進的な改装建築。ガラスブロックの外壁や機械仕掛けの諸装置など、工業化の可能性を示すモダニズムのプロトタイプとして位置付けられるが、広く普及させるというより一品生産の工芸的な要素が突出しており、他に代表作がないことと合わせて、歴史上ユニークな住宅建築の名作

ピエール・シャロー＋ベルナール・ベイフット：ガラスの家、1928-31、2階サロン

鈴木　そうですね。**オーギュスト・ペレ**もフランクリン街のアパートの階段室の腰を全部ガラスブロックでやったりしてますし。

二川　面白いのは、シャローは、ああいう機械的な仕掛けを後にも先にも全然やってない。アール・デコばかりで。どうしてなんでしょうか。

鈴木　ガラスの家は増築工事だし、その建設にもトラブルがあったりしたから、従来の重い組積造でつくれるような住宅ではなかった。

磯崎　彼はガラスの家の後、アメリカに亡命するんですよ。ニューヨークのイースト・ハンプトンに住宅の計画案が残ってる。不思議なデザインで、蒲鉾型の風変わりな構成でした。だから、ガラスの家を展開しようとしていたけれど、時代の関係でできなかったんじゃないかと思いますね。

二川　リートフェルトやシャローのような一回きりという人は、二〇世紀で他にいますか？　**ファン・オゴールマン**［一九〇五〜八二］や**ルイス・バラガン**［一九〇二〜八八］もある意味でそうかもしれませんが。

磯崎　**コンスタンチン・メルニコフ**［一八九〇〜一九七四］**の自邸**もそうじゃないですか？　あれは材料がなかったから、他で崩した家から煉瓦を取ってきて積んでつくったりしています。彼はあの家をつくった直後にスターリン派から批判されます。それでロシア・フォルマリズムの最悪の実例と言われ続けてきました。

鈴木　反面教師として、ということですね。数年前、ソ連が崩壊した後にこの住宅を訪れたのですが、

ル・コルビュジエ：メゾン・クラルテ、1930-32

コンスタンチン・メルニコフ：メルニコフ自邸、1927-29

オーギュスト・ペレ［Auguste Perret、1874-1954］：後述(p.136)

ファン・オゴールマン［Juan O' Gorman、1905-1982］：後述(p.247)

ルイス・バラガン［Luis Barragán、1902-1988］：後述(p.249)

今は息子さんが住んでいて、やはりあまり恵まれた感じではありませんでした。

磯崎　本人もそこに住んでいたんですが、ロシアはあの時期厳しくて、建築家資格を剥奪されるんです。ということは建築の設計ができなくなる。彼はどうしたかというと、仕方がなくて元々絵描きの学校を出ていますから絵を描き始めたんです。売り絵ですね。売り絵には二種類あって一つはポートレイト。これはお金になる。もう一つは歴史画。戦争などの絵の注文が、当時のロシアの美術家協会に来るわけです。そういう仕事の分け前を貰って細々とやっていた。彼は建築家としては力があったはずなんだけど、政治的にそこで終わらされたわけ。アンリ・カルティエ・ブレッソンが撮った晩年のポートレイトを見たことがありますが、なかなかいい顔をしています。

リートフェルトに関して言えば、バウハウスの一番初期の二〇年代の頃は、リートフェルトの椅子そっくりのものから始まっていました。**マルセル・ブロイヤー**はそれをパイプ椅子に変えた。マルト・スタム［一八九九〜一九八六］という建築家がいますが、彼はコミュニストで、パイプ椅子のオリジナルをつくるのです。それをブロイヤーがコピーする。そしてシャルロット・ペリアン［一九〇三—一九九九］が展開する。

最初は皆オランダ人なんですよ。そのマルト・スタムは不思議な人で、ぼくはちょっと気になっているんですね。エル・リシツキー［一八九〇〜一九四一］と一緒に「雲の階梯」をつくった人です。オランダ人で左翼で、モスクワへ行っていた。

二川　するとコミュニストも最初は、結構洒落たことをやっていたわけですね。

磯崎　構成主義者はみんなコミュニストだったんですから。それをスターリンが潰したんですよ。

二川　何故、潰したんですか。

鈴木　社会主義リアリズムに反する、ブルジョア

コンスタンチン・メルニコフ［Konstantin Melnikov、1890-1974］：初期はロシア・ロマン主義の作風であったが、1920年代以降、装飾を排したロシア構成主義の作品を発表してゆく。1925年のパリ万博ロシア館はその代表作。ロシア構成主義はシュプレマティスムと比べ、生活に即した実際的な運動でロシア革命後の国家建設とも関連して展開してゆくが、その後の政治の保守化に伴い30年代になると国内では衰退する。その動きと前後して出来た自邸(1929)は、煉瓦造の二つの円筒形で構成され、壁面に六角形の窓が規則的に並ぶ

マルセル・ブロイヤー［Marcel Breuer、1902-1981］：後述(p.266)

ファン・オゴールマン：オゴールマン自邸、1953-56

ルイス・バラガン：バラガン自邸、1947

ミース・ファン・デル・ローエ：トゥーゲントハット邸、1928-30

トゥーゲントハット邸、居間

頽廃主義とアナーキーを感じたんでしょうね。

二川　ヒットラーと同じですね。

磯崎　そっくりですね。スターリンの場合はイデオロギー闘争があったんです。そこにはコルビュジエ支持派もいた。それで、コルビュジエはモスクワにも行ってるわけです。

例えば、エイゼンシュタインの映画を見ていると、そこに出てくる住宅はすごくモダンです。「イニューメン」という、レジェやマレ＝ステヴァンなどがセットのデザインをやった映画がありますが、エイゼンシュタインの映画に出てくる建物は、それより遥かにモダンですよ。ロシアの二〇年代の現実を撮った映画です。機能主義の真っ白の壁の家が立ち並ぶ。コルビュジエの**サヴォア邸**よりもがっしりしたようなものです。

コルビュジエとライト、卍型をめぐって

二川　二〇年代のそういう類の建物は、チェコにかなり残ってますね。ただメンテナンスはあまりされてない。ミースの**トゥーゲントハット邸**に撮影に行ったとき、ブルノにある近代建築を何軒か見て歩いたんです。なかなかいい住宅が七、八軒は残っていた。案内してくれた人の話によると、コルビュジエの影響もずいぶんあったらしい。トゥーゲントハット邸は、昔共産党のコミュニティとして使われていて、今は市が保存して公開しています。

鈴木　チェコは二〇世紀初頭に、チェコ・キュビズムやチェコ機能主義の波があって、ヨーロッパ周辺諸国の急進性を示しています。ただ、チェコは第二次大戦の頃まで機関銃で有名だったりして、高度な精密機械工業の基盤があった。それは、後の**カルロ・スカルパ**[一九〇六〜七八]のディテールにも流れていると言われています。

磯崎　チェコには二〇年代当時、カレル・タイゲ[一九〇〇〜五一]という批評家で、チェコ・アヴァンギャルドのリーダー的存在だった人物がいました。彼の影響下での仕事はいくつかあったと聞いてます。彼は、ヨーロッパの中心で動いている近代建築運動に対して、辺境ではあるけれど、もう一つレベルを上げようとしていた人です。そして、事件が起こるんですね。

サヴォア邸[Villa Savoye、1931]：後述(p.143)

カルロ・スカルパ[Carlo Scarpa、1906-1978]：後述(p.220)

国際連盟コンペティション/ムンダネウム：1927年、ジュネーブで国際連盟の設計競技が行われ、コルビュジエは入選するも表現上の違反を問われ落選。審査員の中の旧来型建築家たちとモダニズム推奨側の対立があらわとなり、翌年のCIAM＝近代建築国際会議の開催につながる。コルビュジエは、対抗するべく、隣地に世界文化センター「ムンダネウム」を提案。この中の世界美術館は、コルビュジエの後の美術館建築の祖型となるプロジェクト

一九二七年、コルビュジエが**国際連盟のコンペ**に落ちます。その時に、世界を文化で取りまとめるという構想をコルビュジエに持っていったオトレという人物がいるんです。コルビュジエは彼の構想に基づいて、**ムンダネウム**というプロジェクトをジュネーブにつくります。敷地は国際連盟でコルビュジエが敗退した場所の隣り。もう当てつけもいいところですよ(笑)。向こうは政治家が関わってアホなことになってる。こっちは文化で行く、という構図だったんですね。美術館や図書館や大学などを含んだ大きな計画ですが、そこに渦巻き型の美術館が登場するのです。コルビュジエはこの時、壇状ピラミッド、いわゆるジグラット型にしたものを中心に据えて**世界美術館**とした。その内部は、中央の吹抜けをエレベータでまず上まで上がって、見ながら回廊を廻って降りてくる……。

二川　まさにグッゲンハイムじゃないですか。

磯崎　そうです。グッゲンハイムもこれと同じ様

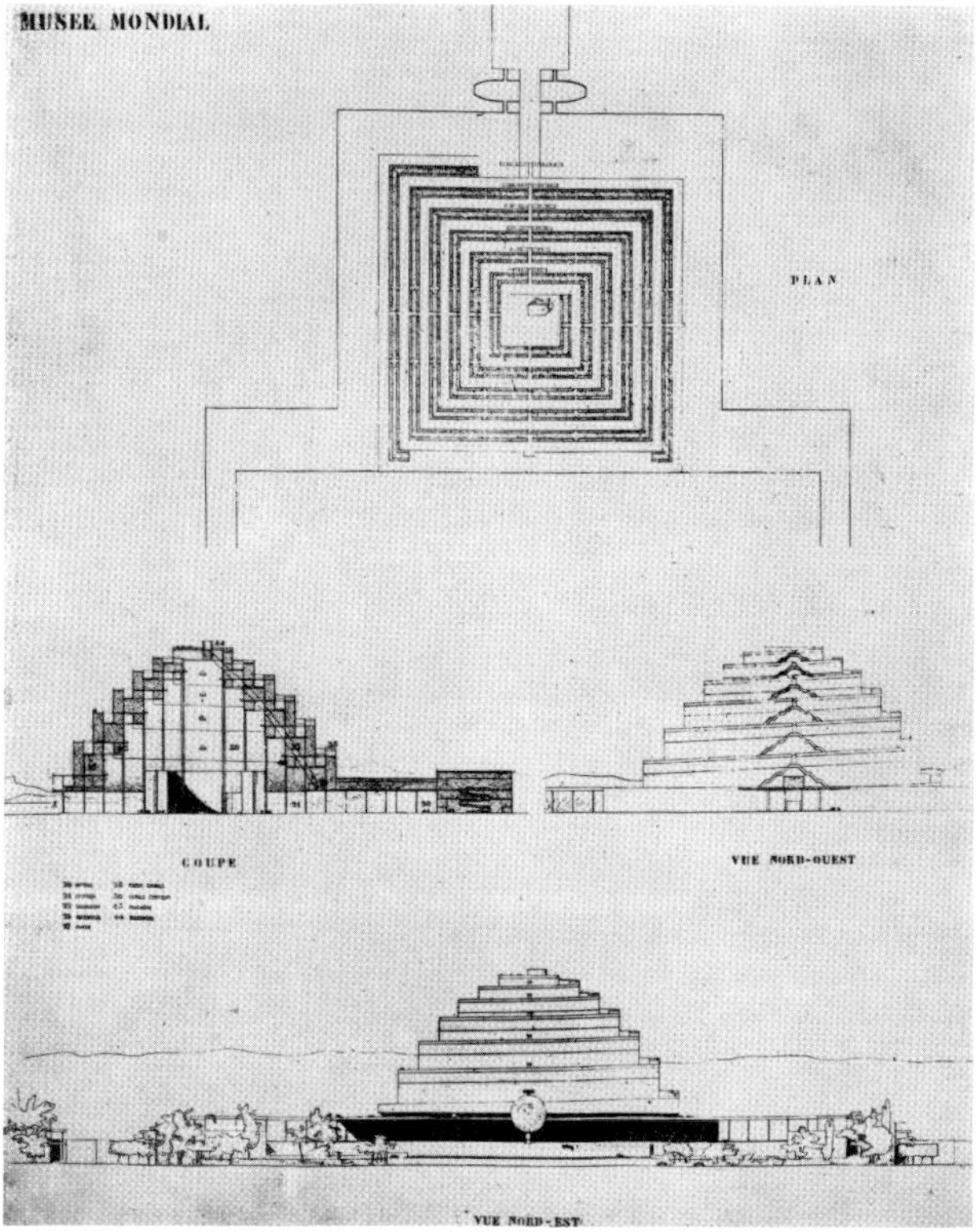

ル・コルビュジエ：ムンダネウム、世界美術館、1929

な下広がりの形だった案がありますよね。それが下すぼまりになった。

このコルビュジエの案が発表された時、先のカレル・タイゲが噛みついたんですよ。コルビュジエはインチキだと。何故なら、近代建築というのは歴史的なりプレゼンテーションを一切排除して、純粋な幾何学形態と純粋な機械でできると言っておきながら、ここでやっているのは何だ、というわけです。それを大論文にした。これは決定的なダメージを受けるほどの強い批評だったわけです。それに対してコルビュジエは返答しないといけない。彼はロシアに仕事で行く途中の汽車のなかで延々と反論を書くのですが、全部弁解ですね。あんまり理由がないわけです。機能的であるということは形とは関係ないんだ、オレは形なんか今まで一度も言ったことはないんだって言うわけですよ。最後に一つスケッチを残しているんです。カゴの絵で、自分のアトリエではくずカゴに使っている。あるスタッフが踏みつけたら曲がって形が変わった。だけど、ゴミ箱としちゃ同じだ。だからそのまま使っているんだと言うわけです。要するに、形はどうであれ機能は同じであって、踏んだか踏まないかの違いだと。ジグラットも渦巻きも同じだという反論を書くんです。

鈴木　ただ、ムンダネウムについて言えば、コルビュジエはジグラット型の美術館のイメージを出すのですが、それだと最後に地面に接したところで完結して終わっちゃうんですよ。それでペチャンコにする

カルロ・スカルパ：オットーレンギ邸、1974-79

わけです。こうすれば平面展開ですから、終わりがない。それが無限に成長できる美術館だとする。そこがジグラット型との最大の違いだったわけです。

磯崎　多分カレル・タイゲの頭のなかには、いろいろな論点があったんでしょうね。

ライトの渦巻き型とコルビュジエの渦巻き型とどっちが最初か、ぼくは気になっているんです。ライトも自動車で渦巻き型のピラミッド状のものに登る計画を二〇年代初めに描いている「ゴードン・ストロング・オートモービル・オブジェクティヴ・アンド・プラネタリウム」。だからどちらが先かは押さえられてないんですが。

鈴木　卍型といえば、西洋美術館もトップライトは卍型になってますよね。

磯崎　桂離宮に卍字亭というのがあります。松琴亭の裏の待合いです。コルビュジエのノートには桂離宮のことはろくに書いてないけれど、それだけは書いてますね。そしてその前に鎌倉の坂倉準三「一九〇一〜一九六九」さんの近代美術館を見に行ってるんです。あれも卍です。だからぼくは、「鎌倉」がオリジナルで、それをそのままやるわけにいかないから卍字亭のような

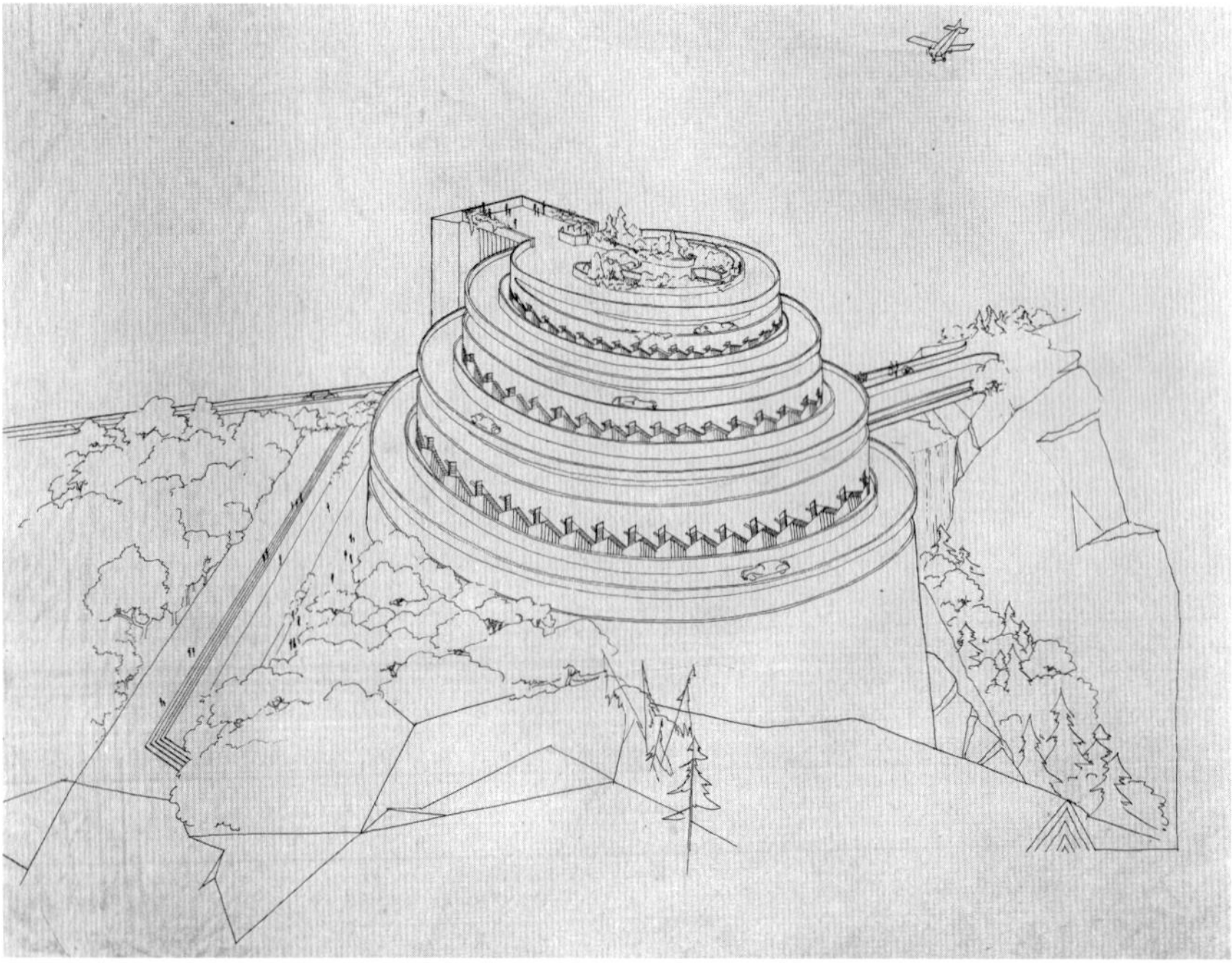

フランク・ロイド・ライト：ゴードン・ストロング・オートモービル・オブジェクティヴ・アンド・プラネタリウム、1924

ものも入れて、日本でやるなら卍字亭でしょう、と西洋美術館で使ったんじゃないかと見てますけどね。話はそれますが、コルビュジエは坂倉さんの「鎌倉」は評価していますが、前川國男〔一九〇五〜一九八六〕さんは全然評価してない。ノートにも出てこない。吉阪隆正〔一九一七〜一九八〇〕さんは愛弟子みたいなものだから、「タカが家をやってる」といった記述が出てくるのですが。

卍型というのは結構ありますが、ライトは、それをウィングスプレッド、風車と言ってます。ロミオとジュリエットの塔がありますし、ジョンソン・ワックスのオーナーの自邸にはウィングスプレッドと名前を付けているぐらいだから何らかのイメージは持っていると思います。そういう風に見ると、草原住宅《プレーリー・ハウス》の空間が横に延びて分散していく方向と、渦巻きの形とがパラレルに進んでいったような気がします。ライトはコルビュジエをバカにしてはいても、見ていたんですね。

二川　ライトは、コルビュジエに限らずいろいろな周りの状況に意識的でした。例えば、五〇年代にタリアセン・イーストでアルミのサッシュを使ってるんです。実験をしていたらしい。写真が残っています。だから彼は孤立していたわけではなかったんです。

磯崎　コルビュジエがアメリカに行ったときにタリアセンに行こうとしますが、ライトは来るなと言うんです。コルビュジエはシカゴまで来ているのに。グロピウスはシカゴに講演で来たときに、偶然ライトと会います。でもライトは握手もしないで、横を向いて一言捨てぜりふを残して帰る。ところがミースだけは歓待するんですよ。日帰りで帰ろうとしていたミースをタリアセンに泊めるんですね。当時タリアセンにいた若い人の文章には、「ミースは着替えを用意してないからワイシャツが黄色くなっている」という表現がある。それぐらいにミースは歓迎されたんですよ。ライトは、この二人の仕事を見ていて、気に入る、気に入らないという明瞭な区分けがあったんですね。

コルビュジエとアイリーン・グレイ

磯崎　コルビュジエに関連して、**アイリーン・グレイ**［一八七八〜一九七六］を思い出した。彼女の**E1027**という住宅はプランを見るといいですね。あれはコルビュジエが勝手に壁画を描いたっていうんで、喧嘩になった家なんですよ。

彼女も建物としてはこれ一つきり、もう一つは自宅用の建物の改造がありましたが、やはり元はインテリア・デザイナーだった。カーペットにしても家具にしてもなかなかいい趣味のものをつくってます。そしてある時期からジャン・バドヴィッチというライターかつエディターと付き合うようになる。彼は『ラルシテクテュール・ヴィヴァントゥ』という雑誌をつくった人で、コルビュジエの特集を組んでデビューさせた。一〇年ぐらいで破産して辞めちゃうんですが、コルビュジエの作品集の二、三、四巻ぐらいは彼の編集です。アイリーン・グレイはレズビアンで、歌手のダミアとデキていたから、彼が恋人だか友人だかはわからない。しかしそのバドヴィッチがアイリーン・グレイを連れて旅行に行ってるんです。きっと才能を認めて付き合っていたということだと思うのですが、何はともあれ、アイリーン・グレイのこの家はジャン・バドヴィッチの名義でした。彼が自分の名前で土地を買って、グレイは三年間、現場に住み込んであの家をつくった。ジャン・バドヴィッチは建築の勉強をしていたからアイディアは出していた。だから六〇年代のある時期までは、これはアイリ

アイリーン・グレイ：E1027、1927-29

アイリーン・グレイ［Eileen Grey、1878-1976］：家具・インテリアデザイナー。無装飾で機能的なモダニズム建築の興隆の時代にあって、スティール・パイプや曲げ木を使った家具、丸みを帯びた椅子、照明器具、幾何学模様のタペストリーなど、その時代の建築に無かった新たな要素をインテリア・デザインとして付与した

ーン・グレイではなくて、バドヴィッチの設計だと一般的に言われていたんですね。ところが最近になると、そうじゃない、アイリーン・グレイがやったはずだという説が出てきて、今は、彼女の設計でつくられたもので、彼女は建築家の資格がないからそのバドヴィッチ名義で設計されたという話になってる。

そうして出来た家にコルビュジエが転がり込むわけです。そして夏のバカンスがてら仕事をしていた。そのうちにコルビュジエは、アイリーン・グレイの家の壁に壁画を描いちゃうんです。きっと好意で描いたと思うんですよ。それをアイリーン・グレイが怒ったわけ。自分が真っ白い空間をつくったのにこの絵はなんだということでコルビュジエは出入り禁止になる。それでコルビュジエは、アイリーン・グレイにいちゃもんつけたような手紙を書くんです。その段階でコルビュジエはかなりレベルの低い男として見られていたわけですよ。でも、コルビュジエは諦めない。戦後、真後ろ

E1027、居間

に家を建てちゃうぐらいだから。すぐ近くで水道屋さんが開いた「ひとで荘」という名前のバーの常連になって、彼から土地を買います。八畳間ぐらいの小さな家ですが、彼はお金がなくて、キャンプに来ている人たち用のワンルーム・マンションみたいなものの設計をするんです。で、これは自分が設計しておまえにやるから、この土地に住まわせろと言うわけですよ。建設費にしても金がないということで半値ぐらいに値切った。だから雑な工事です。それがアイリーン・グレイの家の真上にボーンと見えるわけです。環境破壊です。何でこんなことをしたのかというような。

二川　コルビュジエの写真を撮っていたルシアン・エルヴェさんの話でも、あんまりお金はもらわなかったみたいですね。ほとんど版画だったらしい。エルヴェさんはずいぶん版画を持ってた。

磯崎　コルビュジエはストーカーでさえあった。バドヴィッチが死んで、ついにアイリーン・グレイの家が売りに出る。そのときコルビュジエが、コルビュジエ・ファンの画商、マダム・シェルベールに、金を持って早く来いと電話をするわけ。で、彼女は算段してオークションに出たわけです。ところがものすごい高い金で出たんですね。コルビュジエはそれをごまかして、彼女に落ちるように工作をするんです。それで、彼女の持ち物になった。後で、その高い金額を出したのは誰だって調べたら、ギリシャ人のオナシスだった。元ケネディ夫人の再婚者ですね。コルビュジエはとにかくストーカーを全うして、その下の海で死ぬわけです。アイリーン・グレイは、その後別の場所に何かの建物を改築して住んで、九〇歳過ぎまで生きた人です。

鈴木　コルビュジエはアイリーン・グレイの家に惚れたんでしょうか。それとも絵を描いたから家に愛着が出てきたんですかね。

磯崎　絵はまだ残っているらしいです。消された部分もあるようだけど。ぼくの推測では、自分とそっくりのデザインをやりながら自分より巧く出来ている、と彼は思っていたんじゃないか。家具はアイリーン・グレイのデザインですからとてもいいんです。しかも南仏でバカンスとして行くにはいい場所だった。何せコルビュジエには異常に屈折した思いがあったようですね。イヴォンヌという奥さんもずいぶん素っ頓狂な人だったらしい。

二川　坂倉さんはイヴォンヌのことをすごく弁護してましたね。皆が悪い人だと言うけれど、彼女の存在はコルビュジエにとって良かったたって。

磯崎　コルビュジエはもともとマザコンなんです。お袋さんの言うことには一切従うという関係で、そこにイヴォンヌが現れた。イヴォンヌはダンサーだったのですが、コルビュジエと付き合っているうちに足を折ってダンサーを辞めたんです。で、あなたのためにダンサーを廃業せざるを得なかったとコルビュジエに言って、結婚したという話も聞いたことがあります。

二川　もしかしたら、コルビュジエははめられたのかもしれない(笑)。しかし女のことに関してはライトの方が力強いね、コルビュジエよりも。今の話を聞いてると、コルビュジエは女性に対して受け身ですよね。ライトは攻め型だったもの(笑)。

磯崎　その意味じゃコルビュジエは要領のいい人ではなくて、フラストレーションがあったんじゃないですかね。**ビアトリス・コロミーナ**によると、コルビュジエの描く女の絵のネタは、アルジェの娼館にあるらしい。日本の遊郭で女の顔写真が並んでるみたいにして、ヌード写真が並んでいるわけです。それを束でコルビュジエは買ってくる。そしてイエロー・トレーシングでなぞっては描き直してたらしい。あるいは、コルビュジエがアルジェに来たときにカスバを案内したという当時十八歳の青年の証言が残っていて、街で見かけた女を見初めて交渉してくれと言ったらしいです。あとはどうなったか知りませんが(笑)、モデルに雇ってスケッチを何十枚と描いたという話もある。コルビュジエはこういうところのある人物だったから面白いんですよ(笑)。ストーカー・コルビュジエですね。

ビアトリス・コロミーナ[Beatriz Colomina]：建築史家。1988年よりプリンストン大学で教鞭を執る。写真、書籍・雑誌、広告、テレビといった様々なメディアと近代建築の関係についての論考が多く、その現代的な視点が特徴。主な著作は『マスメディアとしての近代建築、アドルフ・ロースとル・コルビュジエ』など。磯崎がここで参照しているのはエッセイ「戦線―E1027」

ル・コルビュジエ：サヴォア邸、1929-31

第四章　前衛か、体制か

近代建築におけるペレの役割

鈴木　二川さんのリストのなかで、**オーギュスト・ペレ**については言及がありませんが、何か意味があるのですか?

二川　いえそんなことはありません。ただ一つは、ペレのことはよくわからないところがあるんです。

鈴木　例えば近代建築のプロポーションを決めたのはペレだと思うし、ある意味で、新古典主義と近代建築を非常にプラクティカルな意味で繋げた人だと思いますし、コンクリートの表現を創出した人だと思うんです。

二川　ペレは、**ル・コルビュジエ**との対比として話していただくと面白いと思いますね。

鈴木　アドルフ・ロースの、デコレーションではなく

オーギュスト・ペレ：テアトル・シャンゼリゼ、1910-13

オーギュスト・ペレ［Auguste Perret、1874-1954］：ベルギー生まれ、フランスの建築家。当時の新技術、鉄筋コンクリート造に注目し、古典主義的な建築の概念を近代的にアップデートし、最初期のコンクリート打放しの建築を試みた。ここでは、その際の、技術ベースの素材表現や壁、柱といった建築のエレメントをどのように捉え、評価するかが議論になっている

モノとして表現していくところを、ある意味で**ミース・ファン・デル・ローエ**が引き継いでいるとすれば、抽象的な面の構成でいいというのが**デ・スティル**的な考え方なのかもしれない。それをもう少し存在感のある、面というか肌という感じのコンクリートにしたというのは、ペレ。一般にはコルビュジエがそれを行ったと言われますが、本当なのかなという気がします。パリの**土木事業博物館**［現・経済評議会館］のなかに楕円のコンクリートの階段がありますが、あれは素晴らしいと思う。あくまでも古典主義的プロポーションにこだわってコンクリートの可能性を追求している。その意味では、鉄骨を決めたのはミースで、コンクリートを決めたのはペレだと言ってもいいぐらいの影響力を持っていると思います。

磯崎　コンクリートという意味ではそうですね。ぼくは、ペレはアール・デコの建築家じゃないかと思う。**テアトル・シャンゼリゼ**は一〇年代の作品だけど、アール・デコというのは、元々クラシックなコンセプトを表層的にモダナイズした。その二つのバランスで出来ているようなところがあって、テアトル・シャンゼリゼではそれが非常に巧くいってますよ。

オーギュスト・ペレ：
土木事業博物館（現・経済評議会館）、階段室、1937

鈴木　ぼくは、ごく普通のラーメン構造のビルの原型をつくったと言ってもいいような気がするんですけど。最近でこそコンクリートのプロポーションが変わ

ル・コルビュジエ［Le Corbusier、1887-1965］：前述（p.113）
アドルフ・ロース［Adolf Loos、1870-1933］：前述（p.44）
ルートヴィヒ・ミース・ファン・デル・ローエ［Ludwig Mies van der Rohe、1886-1969］：前述（p.16）
デ・スティル［De Stijl］：前述（p.108）

ってきたけれども、それまでのコンクリートのお手本はペレがつくりあげたものだったと思いますね。

二川　コンクリート・ブロックも彼が最初ですか。

磯崎　彼が最初でしょうね。日本にずいぶん影響を与えてます。日本だけじゃなく五〇年代は全世界で流行ったね。

二川　鈴木さんが言われるように、ペレの評価は昔から高かったんですか。

鈴木　そう思います。コルビュジエはフランスのなかでは前衛だけど、もっと底辺から近代化していったのはペレだという評価はあったと思います。

磯崎　フランスという国を考えると、ペレは一九一〇年代にすでに最先端をやっていた人で、二〇年代のアヴァンギャルドが出てきた頃には出来上がっていた人ですから、それを素通りしているとぼくは思うんですね。だから三〇年以降も同じスタイルで来ている。

鈴木　でも、コルビュジエ以外の、例えばアンリ・ソヴァージュ[一八七三〜一九三二]とかロベール・マレ＝ステヴァン[一八八六〜一九四五]に対する影響というのはかなり大きいし、彼らを通じてコンクリートの建物が完成されていくところがあると思います。コルビュジエは、その意味で街のなかの建物の原型はつくり出せなかったし、後期になればなるほど作品を孤立してつくる。あるいは全部自分でつくらないと気が済まないというところへ行ったと思いますから、その意味ではペレの影響力の方が、覆った面積から言えば遥かに大きいと思います。

二川　実は、鈴木さんが前にもペレのことを言われていたので、気になってル・アーヴルまでペレの都市計画を見に行ってきたんです。結論的には彼はそんなに大した建築家ではないんじゃないかと思いました

オーギュスト・ペレ：フランクリン街のアパート、1903-04

（笑）。古いデザインだと思った。ぼくが気になるのはそこですね。彼はコンクリートでつくっていますが、イメージとしては石なんですね。特にル・アーヴルの建物は、本当は石でやりたかったのにコンクリートで仕方なくやったという印象が残りました。

サヴォア邸も気になって見に行ってきたんですが、面白いなと思ったのは、コルビュジエは石を意識しないで鉄を意識していると感じたのです。コンクリートのディテールなんですが、実はスティールをイメージしていたんじゃないか。そこがペレとの違いじゃないかと。ぼくは、例えば**ピエール・ルイジ・ネルヴィ**［一八九一〜一九七九］にはコンクリートの現代的な使い方が現れているように思うんです。でもペレは石のディテールなんじゃないか。

磯崎　素材をどういう風に機械的な表現にするかという観点で見ればそう言えるかもしれない。しかし別の見方をすると、ペレの表現は、一種の新古典主義風の構成だと思うんですよ。だからぼくには東ドイツのマルクス・シュトラッセとル・アーヴルの都市計画が似ているように見えるんですね。スターリニズムが建築化したときのスタイルですよ。その背後には様式化した新古典主義があったんじゃないか。

ロベール・マレ=ステヴァン：
ステヴァン自邸、1927

アンリ・ソヴァージュ：
ヴァヴァン通りのアパート、1912

ピエール・ルイジ・ネルヴィ［Pier Luigi Nervi、1891-1979］：イタリアの構造エンジニア。土木工学を学び、軍施設や飛行機格納庫の仕事に携わる。鉄筋コンクリートやプレキャストコンクリート構造を得意とし、新しい工学に基づいた幾何学とイタリアの古典建築の美学を融合した。ヴォキャブラリーとしては、リブやヴォールトを多用するが、その意味に注意。古典建築の単なる模倣ではない

二川　そう、確かにル・アーヴルに行ったら、ベルリンの壁が崩れる前の東欧に来たような気がしました。

鈴木　それはおっしゃる通りだと思うんですが、それが古いというのか、オーソドックスというのかの問題であって、ぼくは、ペレはまさしく伝統を近代に繋げていった人であるし、その意味ではディテールが古いとは思えない。

ピエール・ルイジ・ネルヴィ：スポーツ・パレス、1958-59

コンクリート的かどうかというと、コルビュジエのディテールが鉄だというのは面白い見方ですが、ぼくにしてみれば、粘土っぽい感じがどこかにあって、ペレの方がよりコンクリート的に見えます。打放しというのはペレが初めてやってみるわけだし、ラーメン構造もそうですね。自立している螺旋階段というのもコンクリートならではの表現です。そこで筋を通しているのは、プロポーションの感覚としては確かに新古典主義ですが、それが最終的には鉄筋コンクリート建築の主流、基礎を築いていく。それに比べれば、コルビュジエはあくまでも最後まで彫塑的な魅力に惹かれてた人なんじゃないか。だから光栄ある孤立という形で歴史に残る。それを新しいとは確かに言えると思うんですが、新しい、古いという軸で建築を切るということは、この場合それほど意味を持たないんじゃないか。むしろ、どのような流れを繋げていて、どのようなベースをつくりあげたかを見れば、ペレの仕事とその作品というのは非常に大きな役割を果たしている気がします。

磯崎　壁か柱かという問題がルネッサンスのとき

レオン・バッティスタ・アルベルティ［Leon Battista Alberti、1404-1472］：ジェノヴァ生まれ。フィレンツェ、ローマで活躍した人文学者、建築家。ヴィトルヴィウスに影響を受けた『建築論』を著し、絵画、音楽、彫刻をはじめ、多彩な能力を発揮した初期ルネサンスの「万能の天才」の一人

に顕在化すると思うのです。そのときに**レオン・バッティスタ・アルベルティ**[一四〇四〜七二]が注目されるのは、単純な石造の壁にピラスターを付けたということです。これはフェイクと言えばフェイクですね。要するに表面に付け柱をつけて、全体が骨組みで出来ているような印象にしたわけ。でも実は石造であると。コンセプトとしては、柱で全部をつくりたい。でも現実には壁でしか建物はつくれないという矛盾があって、アルベルティは現実問題として、壁の部分をもっと徹底するべきであるとローマ的な組積造でつくるわけです。アルベルティの一つ前の**フィリッポ・ブルネレスキ**[一三七七〜一四四六]は、全部柱にしちゃえという具合に柱に置換した。それをアルベルティは石造の表現ではないということで批判しています。この二つの流れは解決できずに延々と何世紀か続くわけです。

鈴木　アルベルティにとっては柱は装飾なんですよね。つまり構造としては組積造で、柱は表現である。ただ、ペレは構造としての柱を目指している。

磯崎　ペレはそのストラグルのディスコースを引き継いでいると思うのです。

鈴木　いや、ぼくはそれは違うと思う。

磯崎　大げさに言うと、初期モダニズムのなかで、建築家は柱と壁を完全に分けたわけです。ところがペレはそこが重なったまんまで見ているのではないか。

鈴木　いやいや、ぼくは近代の一つの大事な点は、壁か柱かという論争の意味自体が変わってしまったことだと思うんです。ラーメン構造が出てきて柱梁構造が建築をつくり上げるようになった。柱が支える構造というものが意味を持ってきたわけです。コルビュジエの**ドミノ**は、柱がスラブを支える典型的なものですよね。要するに壁による建築の否定をしているわけです。その意味ではペレもラーメン構造によって、壁による建築を超えている。そしてそうなると柱と壁の関係というのは、アルベルティが言っていたよ

フィリッポ・ブルネレスキ[Filippo Brunelleschi、1377-1446]：フィレンツェ生まれ。フィレンツェ、ローマで活躍した建築家、彫刻家。古典の研究をベースにしながら、幾何学から遠近法といった視覚効果やオーダーを再構成しようとした。結果、単なる古典主義というより工学的な展開を見せた。巨大さと工事の条件から、二重の尖頭リブ・ヴォールト型ドームが提案された、フィレンツェのサンタ・マリア・デル・フィオーレ大聖堂のクーポラはその好例

うに構造体としての壁に柱が表現としてつくというのではなくて、逆転しちゃうわけです。柱が構造を基本的には支える。

磯崎　ラーメンとはフレームのことですから、柱と梁が骨組みとして成立するというものです。それに対してコルビュジエのドミノは梁がない。スラブしかない。板を細いもので支えるわけです。間は全部抜けている。壁がないというのがコルビュジエのミソだった。壁はどうするんだというときに、ガラスでいいじゃないか、もし必要があるなら自由なファサードという形で宙に浮いた面をつくればいい。それは構造壁ではなくて、コルビュジエの場合は面でしかないわけです。それに対してミースは、床は板じゃなくて骨組みだと理解しているのではないか。コートハウスの計画までは、壁があって柱は補助的ですね。壁という板があって、床と屋根という板がある。要するに二〇年代の議論というのは、柱や梁という概念が建築的な意味を持っていたんですね。

鈴木　その前に、まず壁と柱の問題に話を戻してみると、芯がずれるということがあると思うんです。**サヴォア邸**はその意味では面白くて、壁の芯に対して柱はずれている。同じ考え方でいくと、ラーメン構造から出た庇の先に壁をつければカーテンウォールが出来る。つまりカーテンウォールが出来ていく過程も、壁と柱が違う芯の上に立つという見方ができるわけです。ペレの建築では、壁の芯と柱の芯は基本的には一致しているんですね。その意味では、古典主義的だと思うわけです。

磯崎　古典主義的だし、伝統的な建築概念をモロに引きずっている。

二川　それをぼくは古いって感じるわけですよ。

鈴木　ただペレの場合は、柱と壁、あるいは面と線で考えるというより、プロポーションの感覚としてそうしたのだと思います。新古典主義的プロポーションを近代建築に移行させたという意味で、影響力の大きさたるや絶大なものがあると思いますけどね。

二川　どうなんでしょうか?(笑)。磯崎さんがいいと言われたテアトル・シャンゼリゼもしつこく新古典主義ですよ。

磯崎　新古典だし、あれはアール・デコだと思うね。

ドミノ［Dom-ino House、1914］：ル・コルビュジエによって提案された、鉄筋コンクリートのフラットな床とそれを支える細いコンクリート柱による、工業化住宅のプロトタイプとなるオープンシステム。梁や壁はない。ミニマムな構造フレームはプランから独立=プランの自由度をつくり出し、その後、しばらくのコルビュジエの建築の骨格となった

二川　そういうところがぼくは引っかかるんです。ただ、土木事業博物館の階段は、あの時代としてはいい形だしちょっと驚くようなものですよね。ネルヴィはペレを真似したんじゃないかって言えるかもしれない。何故あんな階段がつくれたんでしょうね?

鈴木　コンクリートを知悉していたんですよ。ペレは、ファサードの構成、プロポーションの構成、テクスチャーの構成として、コンクリートの可能性を追求した人です。だからあのような自立するコンクリートとしての階段をつくる。それに比べればコルビュジエの階段は下から支えている粘土細工の美しさだと思うんですよね。

さらに柱と壁の問題で言うならば、ヴァナキュラーな建築で、柱と壁のずれた建物はどんどん出来てくるんです。サンフランシスコに**ハリディー・ビル**という建物がありまして、これはガラスのカーテンウォールの最初と言ってもいいかもしれない作品ですが、柱の間隔とサッシュ割りが完全にずれている。実に味わい深いビルなんです(笑)。それがカーテンウォールというものの特質だと思う。つまり構造体からプロポーションを詰めていって全体が決まるのではなくて、構造は

ウィリス・ポーク:ハリディー・ビル、1915-17

サヴォア邸[Villa Savoye、1931]:フランス、パリ郊外ポワッシーにある、ル・コルビュジエ設計の住宅。コルブが提唱した「近代建築の五原則」―ピロティ、屋上庭園、水平連続窓といった特徴を備える。ピロティは自動車時代の住宅を想起させ、建築中央のスロープはドミノのスラブを貫いて、空間と直結した動線を生み出している。近代建築の原則性と古典建築の原理性の重層。p.134-135参照

構造、表面の膜は膜、それぞれでやれますよという在り方です。そこに面白さがあって、サヴォア邸でも構造体と外壁を意図的に分離して表現していますが、それよりもっとあっけらかんと新しさが出ている。
　ペレのオーソドックスな伝統をつなげていくやり方と、コルビュジエの意図的にエレメントを分離して意味の違いを表現するというやり方がある。一方では、構造と皮膜というのは現実的に分かれているんだから、それぞれ勝手にやるというハリディー・ビルみたいなものも現れてくる。そこに注目するとペレのオーソドックスさが浮かび上がって見えて来るんじゃないかと思います。

コンクリートとガウディの造形性

磯崎　コンクリートの持っているプラスティシティ、造形性をどう見るかという問題がおそらく関係していると思うんですね。コンクリートを表現するのか、あるいはドライウォールをべたべた張って壁にしちゃえばいいじゃないかという問題です。コンクリート自体は、螺旋階段とかキャンチレバーであるとか、ネルヴィがやるような新しい造形に変わっていくわけですが、その前段階に**アントニオ・ガウディ**［一八五二〜一九二六］がいますね。ガウディのデザインは単純な恣意的なデザインではない。カタラン・ヴォールトという煉瓦の積み方の技法を彼は巧みに使っているのです。カタラン・ヴォールトは、薄い煉瓦をキャンチレバーで順々にせり出して積んでいくと、足場なしで、アーチが出来たりねじれた形などがつくれるというものです。カタラン・ヴォールトのテクニックでつくられた螺旋階段がバルセロナに今でも残っているんですが、壁にサポートされずに八階分ぐらいの高さで完全に自立しているんです。

二川　それは誰がつくったんですか。

磯崎　無名の職人です。で、サグラダ・ファミリアの前にガウディが幼稚園［サグラダ・ファミリア附属学校］をつくっていますが、**ハイパボリック・シェル**で、これはコルビュジエが唯一感心したものだった。それもカタラン・ヴォールトのやり方で単純に煉瓦を積んでいるだけです。コルビュジエの後期の、ジャウル邸やサラバ

アントニオ・ガウディ［Antonio Gaudí、1852-1926］：スペイン、カタルーニャの建築家。初期モダニズムの流れの一つ、モデルニスモの影響を受けつつ、独自の表現を追求。モデルニスモは、近代芸術運動というより、近代化プロセスにおける文芸復興運動と言えるが、ガウディもまた近代的な構造原理に依拠しつつ、ゴシック表現やローカルな建築技術を統合した、完璧な形態を追求した

イ邸は、カタラン・ヴォールトを真似てその上にただ土を載せただけです。屋根は構造としてコンクリートがない。カタラン・ヴォールトの上に防水用のコンクリートを載せてはいるかもしれませんが。コルビュジエは、いわゆるペレがやっている型枠でつくったコンクリートの直線的な面と、このガウディの持っている有機的やり方の二つを見ていたから、インドの造形へ向

アントニオ・ガウディ:サグラダ・ファミリア附属学校、1909

アントニオ・ガウディ:コロニア・グエル教会地下聖堂、1898-1915

ハイパボリック・シェル [hyperbolic paraboloid shell]:双曲放物面の幾何学を持つシェル構造。双曲放物面は水平断面が放物線となる明確に定義できる幾何学を持ちながら、x、y軸に平行な直線の連続として記述できるため、四角形平面を持つことが多い建築物の架構として施工しやすい特徴を持つ。また、直線の構成からシャープな表現が可能となる

かうわけですよ。
　ガウディの建物は、石造の場合は若干鉄の補強材を入れているのですが、ほとんどの場合、複雑な形態はこの煉瓦職人の技術であるカタラン・ヴォールトの極限を使っています。カタラン・ヴォールトの構成は、コンクリートで言えば鉄筋がなくて、つまり鉄筋のテンション部分なしでできる限界なわけです。それであの造形が出来上がる。しかも合わせてガウディは、回転放物面を合理的だという理由で使っている。ガウディは構造的原理に基づいていた人だったんです。カタラン・ヴォールトの技術は、煉瓦の持っているプラスティシティを造形の可能性として見ているわけです。

鈴木　カタラン・ヴォールト的な技術は組積造のテクニックの一つで、足場なしで大架構をつくるというものですね。例えば日本にだって琵琶湖疎水にあるトンネルは、煉瓦を斜めに積んでいくと足場なしでヴォールト天井が出来たといったものです。それは今でも生きているわけだし、パンテオンもどうも足場なしで同心円状に石を積んで行ったんじゃないかということになっている。それは前近代の建築技術としてあるわけですよ。カタラン・ヴォールトというのはその生き残りですよね。

磯崎　ですが、もっと複雑に展開されているんです。煉瓦が薄いというところがミソなわけ。普通の煉瓦の三分の一ぐらいしかないんですよ。で、ぼくが言いたいのは、ペレの螺旋階段のコンクリート表現というのは、そこから来ているかどうかということなんです。

鈴木　ペレの階段は片持梁を基準にしているから全然違います。もう一つ大事だと思うのは、コンクリートのテクスチャーを発見したのもペレだと思うんですよ。打放しをやっただけじゃなくて、柱型にいろんな骨材を混ぜたりして表面を荒らすということをしている。それをいやらしいと言われれば、二川さんの趣味からすればそうかもしれない（笑）。それに比べればコルビュジエの初期の建物は、基本的には白く塗っているわけですよね。コルビュジエにとっては、テクスチャーよりフォームの方が関心事だったんでしょうね。

磯崎　コルビュジエの二〇年代の住宅というのは、ディテールがない。テクスチャーもなくてフォームそのものだけである。その意味でアマチュアだと思います。

鈴木　だから新しいとも言えるけれど……。

二川　確かにアマチュアの良さというのはあると思う。でもある意味で言えばコルビュジエは、亡くなるまでアマチュアだったんじゃないんですか？

磯崎　技術的なものは、いとこのピエール・ジャンヌレ［一八九六～一九六七］がやっていたと言われてるし、彼がいなくなったら**ジャン・プルーヴェ**［一九〇一～八四］に頼むということをしていた人ですからね。彼自身は、建築的な能力はなかったと思います。能力と関心と両方なかったんじゃないかな（笑）。造形だけの興味しかない。

鈴木　そこがペレの大事なところなんですよ。造形意志だけでは建築はつくれない。近代建築のある種のベースをつくった存在として、コンクリートのペレ、鉄骨のミースだと思いますね。

二川　その二人は大分違うと思うな。

磯崎　それは過大評価ですよ（笑）。

二川　鈴木さん、やっぱり歴史家ですね。流れの中でつじつまを合わせていかないと気が済まない（笑）。

鈴木　そりゃそうですね。つじつまというと人聞きが悪いけれど（笑）。筋が通ってないとおかしいと思うわけです。

二川　それはわかります。でもそれでいくと建築のデザインは硬直しちゃうんだな。

鈴木　それも感じます（笑）。

磯崎　もしペレを議論するならば、スターリン・アレイとかマルクス・シュトラッセなんかの新古典主義と比べてみると、少し良く出来ているけれども基本は同じじゃないか、ということだと思うんですよ。どっちも歴史を引きずっている。それを表現においてもディテールにおいても言説においてもどう見るかということで、これは近代建築とどこで区切りをつけるかという問題になるんだと思うんですね。

ジャン・プルーヴェ［Jean Prouvé, 1901-1984］：フランスのデザイナー、建築家。金属工芸家の下で学び、家具や工芸からキャリアをスタートさせる。ル・コルビュジエらと現代芸術運動のサークルをつくり、博覧会などに参加する一方、レジスタンス活動を展開し、政治家にもなる。携わった工場運営では、アルミの産業的可能性に着目し、建築のプレファブ化を追求し、様々な美的感覚に基づいた提案を行った。1971年、リチャード・ロジャースとレンゾ・ピアノを選出したポンピドゥ・センターのコンペティションの審査委員長を務めた

オーギュスト・ペレ：ル・ランシーのノートルダム教会、1922-23

モダニズムの純粋性と大衆性

磯崎　二〇世紀というのは、歴史的な言説や歴史的な様式に踏み込んで、それを解体して組み込んでしまえということが起こるわけですけど、一九二〇年代はそういう事件の発生期だと思います。ぼくは、構造やエステティックのレベルで言うならば、一九三〇年という時点でテイストが変化すると考えています。**ノイエ・ザッハリッヒカイト**です。ミースがクローム・メッキの柱をつくった。徹底してガラスを使う。流線型が出てくる。物質の存在感に集中して考えていく。しかも新しい形を持った物質の存在感にテイストが移行する。そういう展開が圧倒的に起こったのが一九三〇年代だという説は、うなずけると思いますよ。ですから、バウハウス自身は三三年の時点で潰されていくのですが、バウハウスの持っていたものが、写真も彫刻

ノイエ・ザッハリッヒカイト［Neue Sachlichkeit、New Objectivity］：新即物主義と訳される、第一次世界大戦後の美術運動。ドイツ帝国崩壊後のワイマール共和政期に、内面的、主観的な表現主義に対し、匿名的な社会性や有用性を即物的に表現しようとする。芸術、文学、音楽、建築、写真など広範な広がりを持った。名前の由来は1925年にマンハイムで開かれた展覧会のタイトルによる。ドイツにおいては、ナチス政権によって退廃芸術とみなされ終焉を迎えた

ミース・ファン・デル・ローエ：トゥーゲントハット邸、クローム・メッキの十字柱のある居間

も建築もノイエ・ザッハリッヒカイトに移っていくわけです。その挙げ句にノイエ・ザッハリッヒカイトは三〇年代にナチの美学に向かう。近代建築が二〇年代につくっていたものが、ノイエ・ザッハリッヒカイトにまとめられていって、それをナチが使っていた。しかし唯一のナチの問題は、ヒットラーが挫折した建築家であったということですね。彼の妄想が古典主義建築でしかなかったから、そういう建築家をバッと登場させてしまった。それで、モダニズムの連中は浮かばれないから皆アメリカに追いやられるという構図があったと思うんですね。

鈴木　ただ、二〇年代末から三〇年代のノイエ・ザッハリッヒカイトというのは、ヨーロッパにおける一つの動きに過ぎないだろうと思います。一方では、先ほど言われたクローム・メッキの艶的なものや大理石は、ニューヨークの大恐慌以降の摩天楼時代をつくるわけですよ。ステンレスの外装材や流線形なんかまさしくそうですね。

磯崎　そうですね。

鈴木　モダニズムを純粋な理念として考えていくと、ナチス・ドイツがそれをすべて収奪していくという筋書きになるかもしれないけれど、それほど単純なものではなくて、新しい可能性なり表現の面白さというのは、アール・デコから摩天楼の時代へ十分に流れ込んだと思います。今まであれを商業的なものであるとして過小評価し過ぎていたんじゃないか。むしろ近代の精神は、ノイエ・ザッハリッヒカイトというようなものじゃない、もっと享楽的なところにもあって、それがある意味で建築のベースであり続けていたと思うんです。

この前、石山修武さんとパリでサント・シャペルというゴシックの聖堂に行ったんです。あれは石とガラスのハイテックだから見ろって彼を連れていったんですよ。そうしたら石山さんは、なかなか面白いが、これはパチンコ屋と同じ色彩感覚だって言うんですね。ぼくはがっくりきた(笑)。しかし、言われてみると赤と青に金色でキンキラしていてまさしくそうなんですよ。だからモダニズムと言っても結局は同じで、クライスラー・ビルにしてもマグロウヒル・ビルにしても、ものすごくギラギラしていて商業主義的ですが、ああいう感覚が持っている近代性、近代のなかにおけるそういう性格を見ておかないと、近代は、非常に理念的なエリートの流れ、しまいには受難の歴史になるわけですね。

磯崎　それは受難した奴が歴史を書いているからですね(笑)。

鈴木　我々はモダニズムをそういう受難劇としてあまり見るべきではないと思うのです。

二川　しかし、ぼくはそういうものも高く評価してますよ。

鈴木　でも何となくピュアなものの方がお好きじゃないですか?

磯崎　ああいうものは一種のポピュリズムみたいな部分があって、それは簡単に言うとファッションみたいなものですよね。ただ世の中の八割ぐらいはそれで行っているわけですから効果は大きい。

鈴木　ぼくは、ヴァナキュラーと同時に体制というもの、つまり前衛と違うセクターの持っている意味の大きさを考えるべきだと思うんです。それは新しくないかもしれないけれど……。

磯崎　大まかに言えば、二〇世紀のなかで前衛なんて数パーセントしかいなかったんだ、とも言えるし、それがエリートになった。

鈴木　つまりベースを知った上での前衛でないと

フランク・ロイド・ライト：ジョンソン・ワックス本社（本館）、1936-39

意味がないのではないか。前衛だけを追いかけていると、全貌が見えないところがありますね。

それと二〇年代、三〇年代はラジオなどのマスメディアが意味を持ち始めた時代だということも大きいと思います。都市でなきゃ味わえない、エリートでなければ味わえないのではない形で、音楽にしても映画にしても大衆へ、そして地方へ広がっていった。造形もそのシステムに乗っかっていった。だからモダニズムの一つの大事な点というのは、エリートの方法と表現だけではなくて、むしろ一挙に拡大して伝わっていく社会的なベースを得たということだろうと思うんですよ。

磯崎　メディアという問題が出てくると、建たなくてもいい、ということも起こってくるでしょう。ピラネージ[一七二〇〜一七七八]みたいな人は、実際に建てられないからああいうものを破れかぶれでつくっていたと言えるかもしれない。一方でコルビュジエの二〇年代のメディア作戦を考えてみると、計画案のコンセプトをそれも作品なんだと言って出す。これが実物と同等の影響力を持つんだという逆転が起こり始めるわけですよね。

二川　当時は、建物が出来上がってすぐメディアに発表するなんてなかったわけですから。

磯崎　彼はメディアをどう使うか、プロパガンダにどうするかということをやり始めた人ですね。

二川　コルビュジエの作品集は確かにプロジェクトが多い。計画案を発表して、完成してから発表して、と二度使うわけです。

磯崎　計画案も変わっているから何回にもなる(笑)。

二川　**フランク・ロイド・ライト**もコルビュジエとは違うけれど、似たようなことはしていましたね。

磯崎　婦人雑誌の住宅特集にずいぶん載せていた。今で言う建て売り住宅のプランを描くようなことをしていましたよね。

二川　特にオーク・パークの時代ですね。

ライトのヨーロッパとの因縁

二川　最近、ジョンソン・ワックス本社にもまた行って来ました。これはライトのなかでも非常にいい建物だと思いますが、ああいう画期的なことが何故あの時

フランク・ロイド・ライト[Frank Lloyd Wright、1867-1959]：アメリカを代表する建築家。環境と人間の調和した「オーガニック・アーキテクチャー」を提唱し、プレーリー・スタイル(草原住宅)の住宅をつくることで、ヨーロッパ的な様式建築と一線を画す。大きな作風の変化を繰り返し、膨大なプロジェクト、500以上の建築、数多くの著作を残した

点でできたんでしょうか。三六年の設計ですよね。

磯崎　彼はあの辺からコンクリートを彼流に徹底して解釈し始めるわけです。それまでは煉瓦造で、その補強でコンクリートがあるという組積造の考え方だった。

二川　**落水荘**もそうですよね。

磯崎　キャンチレバーの部分ですね。ハコが空中に浮いているように見せているわけです。

二川　落水荘にも寄ってきたんですが、あのキャンチレバーが垂れていました（笑）。今、補強工事をしてます。聞いた話によると来年の秋には撮影できるようになるらしい。

磯崎　**グッゲンハイム美術館**の螺旋は、渦巻き型のスラブで、それだけじゃもたないから壁的なものがありますが、上下階の間は隙間があって自然光を採り入れている。あれはコンクリートじゃないとできない考え方ですね。

二川　ぼくが不思議に思うのは、ライトのジョンソン・ワックスにしても落水荘にしても、あの構造は本当にライトが考えたんだろうかということなんです。影武者はいなかったのか。ジョンソン・ワックスでは樹状の柱の上に土嚢を載せて、もつかどうかの実験をしてましたよね。

磯崎　彼のアトリエで全部やったことにはなってます。

二川　つまり構造的なことも全部ライトが考えていたんでしょうか。

磯崎　でしょうね。計算している人は別にいたかもしれませんが。

鈴木　ただライトのアイディア自体は非常に素朴なものが多くて、だからあまり発展性はないですよね。

二川　その意味ではコルビュジエの素人論と似てますね。

鈴木　似ていると思います。

ジョンソン・ワックス本社［Johnson Wax Headquarters、1936-1939］：アメリカ、ウィスコンシン州に建てられた、70歳を越えたライトが、新しい表現によって建築界の最前線に復帰することになった代表作。林立する柱が上に向かって樹木のように広がり、ディスクが連続する天井を持つ執務室が有名。トップライトがガラスチューブで構成されている。p.152-153参照

落水荘［Fallingwater、1935-1939］：アメリカ、ペンシルヴァニア州にライト設計により建てられた建築。カウフマン邸。ジョンソン・ワックス社と共に、ライト復活を印象づけた。キャンチレバーで水平に持ち出されたテラスが、川と滝の上に重なるように構成される。敷地環境を深く読み込み、自然と一体となった名作。p.156-157参照

フランク・ロイド・ライト：落水荘、1935-39

磯崎　彼はフィレンツェへ駆け落ちして逃げていた時期があるんです。ヴァスムート版の作品集は、彼が全部自分でトレースし直したんですが、そのときにフィエゾレというフィレンツェの裏山に住んで、ドローイングを描いて本にして、アメリカに帰った。その意味ではヨーロッパのことはよく知ってる。毎日フィレンツェのドームを見ていたんです。しかし面白いのは、ライトは、クラシックなもの、つまり古典主義だけを避けているのです。マヤも使う、日本も使う。最後にはアラベスクなんて平気で使う。つまり世界の周辺をデザイン・ソースにしているのに。

二川　なのに西洋建築に出てくるやつは使わない、と。坂倉準三さんは、一九三七年のパリ万博の日本館で、ライトに会ってるそうです。「お前はどうしてこんなものつくるんだ、日本にはもっといい文化があるじゃないか」って言われたとおっしゃってた。

磯崎　ルネッサンスは日没を日の出と見誤った、というようなことを彼は言うわけです。フィエゾレにいて、いかにヨーロッパとやり合うかを考えてたんですね。かなり戦略的だったと思います。だからライトは

フランク・ロイド・ライト：グッゲンハイム美術館、1943-59

ヨーロッパの建築史に載せられない。コルビュジエは逆で、まともに受け取ってると思うんです。例えばミケランジェロを分析するとか、ダ・ヴィンチの人型をつくるとか。抽象的ではあるけれども受け取っている。だけど、ライトはそこの部分だけ外して空洞にして、このすべてとオレは対抗すると常に考えていた人なのではないか。それがぼくは面白いんだな。

鈴木　今に至るまでライトが英雄という感じがするのは、ライトこそがアメリカを表現したという意識があるからでしょうね。他の秀才は見事にヨーロッパを勉強したわけで、本家はあっちだということになる。ただ、ライトはそれを意図的にやったのか、どうだったのか?

磯崎　ぼくは意図的だと思うんですよ。チェニー夫人と駆け落ちする寸前につくったマコーミック邸という計画案がキーワードだと思っている。これは大邸宅なんです。ライトのクライアントは、田舎の実業家か、さもなくば近所のオジサン・オバサンで、つまり大金持ちではない。ラーキン・ビルにしたって大した会社ではない。ジョンソン・ワックスだって町工場のオジサンだし、グッゲンハイムだって、ロックフェラーに比べたらどうってことない人でしたから。

二川　落水荘の施主のカウフマンも、今で言えば一〇〇円ショップのオジサンみたいなものですよね。

磯崎　ところが、マコーミックは、かなりエスタブリッシュされた人だったようです。その人の住宅が成功すれば、ライトは、エスタブリッシュメントに上がれたんですよ。ところが蹴られちゃった。マコーミックはライトの案を潰して、当時流行っていた中世風のヨーロッパのお城のようなものをつくらせた。ここで、ライトは大きな挫折をしたんじゃないかと思うわけです。これがバーンと出来たら後は意気揚々と行けた。ところが事務所は破産状態だ、しかも周りで家庭問題が起

フランク・ロイド・ライト：タリアセン・ウェスト、1937-

フランク・ロイド・ライト：タリアセン、1925-

こっている。で、破れかぶれでフィレンツェに逃げたというのがぼくの推察なんです。みんなチェニー夫人との駆け落ちだって言うけれど、マコーミック邸の方が彼にとっては大きかったんじゃないかと。ライトはどうしてもエスタブリッシュメントに入れなかった人だと思うんですね。

二川　それが彼の戦略だったんですか？　単に入ることができなかったのでは？

磯崎　トラウマだと思うんですよ。オレの案を蹴ってアイツはヨーロッパ風のスタイルでやった。「バカヤロー、オレは絶対それはやらないぞ」という感じだったんじゃないか。多分、冷静な状態じゃなかったと思う。ところが、その頃出たヴァスムートの作品集がヨーロッパで爆発的に売れるわけです。ヨーロッパの近代建築はそれからの影響をずいぶん受ける。すると彼はヨーロッパで、突然大家になるわけ。逆に言えば、クラシックな要素が入ってないからウケたんですね。

二川　ぼくは、ライトはローカル・アーキテクトだと思うんですよ。だからエスタブリッシュメントに上がる力がなかった。チェニー夫人の事件だって、オーク・パークという田舎町でオバサン引っかけたって、言われるほど大事件ではなかったんじゃないか。

磯崎　だけど、新聞は毎日書き立てたということになってますよ。村八分みたいになってたらしい。チェニー夫人の家をつくったのが一九〇三年で、その後ライトは六年に日本に来ています。浮世絵収集という名目で来たということにはなっていますが、チェニー夫人とのことでマズイ状況になって頭を冷やすために来たというのが、実のところだったんじゃないかと言う人もいます。で、帰ってきてすぐの一九〇七年にマコーミック邸のプランをつくった。駆け落ちは一九一〇年前後ですよね。

鈴木　前衛と体制、エスタブリッシュメントと新しい表現としての前衛という意味で言うと、ライトという人は、やっぱりエスタブリッシュメントにはならなかった。だから一挙に神話的人物になってしまったと思うのです。**マッキム・ミード・アンド・ホワイト**[マッキム/一八四七〜一九〇九、ミード/一八四六〜一九二八、ホワイト/一八五三〜一九〇六]のような古くさくてコンクリートにもなっていない石造りが都市のストックになっていくなかで、ライトはローカルな中西部の変わった建築家で、結局ヨーロッパ的なものは素養がなくて、妙なことをやっていた人だったということになりかねないと思うのですが。

磯崎　マッキム・ミード・アンド・ホワイトで思い出したけれど、カタラン・ヴォールトの職人はバルセロナで世紀末に大不況が起こったとき、仕事がなくなってアメリカに移住するんです。それでマッキム・ミード・アンド・ホワイトに使われるんですよ。

鈴木　だからなんですね。アメリカのカレッジ・スタイルのゴシック建築には、ヘリングボーンの浅いヴォールト天井がある。

磯崎　マッキム・ミード・アンド・ホワイトの建物の螺旋階段とかヴォールトをその職人がやってたと言われています。

モダン・クラシシズムとナショナリズム

磯崎　鈴木さんが言われた前衛ということで考えれば、初期モダニズムで起こったもう一つの事件に、**ノヴェチェンティスモ**というのがありますね。これは、第一次大戦直後に、一種の古典主義的な要素を自由に使うフリースタイル・クラシシズムとでもいうような感じで登場してきた。言わば古典主義のモダンな状態です。ある意味では**ジュゼッペ・テラーニ**[一九〇四〜一九四三]の初期に影響を与えていた。スペインの美術史家で『バロック』という本を書いたドールスという人がいましたが、この人はスペインではノヴェチェンティスモのイデオローグだったんです。ノヴェチェンティスモが、ガウディ一派のモデルニスモの息の根を止めたんですよ。一九三〇年という時点で完全に転換するんです。

鈴木　イタリアにもノヴェチェントってありますよね。それがスペインに及ぶわけですね。

磯崎　そうです。だけどイタリアはそれが**ベニート・ムッソリーニ**に繋がっていくんですね。だからモダニズムというのは、ムッソリーニの主流だったかどう

マッキム・ミード・アンド・ホワイト[McKim, Mead & White、1879-1961]:後述(p.213)

ノヴェチェンティスモ[Novecentismo、カタロニア語:Noucentisme]:20世紀初頭にスペインで展開された芸術運動。当時産業革命が起こり裕福だったカタルーニャ地方で、モデルニスモに対抗して、その地域の文化を復興する動きとして始まり、政治を含めた広範な影響を持った。この語をつくったエウヘーニオ・ドールスは、『バロック論』を著し、文化の基底に古典主義的合理精神に対抗するものとしてバロック精神が普遍的に存在すると主張し、カタルーニャ文化のルネサンスを意図した

かとぼくは思うわけです。

鈴木　それは言えます。ＥＵＲなんかの造形をどう見るか、ということになるわけですよね。

磯崎　ノヴェチェントの建築家でジョバンニ・ムツィオ［一八九三〜一九八二］という人物が、ミラノにカ・ブルッタという面白いアパートをつくってます。彼は三二〜三年にミラノ・トリエンナーレの建物をつくりますが、もう完全にムッソリーニのスタイルです。一直線にファシズムに向かうわけです。ただコンペをやるとモダニズムの連中がかなり活躍したから、グルッポ7のアダルベルト・リベラ［一九〇三〜六三］やテラーニが進出してきたけれど、マルチェッロ・ピアチェンティーニ［一八八一〜一九六〇］なんかは、古典主義モダンの方から来ているんじゃないかと感じます。そういう二つの流れがあったんですよ。

二〇年代のモダン・クラシシズムの出現というのが、取りわけ周辺諸国において非常に多い。つまりナショナル・ロマンティックが全部それに移行したのではないかと思うわけです。その一部にスターリニズムもあるかもしれない。ヒットラーもムッソリーニもあるかもしれない。そうなってくると、モダニズムは浮き上がってアメリカに移住するしかなかった。そう言えるのではないか。

鈴木　なるほど、日本では渡辺仁という建築家が、ＧＨＱの本部になった第一生命館という何となくファシズムっぽいと言われているものと同時期に国立博物館をつくっていますが、あの帝冠様式を**ナショナル・ロマンティシズム**と言えば、両方やっていたのがつじつまあうわけですね。しかもそれは周辺諸国であるがゆえに起こったことであると。

その時期ドイツは周辺ではなくなっていたんですかね。

磯崎　逆に、どこがセンターかと言われるとわからないですね。

ジュゼッペ・テラーニ［Giuseppe Terragni、1904-1943］：後述(p.199)
ベニート・ムッソリーニ［Benito Mussolini、1883-1945］：後述(p.200)
ナショナル・ロマンティシズム［National Romanticism］：前述(p.36)

鈴木　つまり地域的なものより、各国からピックアップされたメンバーによって形づくられる潮流という形になってしまっていたんでしょうか。CIAMとか。

磯崎　我々はCIAM的なものを幻想として肥大化しているわけですが、周りの建築家には全然関係ないことで、なかばアカじゃないかというような見方でしたから、地域的なものではなかったでしょうね。CIAMだって建築家が十人か十五人ぐらい集まってゴチャゴチャ会議をやってパブリケーションしたという程度ですから。

CIAMと都市、そしてライト

二川　CIAMの果たした役割とはどういうものだったんですか。言われるほど力があったんでしょうか。

鈴木　もちろんあったと思います。ただし理念においてのみですが。第四回会議[一九三三]でまとめられたアテネ憲章というのは、近代建築の理念による都市観の代表です。そこでは都市を機能の要素に分けて、分解再編集すれば都市ができると思った。結局それができないから、都市にはコアがあるんだと考えて都市のコアを探した。だけど形だけのコアをつくってもどうも巧くいかなかった。しかし正しい問題を提起はしていたんです。

磯崎　建物は、それぞれが自分たちでつくっていたんです。運動としても実質五年ぐらいの間です。戦争中はなくなって五一年に「都市のコア」の会議がある。そしてCIAMにケリを付けたのが**チームX**になるわけです。

鈴木　第四回ぐらいまでがピークで、その後はどう収拾を付けるかということで、付かなくなっていったんでしょうね。

二川　その前までにはCIAMみたいなものはなかったんですか。

磯崎　ドイツ工作連盟がそうですよね。グラスゴー・スクールだってそうかもしれないし。日本だって建築運動があった。そういう類のものですよ。

鈴木　CIAMが出てくる時期には、ドイツ工作連盟はまだまだ元気で、モデル・プロジェクトをかなり

CIAM [Congrès International d' Architecture Moderne、1928-1959]：前述(p.94)

チーム10 [Team 10]：チームXとも書かれる。1953年に開かれたCIAMの第9回大会をきっかけに、参加していた若手建築家によって結成された建築家グループ。教条的な機能主義的アプローチによる都市理論を批判した。主なメンバーは、アリソン&ピーター・スミッソン、ジョセフ・バーケマ、アルド・ファン・アイク、ジョージ・キャンディリス、ジャン・カルロ・デ・カルロ等。彼らによって、CIAMは第10回大会で事実上解体した。チーム10は、それぞれの建築の追求、展開のために、お互いに批評し合うくらいの繋がりで、1981年まで不定期に会議が開かれた

やっています。例えば、**ヴァイセンホーフ・ジードルンク**。システマティックなのは**ドイツ工作連盟**がやって、CIAMというのは国際組織というよりも、国際的な一人一人の集合だった。この二つはある意味で対照的だと思うのです。

磯崎　CIAMは一本釣りですね。

鈴木　そうですよね。一本釣りだからこそできる演習問題が設定できた。その問題の立て方というのはすごく正確だったと思うのです。面白いのは、正しい問題はみんな解けない問題なんですよ。その非常に早い例はヴィクトリア朝時代のピュージンから始めてもいいし、モリスのアーツ・アンド・クラフツも、手仕事と生活と芸術の一体化とか言ったってできなかった。同じようにCIAMもアテネ憲章のなかで、「都市というのは労働と住むことと余暇と交通だ」と言ったけれども、それで都市はつくれないということがわかった。しかし、それは彼らが間違ったからではなくて、問題の立て方がある意味では正しすぎたから、答えまでは見つけられなかったんです。今に至るまで誰もその答えを出せないような問題を発見した。普通は解ける問題を見つけてきたヤツの方が賢く見えるわけですが、本当にいい問題というのは解けない問題で、解けない問題が十九世紀も二〇世紀もあり続けているわけです。そういう問いの一つを近代において見つけたという点は非常に重要だと強調しておきたい。

そうなってくると後進国で急速に工業化を進めていったドイツは、例えばインダストリアル・デザインではベーレンスを見るとアメリカより進んでいたと思うし、実際にもそれを実現していた。住宅、あるいは集合住宅という問題を組織的に考えていって、ヴァイセンホーフ・ジードルンクで実物としても実現していったわけです。それとCIAMは、似ているようだけれども実は対極的な発想法の軌跡を描いているという気もするんですね。

ドイツ工作連盟［Deutscher Werkbund］：1907年、ヘルマン・ムテジウスの発案により、イギリスなどに対抗する産業育成を目的として結成された建築家、芸術家、実業家から成るグループ。参加メンバーはベーレンス、ホフマン、ヴァン・デ・ヴェルデ、タウト、グロピウスなど。展覧会を通して、初期においてはインダストリアル・デザイン、後に公共住宅のプロトタイプなどを提案し、戦後まで建築・生活の近代化に大きく貢献した。ヴァイセンホーフ・ジードルンク（1927）はドイツ工作連盟による実験住宅展

その意味でライトが歴史的に大きな意味を持つとすれば、近代の独立専用住居の持っている重要性を見せたということだと思います。デザインが巧いとか下手だということとは別に。何故、彼がそういう場所に出てきたかというと、中西部の田舎のオッサンだというのはまさしく当たっているんです。彼よりワン・ジェネレーションぐらい前には、**シカゴ派**がオフィスビルの自然発生的原型をつくっています。近代社会というのは、オフィスという業務空間があって、そこに郊外住宅から通勤をするという職住分離の生活だった。シカゴ派の高層オフィスに対応する形でオーク・パークを見れば、世界で初めて近代的職住分離の大都市空間が生まれたことに対するカウンター・バランスとして、ライトが住宅を受け持ったと言えるのではないか。

CIAMがさらに後になって都市を方法化したときに、労働と住居、働いて住んで遊んでその間を動くという四要素に分けたというのは正解だけれども、ライトは、それをすでにつくり出していた。歴史的存在としてのライトの面白さというのはそこにあって、歴史が必然的に生み出した人物の一人なんだろうという気がします。あるフレームのなかでアヴァンギャルドは図式を立てるし、天才は無意識のなかでそれを作品としてつくってしまうわけです。

都市近郊という見方で見ていくと、サヴォア邸はパリ近郊で、そこは実に近代的な土地なんですよね。またシュトゥットガルトの近郊にヴァイセンホーフ・ジードルンクが建つ。つまりメルセデス・ベンツの本拠地の

ヴァイセンホーフ・ジードルンク、ミース棟

ヴァイセンホーフ・ジードルンク、マルト・スタム棟

都市近郊でそういう実験が行われるわけですよ。

集合住宅と郊外住居

二川　ヴァイセンホーフ・ジードルンクにはコルビュジエなどいろいろな人を呼んできてますけど、どういう意図だったんでしょうか。ティピカルなものをつくろうとしたのか。

磯崎　コルビュジエは、最初、入るか入らないかすったもんだした挙げ句に一番目立つ場所を取ったという説がありますね。

鈴木　アイディアとプロモーションをミースがやっています。

磯崎　ぼくはあれは建て売り住宅の博覧会をやっ

ヴァイセンホーフ・ジードルンク、ル・コルビュジエ棟

ヴァイセンホーフ・ジードルンク、ヤコーブス・ヨハネス・ピーター・アウト棟

1-4	Mies van der Rohe
5-9	J. J. P. Oud
10	Victor Bourgeois
11+12	Adolf G. Schneck
13-15	Le Corbusier with Pierre Jeanneret
16+17	Walter Gropius
18	Ludwig Hilberseimer
19	Bruno Taut
20	Hans Poelzig
21+22	Richard Döcker
23+24	Max Taut
25	Adolf Rading
26+27	Josef Frank
28-30	Mart Stam
31+32	Peter Behrens
33	Hans Scharoun

ヴァイセンホーフ・ジードルンク、1927、配置

ヴァイセンホーフ・ジードルンク［Weissenhof Siedlung、1927］：ドイツ工作連盟によって開催されたシュトゥットガルト住宅展で建設された21棟の集合住宅。全体のコーディネートを、ミース・ファン・デル・ローエが行い、当時の近代建築を牽引する17人の建築家が一堂に介して、新しい労働者の住宅をテーマに設計した。機能主義モダニズムのプロトタイプ。参加者は、コルビュジエ、グロピウス、ベーレンス、アウト、タウト、シャロウン、ペルツィヒ等

ヴェルクブント・ジードルンク、1930-32、アドルフ・ロース棟

ヴェルクブント・ジードルンク、ヨーゼフ・ホフマン棟

ヴェルクブント・ジードルンク、
アンドレ・リュルサ・フランクライヒ棟

たんだと思うな。絵で言うとグループ展みたいなもの。だから住む住まないなんてどうだっていいわけですよ。いろんな建築家を呼んできて一軒ずつつくらせれば、何かできるんじゃないかと考えたのではないか。あのなかで、評価できるとすればどの建物でしょうかね。

鈴木　ぼくはテラスハウスをつくったヤコーブス・ヨハネス・ピーター・アウト［一八九〇〜一九六三］がいいと思います。

磯崎　ぼくもそう思う。

二川　ミース、コルビュジエは良くないですね。

鈴木　ミースは中心人物だったから、一番大きなアパートを設計していますけれどね。でも良くない。

磯崎　だけど、あれが普通のミースなんじゃないの？　あの後ぐらいから出てくるんですよ。ヴァイセンホーフは二七年だったと思いますが、企画を始めた二年ぐらい前のことを考えると、まだみんなろくに建物が建ってない時期ですから。アウトはデ・スティル一派ですからすでにつくっていた。多分、あの当時アウトが一番経験があったと思うんです。他の人は初めてに近かったんじゃないかな。

二川　その意味では、アウトのテラスハウスは細かい点まで詰めてつくっている感じがする。

磯崎　それから何年か後にウィーンでも似たようなこと「ヴェルクブント・ジードルンク」をやってるんですよ。ロースもホフマンも入っていますが。

二川　誰がつくらせたんですか。

磯崎　ウィーン市だと思います。ウィーン市では、それと**カール・マルクス・ホーフ**ですよね。

二川　これはいい集合住宅です。

鈴木　そうですか？

磯崎　伝統的なクラシシズムを取り入れたアーバン・デザインですね。道路沿いで長いから迫力がある。良くは出来ているけれど、クラシックな要素を引きずっている都市的建築、つまり都市街区を形成する要素としての建築型を踏まえているデザインだとぼくは思う。それに対して、ヴェルクブントは安物のバラックですが、そっちの方がピュア・フォームを狙っている。

カール・エーン：カール・マルクス・ホーフ、1927-30

二川　鈴木さん、歴史家から見るとどうですか？

鈴木　カール・マルクス・ホーフは、確かに十九世紀的都市建築の系譜を引いている。ただし極めて巨大化しているところはありますが。

近代建築のなかには、郊外の独立住宅の系統とカール・マルクス・ホーフみたいな都市集合住宅という両タイプあって、明らかにそれは階級差なんです。都市集合住宅というのはワーキング・クラスのためのもので、**ブルーノ・タウト**［一八八〇〜一九三八］がやっている**ブリッツ・ジードルンク**も、住宅供給公社的なものが事業主体で、社会的な基本政策としての住居であった。それに対して郊外独立専用住居というのが、中産階級からそれ以上の人の夢として出てきた。近代建築家の有名な建物にそういう郊外の住居が多いというのは、それを近代が必要としていたからです。だから、大建築家はみんなその名作を持っている。逆に言えば名作をつくった人が近代における大建築家になれたとも言える。郊外専用住居というのは、それまでにはなかった建築のタイプですよね。中世なり近世に高々一〇〇坪ぐらいの住宅をつくったって歴史に残るはずがなかった。

磯崎　でもイギリスにはあるじゃない、ウィリアム・モリス［一八三四〜九六］とか。

鈴木　そこから近代が始まっているわけですよ。

二川　するとモリス以前はないわけ？

ブルーノ・タウト：ブリッツ・ジードルンク、1925-31

鈴木　ないですね。バカでかいカントリーハウスならあるし、お城なら歴史に残るけど、モリスの赤い家は言わば、門番小屋みたいなものですからね。だからこそ赤い家は歴史に残るわけです。本当にそれ以前、独立住宅は門番小屋や地方の牧師館ぐらいしかない。けれどもそれが近代の独立専用住居の原型になってゆく。ちょうど、日本で下級武士の家が近代住居の原型になるのに似ています。みんな近世における数少ないサラリーマン階層の住宅だったからです。

イギリスにおいても公営住宅というのは明らかに労働者用のものだった。そこで、戦後の公団の２ＤＫにそっくりなものが開発されているわけです。一八五一年に万博があるわけですが、そのときのアルバート住宅という名のモデルハウスは、ちょうど百年後に日本の住宅公団が51Cとしてつくるのにまったくそっくりなんです。公営住宅は社会が供給してやらなきゃならないものだから、住み方付きで提供してやるというものだった。近代には、都市住民をどこかに収容しなきゃいけないという発想が出てくるわけで、公営住宅の典型はパノプティコンみたいなものです。一番最少のエネルギーで最大の人数を収容することができるような。基本的には集合住宅には、夢が書き加えられているけれども収容施設という性格を拭い去れないわけです。

要するに近代建築がどうして住宅に非常に大きな意味を持ち始めたかを見ていくと、背後には歴史構造、社会構造の変化があるわけです。ですから、カール・マルクス・ホーフが格好いいというような趣味の問題に走ってはいけないのです(笑)。

二川　しかしカール・マルクス・ホーフは造形力がありますよね。

鈴木　ありますが、あれだけ巨大なものをつくったら誰がやっても迫力は出てこないですか？

二川　そんなことはないですよ。バカでかいもの

ブルーノ・タウト［Bruno Taut、1880-1938］：ドイツの建築家、都市計画家。アーツ＆クラフツ運動やガーデンシティに関心を示し、ドイツ工作連盟に参加。数多くの公共住宅に携わる。代表作は、博覧会で展示した「鉄の記念塔」(1913)や「グラスハウス」(1914)、ドローイングと共にユートピア像を示した『アルプス建築』や『宇宙建築師』など。実作も含めて、色彩を表現の重要な要素とした

ならいくらでもある。

磯崎　あの長さをまとめる構成力というのは、面白いし、いいとは思う。部分的にはアメリカのアール・デコのデザインに近いところがあって、だから純粋モダニズムに行かずにアール・デコ・クラシシズムみたいなものが入り込んでいるかもしれない。それでも、ウィーンのあの時代で何か挙げるとしたら、選択肢に入る建物だと思いますね。

鈴木　ぼくはああいう建物を見ると、近代の都市はこういうものを生み出したのかという迫力の面白さを感じますね。

二川　住んでいる人にとってはどうなんでしょうか。

磯崎　「第三の男」はウィーンのミステリアスな闇を感じさせて評判になりましたね。その後に、名前を忘れてしまったけれどあそこの一室を隠れ家にしたという映画があったんです。ナチから追われている人間があそこに隠れるというのにリアリティを感じましたね。

二川　ベルリンにも日本の同潤会アパートのモデルになったような集合住宅がいくつかありますね。一九三〇年前後の集合住宅にはいいものが多い。それこそタウトのブリッツ・ジードルンクも悪くないと思います。

鈴木　と思いますが、カール・マルクス・ホーフは都市的コンテクストと非常に結びついて出来てますが、それ以外の、例えばブリッツはよく言えば自立しているし、孤立していますよね。

磯崎　ただその時代から集合住宅は変わっていないですね。

鈴木　都市的コンテクストの伝統の強みなんでしょうね。日本ではそういうものが出来なかった。いわゆる周りに空き地をとった団地にしかならなくて……。

磯崎　バウハウスのダイアグラムをすごく観念的に解釈しちゃったんだな。日照時間を取るというようなことで。

二川　戦後、住宅公団がプランをつくりますが、あれが巧くいかなかったのは金がなかったから？　それともセンスがなかったんですか？

鈴木　ぼくは、２ＤＫ以降の展開というのは失敗じゃなくて確信犯だと思います。住戸計画として最小

公営住宅標準設計51C型［1951］：東京大学吉武泰水助教授により提案された公営住宅の標準設計の一つ。生活調査から西山夘三が見出した「食寝分離」や親子の「就寝分離」という原則を満たすプランを、C型（12坪＝約35平米）の規模で実現した（なお、A型16坪、B型14坪）。具体的には、台所と食堂を一室にし＝DK、親と子の2寝室、計3部屋を田の字型に配置する。近代的な機能主義に対して、西山は小規模の住宅では、住まい手の知恵による空間転用がむしろ合理的であることを明らかにし、それをモデル化した51Cは2LDKとしてその後の日本の集合住宅のプランを決定づけた

住戸を考えたわけです。五〇平米そこそこの床面積のなかでいかに家族が住みこなせるかを考えた。あとは、全体をいかに最小の面積でコンパクトに納められるか。すると二軒に一個階段をつけていけば、四階だったらエレベータが要らないという風に整然と考えたわけです。

二川　するとあれは成功なんですか。

磯崎　成功というかああいうものしかできなかったんですよ。

鈴木　でも、つくりたいものをつくり上げたということだと思いますよ。やりたかったけどできなかったというものではなくて。それをどう考えるかというのが我々の問題ですが。

磯崎　ぼくが今、岐阜の北方の集合住宅［岐阜県営住宅ハイタウン北方］で手掛かりにしようとしているのは、その構造をどう批判しようかということなんです。とにかく五〇年間黙々とつくり続けてきたという事実だけは確実にある。日本の住宅政策も社会政策も含めた全部の構造が2DKに現れているんですよ。

鈴木　ぼくは最近北方を初めて見てきたんですが、妹島和世さんの棟を見てちょっと驚きました。ぼくら

前川國男：晴海高層アパート、1958（日本住宅公団初の高層集合住宅）

妹島和世：岐阜県営住宅ハイタウン北方妹島棟、1994-2000
基本構想：磯崎新（写真はⅠ期）

は集合住宅というとユニットプランで考えていたわけですが、それを立体化してユニットにしていくことでこれだけ違うものが出てきたというショックはずいぶん大きかった。ジグソー・パズルのようでもあるし、あるいは集合住宅におけるラウムプランが出来るのかもしれない。あれをベースにして考えていけば、今までの住宅の考え方、住宅を集合させるということが、大げさに言えばコペルニクス的に変わっていくのではないか。そう思って結構興奮しました。実際、評判もいいみたいですね。

磯崎　出来上がるまではすごく批判されて、朝日新聞では一面トップで、ひどいものをつくった、誰も住まないだろう、調査を見ると誰も入りたくないと言っているといった内容を出したんです。ところが、出来てみたら、一遍に埋まった。それを見て２ＤＫで組み立てた理論がもうダメになったということを直感したんです。２ＤＫというのは、西山夘三さんの食寝分離論が元にあってこれが核家族の構造になり、核家族がスムーズにサーキュレーションして交代しながら住んでいくという構図だった。ところが、今、日本は核家族が崩壊しているわけです。どこかの大学で追跡調査を始めましたが、北方には、独身世帯とか母子家庭がかなり多いらしい。もちろん普通の家族もいますけれど、昔の標準世帯という枠組みに入らない人が多く住んでいるんだそうです。

　ぼくは、核家族が崩壊している時代において、それをまだベースにしている公営住宅の政策がズレをきたしていると思うんですよ。おそらく戦後のある時期までは核家族が日本社会を組み立てる上での目標だったわけだから重要なやり方だったと思うんですが。それがある時期から崩壊していくんですね。もしかしたらトレンディドラマが出てきた頃かもしれないとも思う。この十年か十五年で都市で生活する核家族像というのが崩れ始めた。それにどう対応すればいいかというのがわからないから、たまたま北方をやってみると具体的な事実として浮かんできた、という印象なんですよ。

鈴木　その意味で妹島さんの住居はすごく面白いですね。

　集合住居というのは二〇世紀の非常に面白いテー

岐阜県営住宅ハイタウン北方 [Gifu Kitagata Apartment, Hi-Town Kitagata, 1994-2000]：磯崎新による全体調整の下、妹島和世、高橋晶子、クリスティン・ホーリィ、エリザベス・ディラーの４人の女性建築家が計430戸の住棟の設計を行った公営住宅。マスタープランがトップダウン的に各棟を決定していくのでなく、各建築家、各住戸のコーディネーションによって全体が構成され、「マスタープランは結果として生じる」というコンセプトが組み立てられた

マで、ただ難しいのは、繰り返して言いますが、造形性だけでは評価し切れないところだと思うんです。そこでどういう図式が提示されて、それがどう受け入れられたのかを見る必要があるわけです。

ハウジング：ミースとコルビュジエ

二川　しかし個人的な見方を言うとぼくは造形的にしか評価しないんです。何故かというと、鈴木さんや磯崎さんが言われている問題というのは誰がやったってとてつもなく大きな問題で、それと造形を結びつけたらもっと話は混乱してしまうんですよ。ただ、お二人の目で評価できる集合住宅は、世界的にはどういうものがありますか。

磯崎　世界的に見ても、公営住宅の問題をラディカルに捉えている国というのは、そうないですね。

鈴木　でも、例えば、二〇世紀初頭には田園都市の美学を引いたロンドンの北郊外のハムステッド田園郊外住宅地という傑作がある。けれども戦後になって**ジェームズ・スターリング**［一九二六〜九二］がやったランコーンなんて、ある種典型的な歴史を辿ったと言えるような気もするんですけどね。空中廊下みたいなのをつくって……。

磯崎　それは集合のさせ方ですね。ユニットのつくり方ではなくて。

鈴木　そうです。

二川　コルビュジエの一連の集合住宅はどうですか。

磯崎　**ユニテ・ダビタシオン**はいろんな意味を持っていると思います。小コミュニティをワンパックにして、ピロティに載せたというものですよね。

二川　ミースの**レイクショア・ドライブ**はどうですか。

鈴木　ぼくは、これは一つの解答だと思います。ユニテ的なものというのは、すごく古く感じる。オール

ジェームズ・スターリング［James Stirling, 1926-1992］：後述（p.264）

ド・ファッションなコミュニティの幻想があって、ミースの方がザッハリッヒ《即物的》だ、という気がします。

二川　ライトは集合住宅はつくってないですね。タウンハウスみたいなものはあるけれど。

鈴木　ライトの歴史的意義は、郊外の独立専用住居の創造にあるわけですから。

磯崎　計画はあるけれど皆つぶれてます。何故かというと、公共がライトに頼んでないから。で、ディベロッパーとしては、ライトにやってもらっても売れないから頼まない。卍型の小さい規模のものはやってますね。あまりいいものではないですが。

コルビュジエとミースを比べてみると、前にも話が出ましたがミースの場合は人間であってもなくてもいい、という考え方が徹底しています。都市には人間は住めない、でも実際には人が住んでいるんだから、取りあえずハコをつくって入れちゃえ、というぐらいに徹底している。それが均質空間に到達するわけで、ある種の断念をしているんですよね。コルビュジエはそれに対してルネッサンス以来のヒューマニズムをベースにした。ぼくなりに言えば人間主義的なリヴィジョニズムをやったんじゃないか。だから古い云々というより、ルネッサンスに完全に根を下ろしているんだと思う。いつも戻っていけるわけですよ。で、ミースは戻らないんだな。戻りようがない。そういう違いがこの二つに明瞭に見えてきているんじゃないかな。

鈴木　デザインなりイメージがあればあるほど、フレキシビリティはなくなるし寿命は短くなる。

磯崎　絵にはなるけどね（笑）。

鈴木　絵にはなるかもしれないけれど、そんなの何処にもない幻想の絵なんですよ。人間は現実は見ないで、あってほしいものしか見ないから、そういう意味での寿命は持つけれど、倉庫が積み上がっているレイクショア・ドライブみたいな方が、リアリティがある。ごろっと横にもなれるし、何でもできるわけですよ。

磯崎　それは、住む人が「ハコしかあり得ないからオレは勝手にやるよ」と諦めて決心するか、「もうちょっとデザイナーに期待していい格好の家に住もう」と思うのか、どちらかだと思うんですよ。今はマジョリティとしてそういう幻想もなくなってただ住めりゃいいという感じになっている。

ユニテ・ダビタシオン［Unité d' Habitation］：ル・コルビュジエが、「輝く都市（Cité Radieuse）」のコンセプトで設計した集合住宅。立体的な都市として、地上をピロティとして緑地に開放し、コンクリート打放しの躯体に住戸や商店を垂直に積層し、屋上に庭園や保育園、集会室などを備える。住戸はメゾネット形式が中心で、二層吹抜けの開口にはブリーズ・ソレイユ（日射遮蔽ルーバー）が備えられる。1952年、マルセイユを最初として、ナント、ベルリン、フィルミニなどに建設された。マルセイユのユニテは、18階建て、337戸、約1600人が生活する規模を持つ

ル・コルビュジエ：ユニテ・ダビタシオン・マルセイユ、1946-52

ミース・ファン・デル・ローエ：
レイクショア・ドライブ・アパートメンツ、1948–51

鈴木　ただ、たまたまつい最近見た雑誌にインテリア改造計画というのが載っていて驚いたんですが、昔だったらカーテンがどうとかコーディネートが主題になっていたのに、今の雑誌はパーツのリストが出ているだけなんですよ。メタル派はこれ、という具合に分けてあるんですが、持ってきて並べるだけ。だからドーンと何もない部屋が一番よくて、そこに自分の好きなジャンルのものを置くというのが今のインテリアなんですね。それ以上、建築がやるのは余計なお世話だという気分がある。そうだとしたらミースの用意した空間の方が、今にあっていると言えるのかもしれない。確かに家族形態も生活形態も今や紋切り型じゃないわけだから、コルビュジエの言うようなコミュニティなんて、そうそう出来るわけないということなんでしょうね。

磯崎　それをもう少し言うと、特定の自分の場所をつくろうとしているのが、コルビュジエ的やり方だと思うんですよ。それに対してミースというのは場所を与えない。非場所です。都市というのはもともと非場所だったんだけど、住居も非場所でいいと。で、それをどうするかというときに、お前ら勝手にやれということで、インテリア・デザインとかコーディネーションが出てくる。それが建築家の役目に今やなってきた……。

鈴木　ただし、もうすでにコーディネーションというのもなくなってしまって、ユニットなりパーツがあればいいという状況になっている。

磯崎　そのパーツ生産、プロダクト・デザインが建築家の仕事になっているのかもしれませんね。

レイクショア・ドライヴ・アパートメント［Lake Shore Drive Apartments、1948-1951］：ミース・ファン・デル・ローエによりシカゴに建てられた、高さ82m、26階建てのツインタワーの集合住宅。1919年にベルリン、フリードリッヒシュトラッセのスカイスクレーパー計画で提示した、近代建築の原理と美学を実現した。つまり、スティールのグリッドフレームにより、高く積み上げられたフロアが、ガラスと鉄のカーテンウォールに包まれている。「装飾を廃した鉄とガラスの高層建築」は、58年にミースのシーグラム・ビルに展開するが、むしろ美学でなく産業システム的なプロトタイプとして広く一般化していく

第五章 大戦前後

エリック・グンナー・アスプルンド

二川　今回は北欧のモダニズムの話をしていただけますか。北欧は第二次大戦のときにあまり壊されなかったから、復興も早かったと思うんです。日本の五〇年代を考えると、リチャード・ノイトラなどのアメリカ西海岸の文化と同時に北欧の文化がやって来る。

磯崎　スカンジナビア・モダンですね。

二川　そうなんです。

磯崎　ぼくは、**エリック・グンナー・アスプルンド**［一八八五～一九四〇］の**ストックホルム市立図書館と森の火葬場**、さらに**アルヴァ・アアルト**［一八九八～一九七六］のヴィープリの図書館の三つを言うと、一つの動きが見えるんじゃないかという気がしますね。

二川　アスプルンドはどういう位置づけをされま

エリック・グンナー・アスプルンド：ストックホルム市立図書館、1920-28

エリック・グンナー・アスプルンド［Erik Gunnar Asplund、1885-1940］：スウェーデンの建築家。北欧の風土を背景に新古典主義の幾何学性・抽象性を追究し、上の世代のラグナール・エストベリらのナショナル・ロマンティシズムとは一線を画す。単純な地域主義でなく、普遍的な新古典主義でもなく、そのバランスを高次元で実現し、北欧モダニズムの原型を築く

アルヴァ・アアルト［Alvar Aalto、1898-1976］：後述(p.189)

すか。

磯崎　個人的に非常に好きな作家なんです。アスプルンドという人は、ヨーロッパが各地で持っていた伝統的な古典主義と地域主義の二つがもっとも巧く組み合わさって出てきた人じゃないかと思います。初期のものもいいですが、ぼくは図書館が一番好きです。これはコンペに通ったのが若い時期で、実現するまで割と時間が掛かっている。シリンダーがあって四角い壁が廻りにあるというそれだけなんですね。

一方アアルトは、非常にいい意味での古典的な装飾要素を使っていますが、これはまた巧い。

二川　アスプルンドについて言えば、シリンダーの図書館と火葬場とはずいぶん違う感じがしますよね。

磯崎　図書館は、シリンダーは元々ドーム状だったんです。それが実施設計をやっている過程でガラス屋根から光が入ってくるのではなくて、トップサイドから入ってくるという形になった。北欧の気候にはそう

ストックホルム市立図書館、閲覧室内部

エリック・グンナー・アスプルンド：森の火葬場、1935-40

いう形の方が合っていたということでしょうね。スタッコ塗りで昔風の壁構造で、もろにクロード・ニコラ・ルドゥー［一七三六〜一八〇六］という感じがする。それがぼくが好きな理由でもあるのですが。

鈴木　**カール・フリードリッヒ・シンケル**のアルテス・ムゼウムなんていうのも真四角で中央にシリンダーを挿入する構成ですよね。ドーム状ですが。

磯崎　新古典主義が十九世紀の初めに考えていた幾何学的なマッス［ヴォリュームでなく］の流れを引いて、アスプルンドはスタートしているんだと思うのです。その前後に装飾を使った建物をつくっていますが、これも言ってみれば、古典主義のなかにあったシンケル的なデザインを非常にピュアにして使っていると思います。その結果が火葬場のフレームになるわけです。ですから初期の作品から彼のなかでは繋がっているのかなと思いますね。

　火葬場は方形で柱が立っているわけですが、あれを列柱と見るかフレームと見るかという問題だと思うのです。よく見ると、昔の列柱を思わせるようなメタファーというかディテールがあるにはあるんですが、しかしほとんど抽象化してフレームに到達していると見ている。それは**ジュゼッペ・テラーニ**が**カサ・デル・ファッショ**でフレームに到達したのと、ほとんど同時期なんですよ。一九三〇年代半ばから後半ですから、**ミース・ファン・デル・ローエ**の**レイクショア・ドライブ・アパートメント**がまだ出来てない頃です。フレームそのものの表現というのは本当はヨーロッパのこの辺りに元があって、それをアメリカ的な社会——それが現代的な社会に続いていくわけですが——に持って行くとミースみたいなものになるのではないかと思っています。正統的な古典主義がどんどん純粋化され抽象化されて、行き着くところまで到達するとテラーニとアスプルンドが見えてくる。

鈴木　そういう風に見ることもできるけれど、ア

カール・フリードリッヒ・シンケル［Karl Friedrich Schinkel、1781-1841］：前述（p.8）
ジュゼッペ・テラーニ［Giuseppe Terragni、1904-1943］：後述（p.199）
ルートヴィヒ・ミース・ファン・デル・ローエ［Ludwig Mies van der Rohe、1886-1969］：前述（p.16）
レイクショア・ドライブ・アパートメント［Lake Shore Drive Apartments、1951］：前述（p.179）

スプルンドのベースには、最初には新古典主義的な構成があったわけですよね。

磯崎　ええ、つまりそれが新古典主義の行き着く先なんですよ。元々古典主義は幾何学形式を下敷きにしていました。その表層に装飾をつけていた。新古典主義はそれを極少にまで減らしていたわけですね。それを徹底すると、裸の幾何学になる。つまり近代建築でさえ、その形式性においては古典主義と共有するものを下敷きにしているわけです。三〇年代に、新古典主義かアール・デコかモダンか、いずれにも読めるような作品が現れるのはそのためで、初期アスプルンドも、ノヴェチェンティスモ的テラーニも、**ルイス・カーン**の先生だったポール・クレ［一八七六〜一九四五］も皆そうです。

鈴木　基本的に新古典主義はインターナショナル・スタイルだったわけですから、コペンハーゲンにしたってヘルシンキにしたって、新古典主義の建物は建っているわけです。そのなかで、**ナショナル・ロマンティシズム**が、インターナショナリズムに対するナショナリズムとして出てくる。その意味で言うと、アアルトにしてもアスプルンドにしても——アスプルンドの方が古典主義的な骨格が強かった人だと思うんですが——抽象化することと地域化することが同義だったのかなという感じがするんですよ。普通は逆になるんですけれどね。その意味でアスプルンドの森の火葬場は、抽象化された表現が、その抽象性ゆえにストックホルムの風土と一体になっているような感銘を受けました。

エリック・グンナー・アスプルンド：森の礼拝堂、1918-20

森の礼拝堂内部

ぼくが行ったときは雨降りで、ロマン主義者向きの雰囲気だったのですが。

最終的にフレームになっていくという話でしたが、どうなんだろうかとも思う。例えば新古典主義の建築家フリードリッヒ・ジリー［一七七二〜一八〇〇］という人のスケッチに、組積造をほとんどフレームみたいにしているものがあるんですよ。

磯崎　プレキャスト・コンクリートみたいな感じのものですね。彼はシンケルの先生だった人です。

鈴木　そうです。だから新古典主義自体、そういう抽象性を持ってもいた。テラーニは置いておくとしても、アスプルンドの場合は単なる抽象化ではなくて、脱インターナショナル的な側面があるんじゃないか。例えば森の火葬場は、ランドスケープなしには考えられない建築ですよね。ほとんどランドスケープ・デザインだと言ってもいい。

磯崎　あのとき、アスプルンドはシーグルド・レヴエレンツ［一八八五〜一九七五］という人と組んでコンペに通っているんですよね。レヴェレンツはどちらかというと純粋な新古典主義に近くて、オーダーをつけたクラシックなペディメントのある形をつくっていた。火葬場に先立って藁屋根の礼拝堂［森の礼拝堂］をつくっていますが、これは前は列柱になっていて、後ろには完全な球体が埋設されているんですよ。屋根は三角形ですが、天井としては上半分が球体で、非常に純粋な形態です。レヴェレンツは、これとは別に四角いハコの礼拝堂をつくりましたが、これもプロポーションがいい。そういう二つのものがあって、アスプルンドはその十五年ぐらい後に火葬場のフレームをつくるわけです。一見するとアスプルンドはヴァナキュラーな感じがあって、一方レヴェレンツは本当に新古典主義といった感じ。だからアスプルンドの方がナショナル・ロマンティックだという感じはありますね。そしてモダニズムの方に抜け出た人だという気がする。もちろ

ルイス・I・カーン［Louis Isadore Kahn、1901-1974］：後述(p.284)
ナショナル・ロマンティシズム［National Romanticism］：前述(p.36)

んレヴェレンツも五〇年代にカムバックして、なかなかいいモダン・デザインの教会をつくっています。

アスプルンドは三〇年にストックホルムの博覧会の施設をつくっていますが、これはまったくの機能主義です。全部鉄骨でガラス張りの建物で、もし今出来たら最近の若いデザイナーが完全に押されてしまうようなものを彼はもうつくっていた。時代がわからなくなってしまうようなものです。しかも突然そういう形態が出て来るんですね。多分テンポラリーなスタイルだから、鉄とガラスでいいと思っていたんじゃないか。それからまたパーマネントな建物になると新古典主義が出てくる。非常に複雑で多才な人です。

エリエル&エーロ・サーリネン

二川　当時の北欧というと、エーロ・サーリネンの親父の**エリエル・サーリネン**はどうだったんですか?

磯崎　彼はまさに、ナショナル・ロマンティシズムから出てきた人です。アスプルンドより一世代年上ですよね。

鈴木　そうです。ですから作品的にもロマンティシズムの色彩が強い。エリエル・サーリネンと同世代、あるいはその少し前の世代のフィンランドの建築家のなかには、様式主義からナショナル・ロマンティシズムに向かい、そして抽象性を目指すことによって近代建築の萌芽を示した人が多い。ラーシュ・ソンク[一八七〇〜一九五六]の株式取引所などは素晴らしいと思う。そうした傾向のなかでサーリネンが出てくる。

磯崎　**ヘルシンキ中央駅**はずばりそうですね。そして彼は**シカゴ・トリビューンのコンペ**で二等になってる。これはアール・デコのハシリですよ。それがクランブルック美術アカデミーになるわけだから。

鈴木　クランブルックは、むしろずいぶんロマンティックな構成ですよね。

二川　何処か中途半端な感じがするのですが。

鈴木　それが過渡期の建築家の宿命であり、魅力なんじゃないでしょうか。

磯崎　プロポーションがかなり太い。アメリカで言うとリチャードソンみたいなプロポーションで、十九世紀のメディーヴァル・リバイバルと石造のナショナル

エリエル・サーリネン［Eliel Saarinen、1873-1950］：フィンランド生まれの建築家。ヘルシンキ中央駅(1914)はまさに、フィンランドの民族主義を表現するナショナル・ロマンティシズムの代表作。その後、1922年のシカゴ・トリビューン・コンペティションでは2等になりながらも、基壇から上部に向かってセットバックするそのスタイルが1930年代のニューヨークの超高層建築を予見するものとなり、この後アメリカへ移住する。クランブルック教育アカデミーの設計を機にその美術アカデミーの校長に迎えられ教育活動に従事。チャールズ&レイ・イームズ、息子のエーロらを輩出した

シカゴ・トリビューン・コンペティション［Chicago Tribune Tower Competition、1922］：前述(p.20)

な雰囲気が組み合わさっているような感じです。

鈴木　まさしくそうですね。リチャードソンはもう少しオーソドックスにロマネスク風をベースにしていますが、エリエル・サーリネンの建物には、北欧の民族主義的造形とプロポーション感覚が出ていますね。

磯崎　あの頃にナショナルなものを探そうという意識が起こってきたんですね。

鈴木　それは周辺国なるが故の状況だったんじゃないかと思います。近代を押し進めていくと自分がなくなっちゃう。じゃあ自分は何かということと、特に北欧の場合はロシアが強かったわけですから、ロシアに対していかに自分たちを形成していくのかを考えたのでしょうね。

二川　ロシアの構成主義と北欧は繋がっているのですか？

鈴木　ぼくの感じでは意外に繋がってないと思いますが。

エリエル・サーリネン：ヘルシンキ中央駅、1904-14

エーロ・サーリネン：ゼネラル・モーターズ技術研究所、1945-56

磯崎　これはいい加減な説明かもしれないけれど、**コンスタンチン・メルニコフ**の自邸はアスプルンドから来ているんじゃないかとぼくは思っているんですよ。

鈴木　シリンダーということで？

磯崎　そうです(笑)。

二川　確かに、メルニコフの家の雰囲気に似た窓の形が、アスプルンドの建物にありますね。

磯崎　メルニコフの家の窓は煉瓦造で、円筒をブレース状に強化するので自然にああいう六角形の窓が出来たということだと思うんですが、確かにアスプルンドにもありますね。

鈴木　北欧といえば、ぼくは息子の**エーロ・サーリネン**は北欧的な体質を継いでいる人だと思います。

二川　そうかなあ。ぼくは、彼は完全にアメリカ人だと思いますけどね。親父は正真正銘の北欧人だと思いますが。

鈴木　そうかあ。ぼくらは文献的な先入観が強すぎるのかもしれませんね。北欧の子は北欧だという。

磯崎　ぼくも、エーロは北欧出身のカーブではないと思う。

二川　息子の方はゼネラル・モーターズ［ゼネラル・モーターズ技術研究所］で世に出てくるわけですが、あれは完全にアメリカ人の形だと思います。ぼくは、エーロ・サーリネンをよく知っていたけれど、彼は北欧人になりたかった人だと思うのです。家具や照明器具をつくることによって、自分は北欧人だという意識を自らつくり上げていたんじゃないか。ところが建築はアメリカ的だった。

磯崎　彼は、当時のアメリカの生産力や技術力をフルに使うことで建築を考えていた。その意味では一番巧く使えているんじゃないでしょうか。

アルヴァ・アアルト

二川　**アルヴァ・アアルト**［一八九八〜一九七六］はいかがですか。日本の五〇年代には照明器具とか家具とか、かなり大きな影響があったんでしょうね。

磯崎　あったと思います。ぼく自身はアアルトの後期はあまり好きじゃない。前半の若い頃の作品が好きですね。それは古典主義に結びついているからなんで

コンスタンチン・メルニコフ［Konstantin Melnikov、1890-1974］：前述(p.121)

エーロ・サーリネン［Eero Saarinen、1910-1961］：エリエルの息子。少年期に父と共にアメリカへ移住。父が設計し、校長を務めたクランブルック美術アカデミーで学ぶ。1948年ジェファーソン・メモリアルのゲートウェイ・アーチで脚光を浴び、コンクリート・シェルなどを用いた流動的な建築をつくる。一方で、56年のゼネラルモーターズ技術研究所の模型を大々的に使用した設計プロセスが注目され、その後、大企業のクライアントの求める機能主義的な建築を多く手がけ、先進的な表現で実現

アルヴァ・アアルト：パイミオのサナトリウム、1929-33

す。アアルトは、一九三五年にヴィープリに図書館をつくります。あれは完全なキューブなんですよ。

二川　今、ロシア領ですね。

磯崎　そうです。群馬の近代美術館は、キューブのフレームから始めて、それを単純に正方形で割っていったのですが、ある日、アアルトの作品集を見ていた

アルヴァ・アアルト：ヴィラ・マイレア、1937-39

アルヴァ・アアルト［Alvar Aalto、1898-1976］：フィンランドの建築家。建築設計、都市計画から、家具のデザインなど、幅広い活動を行う。ナショナル・ロマンティックに対抗する新古典的な表現からスタートし、ヴィープリ（ヴィボルグ）市立図書館、パイミオのサナトリウムは、鉄とコンクリートのまさに近代建築で前衛建築家として世に知られることになる。その後、独立を勝ち取った国情を背景に木の国＝フィンランドのアイデンティティを示す木造建築に転向、曲面を用いて、動線を処理したりプログラムに対応させることもよく試みた。豊かで考え抜かれたディテール表現と光の扱いは現代の建築家に大きな影響を与えている

ら、図書館の断面に同じような割付をしてるんですよ。そしてグリッドになっている。それから逆に関心を持って、アアルトの二〇年代、三〇年代を見ていったんです。アアルトはあの図書館をやる前に、労働者会館だったと思うけど一つのホールを田舎の町につくっているんです。それも、立方体という古典主義の原則と構成に沿って空間が出来ているんですね。金がないからできないということもあったんでしょうが、とにかく単純化している。そこから突然、例のサナトリウムになる。この**パイミオのサナトリウム**と、アスプルンドがストックホルム博覧会施設をやるのとほぼ同じ時期なんです。サナトリウムが出来るのが三三年。博覧会が三〇年です。

例えば、一九一〇年代までのミースは古典主義だっ

アルヴァ・アアルト：セイナッツァロ村役場、1950-52

アルヴァ・アアルト：MITベーカーハウス、1946-49

アルヴァ・アアルト：フィンランディア・コンサートホール、1967-71

た。それが突然ガラスのタワーのドローイングを二〇年代に出すわけですよ。だから出発は、軒並み同じだったんじゃないですかね。国柄と個性が重なって、だんだん違う方向に展開していったんじゃないか。ベースは、どの国も同じだったのではないかと思うのです。

二川　アスプルンドとアアルトは繋がりがあるのでしょうか。

鈴木　予想ほどには繋がってないと思います。フィンランドは弱い国だから、その意味では北欧のなかでもマイナー意識が強い国ですよね。だからこそ文化に賭ける部分もある。一方スウェーデンは強国ですから、アスプルンドの建築を見ても強いなとぼくは思う。どちらかというと古典主義者で、いい意味で骨がある。悪い意味に使ってもいいかもしれませんが。磯崎さんがアアルトは初期の方が好きだと言われたのはよくわかって、後期のアアルトは、きれいかもしれないけれども骨がないような感じなんですよね。

磯崎　手が巧い人なんですよ。フリーハンドのスケッチは何とも言えずいいものでしたから。**MIT**の**ベーカーハウス**は外観に煉瓦を張っていて、アアルト的ではないかもしれないけど、階段などの扱いは彼そのものです。

鈴木　蛇行させて窓からの眺めを考慮したということは言ってますが、もう少し軽やかなカーブであの建物がうねれば、彼も満足だったんでしょうね。ただ、アアルトについては、最終的に**フィンランディア・コンサートホール**みたいなものが出来てしまうというのは何だったんだろうという疑問を抱くところがある。

磯崎　それは評価してるんですか、してないんですか?

鈴木　してないんです。本来は、インターナショナルなモダンというものに対してナショナル・ロマンティシズムをベースにしながら考えてきたけれど、やっぱり真っ白な建物が欲しいとか、カッコいい形態が欲しいというところへ行ってしまった。だから、石が落ちるとか問題が起こった(笑)。

磯崎　確かにトラブルが起こっているようですね。

二川　すべての外装の石張りをはがして、ここ数年大変な工事をしていましたが、現在ではほとんど直りましたよ。しかし何故あんなことが起きたんでしょうか。

磯崎　カラーラの大理石を外壁に使ったんですよね。カラーラは水がしみこむ石なので、無理な話なんです。きっと白い石が使いたかったんでしょうね。

鈴木　フランスでも、アルプスの北でイタリアの大理石を外部に使ったらダメだというのは常識です。でも時々陽光に輝く大理石を使いたくなる人は現れる。魔力があるんでしょう。

北欧と日本との関連

鈴木　日本の戦前から戦後の人たちは、明らかに周縁諸国の近代建築が好きですよね。エストベリにしてもアスプルンドにしてもアアルトにしても。ぼくらの先生の世代はそういう建築がものすごく好きだった。皆その辺の名前を出してぼくらに説教していたものですよ。だから同じスタートをしていても、周縁諸国というのは、良く言えば風土的個性を身につけていくけれど、悪く言えばオーソドックスではない。日本人の建築家は、その辺の近代に対する対処の仕方に本能的に反応していたんじゃないでしょうか。

磯崎　それにはぼくなりの説明がある。ぼく個人としては一九六〇年代というのは、言うならばいろんなアイディアを積み重ねていった時期で、最後はお祭り広場みたいなものをつくっていったんです。そして日本のモダニズムは一気に走って**一九六八年**でストンとストップする。それはぼくは前衛の終わりだと思っています。あるいは、イデオロギッシュな運動が社会をリードするという前衛の終わり。それが六八年だったわけ。ぼくもそのなかで走って七〇年でダウンする。これは自滅したというのに等しいわけです。その自滅の後にいかなる解決策があるかを考えるのですが、七〇年代の初めは、皆がそれぞれわからなくなっていた時代だと思うんですよ。今もある意味で似た状

1968年[1968]：第二次世界大戦後の民主主義運動が、戦前と連続する制度、世代に対する異議申し立ての形として噴出した年。1966年の中国、文化大革命を伏線に、チェコの「プラハの春」の動き、アメリカが進めていたベトナム戦争を引き金に、大学の民主化要求運動であるフランスの五月革命がヨーロッパ各地に飛び火し、各国で若い世代の運動が起こったが、結局挫折することになる。アメリカではケネディが暗殺された

況だと思います。
ぼくは、それまで二川さんと海外を歩いて廻ったり、オーソドックスな近代建築のグランドツアーをしていたのですが、そのとき再出発するためのツアーを組んだ。たまたま群馬の近代美術館の設計が決まって、美術館を調査しようということで、もう一度廻る機会があったわけです。そのときに四つの建物を見に行った。**チャールズ・レニー・マッキントッシュ**のグラスゴーとアスプルンドの図書館と火葬場、テラーニのコモ、それともう一遍あらためてラ・トゥーレット。ぼくはテラーニとアスプルンドをフレームとして解釈して群馬を正当化し、マリリン・モンロー・チェアをデザインすることでマッキントッシュに繋いだ。ラ・トゥーレットは、『GA』のために「海のエロス」という文章を書いたんです。それがぼくの七〇年代前半だった。
六〇年代にメタボリズムや**チーム X**も含めてやってきたものが自滅したときに、何が起こるかというと偶然にも今、話に出た「周縁」なんです。つまりヨーロッパの中心が一九二〇年代に歩んだコース、それは我々が**CIAM**として受け継いで習ってきたオーソドックスな部分です。それに対して別の読み方があったんじゃないかと思い始めた。それをもう一度辿ったら何かが見えてくるのではないか。それは別の言い方をすると、「予想されたけれども辿られなかった道」が周縁諸国にはあるんじゃないかと思ったわけですね。

鈴木　なるほど。ぼくはもっと素朴に言ったんですが、つまり、五〇年代、六〇年代に北欧的近代建築をやりましょうと言った日本人は結構いたわけです。

磯崎　今井兼次［一八九五〜一九八七］さんとかね。

鈴木　そうです。

磯崎　**村野藤吾**［一八九一〜一九八四］さんもそうですね。ぼくの同級生でアアルトのところに行った武藤章［一九三一〜八五］。最近では、立原道造［一九一五〜三九］も、この辺りに関心を持っていたはずだと考えている人

チャールズ・レニー・マッキントッシュ［Charles Rennie Mackintosh、1868-1928］：前述(p.29)

チーム10［Team 10］：前述(p.164)

CIAM［Congrès International d' Architecture Moderne、1928-1959］：前述(p.94)

村野藤吾［Togo Murano、1891-1984］：日本の建築か。公共建築から商業建築、和風まで手がけ、特定の建築スタイルを持たないが、モダニズムと地域の伝統の間で、建築をまとめ上げる手腕から日本のモダニズム建築の巨匠の一人と目される。戦前にヨーロッパを旅行し、北欧モダニズムに影響を受け、その後も繰り返し訪れた。マルクスの資本論を愛読し、資本主義経済の中で、建築表現を追求した

もいます。

鈴木　村野さんは、いい意味での魅力も含めてアアルトと似ているかもしれませんね。ただし村野さんの方が艶っぽいというか、アクが強い。

磯崎　北欧は確かにプリ・モダンだったんですよ。そのなかで突き抜けた人がいるはずだと、前の世代の人たちは思った。それはモダニズムの影響をもちろん受けている。その上で、つまり、ドイツ、フランスで展開したものとは違う解釈をそこでしちゃった人たちがいると考えたわけですね。

鈴木　そのときに、磯崎さんの場合、何故アアルトじゃなくてアスプルンドだったんですか。

磯崎　アアルトは、CIAMに入ってた。情報もかなりあった。つまり、勉強しちゃってる人で、ぼくとしてはもう済んだ人、棚上げだったわけです。それより、アアルトが出てくるもう一つ前の状況に興味があったわけ。だから、アアルトについては後期の作品よりも前期の図書館や、まだ古典主義に見えるところの方が面白いと思ったわけです。

鈴木　それはぼくも同感です。

アアルトの作品に**文化の家**がありますが、ぼくはあれを見たとき、村野さんはこれを真似て宇部の市民会館をつくったんだと思いました。

磯崎　でも時代的には逆でしょ。

鈴木　ええ、そうなんです。そこが面白いところで、時代的には逆転しているんだけれども、不思議な類似がある。つまり、日本のモダニズムというのは、ある意味で北欧的コンプレックスを持った近代化の路線をや

アルヴァ・アアルト：文化の家、1955-58

っていたわけですが、それが、ある時期、先に行っちゃってるということがあったのかなと思って面白かったんです。

磯崎　それに村野さんの上では突然宇部が現れるわけですよね。後にも前にもああいうものはない。何故なんでしょうね。

鈴木　不思議なんですよね。

磯崎　しかしあれがアアルトと繋がっているとは、今まで思わなかったな。

鈴木　実際に見ると宇部の方がスケールも大きいしテクスチャーも違うんだけど、何となく不思議な類似だという気がしてしょうがないんです。

二川　宇部の市民会館は何年に出来たんですか。

鈴木　一九三七年です。文化の家が五八年ですから、かなり早いんですよね。

二川　その年代ならヒットラーの影響じゃないんですか？

鈴木　一般にはそう言われるんですよね。前に柱が並んでいるとか台形のプランとか。まあそれも元を探せば**ル・コルビュジエ**なんでしょうが、セラミックの外装をしたカーブのファサードを見ると、何となくアアルトを思い出すんです。

磯崎　それは、宇部では鉄やキャンチレバーを使わなかったために起こったことかもしれませんね。いや当時は材料が使えなかったんでしょうけど。

鈴木　物価統制令などが始まりかかってる時代でしょうから。

ヨーン・ウッツォン

二川　北欧は、アスプルンド、アアルトが来て次は誰でしょう？　**ヨーン・ウッツォン**[一九一八〜二〇〇八]ですか。

磯崎　ウッツォンは特殊なんじゃないでしょうか。

ル・コルビュジエ[Le Corbusier、1887-1965]：前述(p.113)

ヨーン・ウッツォン[Jørn Utzon、1918-2008]：デンマークの建築家。第二次世界大戦後の集合住宅の復興事業などに参加した後、1957年のシドニー・オペラハウスの設計競技で、審査委員長エーロ・サーリネンによって選出され、一躍、脚光を浴びる。コンペ案のイメージのままでは実現性が乏しく、構造エンジニア、オヴ・アラップとともに形態を整理して設計をまとめるも、工事中に予算超過から担当建築家を辞任。ここで挙がっている基壇に関するテキスト(「Platforms and Plateaus: Ideas of a Danish Architect」、『zodiac 10』、1962年所収)は、1949年のメキシコ旅行でのインスピレーションをベースに、1957年の中国、日本旅行の経験も踏まえて書かれている

ヨーン・ウッツォン：シドニー・オペラハウス、1957-73

むしろデンマークの**アルネ・ヤコブセン**［一九〇二〜一九七二］じゃないですか。

鈴木　同感です。

磯崎　ヤコブセンは真っ当なスカンジナビア・デザインという気がします。彼のピュアな形はアスプルンド

アルネ・ヤコブセン：SASロイヤルホテル、1958-60

のシリンダーと共通する要素があるんじゃないかな。

ウッツォンの登場は衝撃的だったという感じはします。その上のジェネレーションがつくった遺産みたいなものを、パッと新しい感じで掴んでいる人だとは思いますね。

二川　当時、『ゾディアック』の特集号が出るんです。あれは結構ショックだった。

鈴木　それはシドニーの**オペラハウス**を取る前ですか？

磯崎　取った後です。シドニーが特殊解ではなくて、それまで考えてきたことの連続だということがわかるような特集でした。

二川　「基壇の上に建物が載っている」という彼がよく使う構成について語られていた。

磯崎　中国の建物の構成をスケッチに残しているんですよね。それがシドニーになった。基壇とその上に浮いている多層の屋根。

ウッツォンのデビューと同じ頃にルイス・カーンが登場します。カーンは理屈で理解されていたけれど、デザインはそんなに巧いとは思われてなかった。ただし、

アルネ・ヤコブセン［Arne Jacobsen、1902-1971］：デンマークの建築家。学生時代の1925年、パリ万博（現代産業装飾芸術国際博覧会）に参加し、椅子のデザインで賞を受ける。機能主義モダニズムの影響を受け、デンマーク国内で住宅のプロトタイプや集合住宅、地方の役所庁舎の設計を数多く行う。同国初の高層ビル、SASロイヤルホテル（1960）は代表作。本人自らミースの影響を受けたという、空間全体を一貫して設計する姿勢により、多くのエレガントな家具をデザインした

何か強固な理屈に裏づけられているという印象があった。ウッツォンは逆に、あの人はデザインがいい、という感じの受け取られ方でしたよね。それには、アアルトの軽さみたいなものが繋がってきているんじゃないかと思います。少なくともアスプルンドではない。

二川 ぼくもそう思います。しかしウッツォンとカーンが同じ時代だという感じはしないですけどね。

磯崎 歳はカーンの方がだいぶ上ですが、注目を浴びたのは同じ五〇年代だったと思います。イェールのアート・ギャラリーをつくったとき、カーンは五〇歳を越えていたわけです。ウッツォンはオペラハウスのコンペを取ったのが五七年で三九歳だったんですから。

テラーニにおけるフォルマリズムとイデオロギー

二川 この時代だと、イタリアのジュゼッペ・テラーニはどうでしょうか。どのように評価してますか。

鈴木 イタリアの近代を極端に言えば、一人でマークを付けた人だという気がしますが、背負って立つほどではなかったような気もする。リベラも出てくるわけだし。

磯崎 テラーニについてはエピソードがあります。三六年、カサ・デル・ファッショをつくりますね。出来たときには建築的にすごく評価されました。このスタイルがベニート・ムッソリーニの政策になるかどうかが議論になった。

そして三七年のパリ万博で、マルチェッロ・ピアチェンティーニというローマ大学を計画した人で、ムッソリーニに一番信頼されていた人間がイタリア館をつくります。レーニンの彫像が上に載っているイオファンのソヴィエト・パレスとシュペアのドイツ館とが向かい合っていたという年の万博です。イタリア館はその横に立方体のタワーをつくるんです。下の方は壁で上にフレームが載っかっている。そこである事件が起こった。テ

ジュゼッペ・テラーニ［Giuseppe Terragni、1904-1943］：イタリアの建築家。イタリア合理主義建築を掲げた「グルッポ7」の主要メンバーの一人。ここで磯崎が言う、モダニズムと古典主義モダンの二つの流れのうち、モダニズムの流れに属し、最もデザイン的に優れた成果を残した建築家の一人。新古典主義などのリバイバリズムを激しく批判した

アルベルト・シュペア［Albert Speer、1905-1981］：前述(p.84)

ラーニのデザインとそっくり同じなのがチェコにある、と誰かが写真を撮ってきて新聞に載せた。チェコの建物はフレームだけ。テラーニのはフレームがあって横に壁がある。そしてピアチェンティーニはそれを縦に起こしたんじゃないかということになった。それで、オリジナリティ、取りわけナショナルなものかどうかを巡ってテラーニ批判が出てくるわけです。ムッソリーニ政権として評価していいのかどうかと。ピアチェンティーニはお抱えだから認めざるを得ない。でもそれを認めてしまうと、チェコの建物を真似したのがイタリアという国家の表象だということになる。

　イタリアのは、たまたま壁が付いていた。テラーニは、チェコのが出来る一年か二年前に、ヴォイドとソリッドが対応してあるという構成の作品を大学の卒業設計でつくっているんです。だからあれはテラーニのオリジナルだと言い始めた。まったくのこじつけですが。それで、チェコは後だという理屈になって、テラーニはよろしい、ピアチェンティーニもよろしいということになった。政治は建築をそういう風に使うわけです。チェコの建物は何てことのないフレームだけの、プロポーションも悪い建物だったんですが。

　テラーニはファシストだとは言いながら、ファシスト政権に直結できていないんですよね。どちらかというと、マイナーな傍系で変わった人だという見られ方だと思うんだけど、デザインは巧いということになっている。ムッソリーニ御用建築家のピアチェンティーニは、言わば直系です。ローマ大学のキャンパスを設計するとき、彼が呼び集めたなかに**ジオ・ポンティ**［一八九一〜一九七九］や、一九〇〇年代前半にイタリアで近代をやり始めた連中が加わっているけど、テラーニはそこに入ってない。テラーニはある時期全然仕事がなくなってきて、そのうちにディベロッパーがたまたま見つかって集合住宅を何軒かやる。それにピーター・アイゼンマンが感心したんです。テラーニは、**コーリン・ロウ**の理論をすでにやっていたんだと。たまたまコーリン・ロウが理屈をつけて、テラーニのことは言わずにコルビュジエとパラディオの話にしちゃったけど、本当はそこにテラーニが関わっていたはずだと言うわけです。とにかくテラーニは先駆的な方法を使っていたということは言えますね。

ベニート・ムッソリーニ［Benito Mussolini、1883-1945］：イタリア（統一イタリア王国）の首相。国家ファシスト党統帥。王の支持の下、一党独裁を実現。国粋主義、労働運動に基づく国家サンディカリズム、国家コーポラティズム、反共産主義、帝国主義を統合した政治理論として、ファシズムを構築。ナチスの生物的純粋主義と異なり、文化的な国粋主義を推奨。共同体を表象する存在として、建築のコンペの審査や展覧会など積極的に取り組んだ

ジオ・ポンティ［Giò Ponti、1891-1979］：後述（p.277）

コーリン・ロウ［Colin Rowe、1920-1999］：前述（p.116）

ぼくは、テラーニについては展覧会に関係したことがあるので考えたことがありますが、イタリアの話としてテラーニを論じるならば、**マンフレッド・タフーリ**［一九三五〜一九九四］のテラーニ論がより正鵠を得ているという気がします。歴史的なメタファーやムッソリーニが持っていた権力を具体的な形にして表象することが、どういう意味を持ったかという議論です。それに対してコーリン・ロウやアイゼンマンは形式性、フォルマリズムだけで見ているわけです。イデオロギーやメタファーを一切はずした、抽象化したヴィジュアルな部分だけで議論をしているわけですね。イタリアはどうもそういう見方に対してアレルギーがありますから、彼らはタフーリ的な、もっとイデオロギッシュな解釈をすべきだと見ている。それがファシズム論だったとしてもいいじゃないかと。今テラーニを解釈するときには、その両方が重なり合っていますね。日本は、アメリカ派の影響が強いといえば強い。フォルマリズムでみる見方がある。だけどそれは一つの面でしかないんじゃないか、とぼくは思ってます。

ぼくがフォルマリズムをもっぱら語っていたのは七〇年代です。「手法論」としてこれを一般化しようとしていました。都市からの撤退とか社会的なことを一切しゃべるなとか言いながら戦略的にやっていたのは、建築をフォルマリズムにしてしまえということだったわけです。それはぼくにとっては八〇年頃で終わったつもりだった。次にもう一遍、メタファー、社会性、歴史性、権力というものを取り出す、イデオロギッシュな見方を回復しないといけないとぼくは思っているんですが、日本では一旦フォルマリズムの方に流れると簡単には戻って来ないですね。

鈴木　言った本人がそうクルクル変わっても困るわけですよ（笑）。

磯崎　言って限界がわかったら変わらざるを得ないわけ（笑）。鈴木さんまでが、建築家を一つの鋳型に

マンフレッド・タフーリ［Manfredo Tafuri、1935-1994］：イタリアの歴史家、批評家。ギーディオンら前世代の歴史記述の方法を、ある目的、または建築言語の成功ストーリーとして描くoperative criticism（影響力を与える批評）として批判。建築の歴史は、理論やイデオロギーのレベルから、作家や施主、産業、技術といった様々な絡み合いから紡ぎ出されるもので、だからこそ現在においても一貫した思考として考えられるとした

はめてみようとするのは驚きですよ。デザインを一回一回変えていくのがぼくのプリンシプルですから、理論は一〇年ぐらいで大転換しますね。それやってないと、批評家や歴史家から狭いコーナーに押し込められていきます。歴史の墓場ですね。パンテオンとかトリビューナとかいい名前がついているけど、それ以上なんかやって迷惑かけるなよ、と言われているだけです。もう何回か変わってみますよ。

とにかく、戦前の三〇年代というのは、政治的なものと建築の関係がメインのテーマだろうと思うんです。二〇年代はフォルムそのものの発見だということであるならば、三〇年代は、全部政治との関係における建築の方向へ向かっていった。四〇年代も半ばまではその方向ですよね。で、四〇年代終わりから五〇年代にかけてまたひっくり返るわけです。

鈴木　三〇年代後半から四〇年代前半の時期というのは、日本でもそうですが、論じるとすれば、確かにポリティックスと建築という問題になってしまうと思うのです。そこを論じるのは好きなんだけれども、その力量はぼくにはないと言っておきます。むしろこ

ジュゼッペ・テラーニ：カサ・デル・ファッショ、1932-36

こでは、基本的には、歴史的文脈のなかでどういう形が生み出されてきたかを論じていくことが大事だろうと思います。

ミース・ファン・デル・ローエと戦前から戦後への展開

二川　戦前から戦後へのトピックスは何かありませんか。

鈴木　ドイツ系の人々が主としてアメリカに移っていく。そこで、戦後の枠組みが出来上がっていく、ということだと思います。

磯崎　それは、アメリカの戦後の政治的、経済的な覇権の問題と、それに繋がった建築の動き、国際様式みたいなものですね。そこにモダニズムが入り込んだというのはかなり決定的なことですよね。

鈴木　その意味では、前衛であることをやめて体制になったわけですよね。

カサ・デル・ファッショ、エントランスホール

磯崎　その通りです。モダニズムが元々反体制だったはずなのに、何たることだということを言い出したのが六八年の鈴木さんの世代ですから。

鈴木　いや、そんなことはありませんよ(笑)。

ぼくは、昔**レイナー・バンハム**の授業を聞いたのですが、そこで面白かったのは、やはりミースの影響力は絶大だったということなんです。例えば戦前におけるモダニズムの顔見せ興行であり、実現の場だったのが**ヴァイセンホーフ・ジードルンク**だとすると、それをやっておくと同時に、女の人と一緒に**バルセロナ・パヴィリオン**をつくった。それが体制の表現としてのモダニズムという質を備えていた。だから一九五〇年代になってからの会社のエグゼクティブの空間というのは、ほとんどバルセロナ・パヴィリオンのインテリアによって制覇されることになる。エグゼクティブの空間を表現できるということをモダニズムが示したからこそ、モダニズムは体制の建築になれた。それまでは理想の社会を求めるとか実験を行うということはあっても、それは社会そのものではなかったわけです。だからバルセロナ・パヴィリオンが非常に重要で、戦後最終的には、ミース的なオフィスが体制を押さえていくという枠組みが出来たと思います。クライスラー・ビルと、ミースやコルビュジエの建物は明らかに世界が違ったわけですが、その世界が一つになってしまった。それが今度は逆に戦後の大きな問題を引き起こしたんですね。

ミース・ファン・デル・ローエ：IITクラウンホール、1950-56

レイナー・バンハム［Reyner Banham、1922-1988］：前述(p.96)
ヴァイセンホーフ・ジードルンク［Weissenhof Siedlung、1927］：前述(p.167)
ワルター・グロピウス［Walter Gropius、1883-1969］：前述(p.52)
ジークフリード・ギーディオン［Sigfried Giedion、1888-1968］：前述(p.95)

つまり世界は一つの建築で支配されてしまう。そこで起きてくるのが世界中どこものっぺらぼうで同じ状況だということだろうと思うんです。

また、戦前から戦後への橋渡しのときに、前にも話しましたが、アメリカへの古今伝授みたいなものとしてワルター・グロピウスがハーヴァードに行くわけです。そしてジークフリード・ギーディオンを呼んで『空間・時間・建築』という講義をして本にする。アメリカにしてみれば、それによって、ヨーロッパ的イデオロギーとCIAM的イデオロギーがアメリカにバトンタッチされる。そのことが戦後アメリカの建築が経済的に覇権を握るきっかけになるし、イデオロギー的にも直系の伝授を受けたセレモニーだと思うんですけどね。

二川　戦後アメリカの現代建築の中心になるのは、ミースのIIT［イリノイ工科大学］とハーヴァードとのジョイントの産物ですよね。IITからSOMやサーリネン事務所のスタッフが出てくるわけだから。

鈴木　そうでしょうね。そこで、戦前的アメリカン・ボザールというのがすうっと消えていくわけです。

磯崎　別の切り方をすると、第二次大戦で二〇世紀前半が終わります。戦争前、各国で国家を表象するナショナル・プロジェクトがあって、そこに建築家はイメージを提供しているんです。それらが全部、戦争で挫折する。例えばソビエト・パレス。ヒットラーも挫折をする。コルビュジエの「輝ける都市」も挫折をする。日本は丹下健三［一九一三〜二〇〇五］さんの大東亜記念造営物で、それも挫折をする。皆デッド・エンドなんですよ。

二川　一つだけ挫折しなかったものがあるじゃないですか。ブラジリア。

磯崎　そうなんです。南米だけは別世界なんです。

鈴木　ニューデリーのインド総督府も曲がりなりにもつくっちゃってますよね。インド帝国は挫折するけれど。

磯崎　ブラジリアは例外ですよ。ナショナル・プロ

SOM［Skidmore, Owings & Merril、1936-］：1936年にアメリカ、シカゴに設立された建築設計事務所。ルイス・スキッドモア（1897-1962）、ネイサニエル・オーウィングス（1903-1984）にジョン・メリル（1896-1975）が加わり、瞬く間に各地に支店を展開、現在では総合的なエンジニアリング部門を抱える世界最大級の設計事務所となる。ミースのアイディアを、鉄とガラスでより一般化した上質なデザインとして展開した（ライトは「三人掛かりのミース」と揶揄したが）。三人の後も、ゴードン・バンシャフト、ウオルター・ネッチュといった後継者が、アメリカ社会の象徴となる堅実な成果を残している

丹下健三［Kenzo Tange、1913-2005］：後述（p.219）

ブラジリア［Brasília、1960］：後述（p.240）

ミース・ファン・デル・ローエ：バルセロナ・パヴィリオン、1929

ジェクトのマイナーなものはイタリアにあるし、部分的には出来ていたけれど、大きなスケールとしては軒並み挫折する。それが二〇世紀前半の結末で、それを見ると五〇年間のモダニズムの動き、内部闘争が出てきていると思うんですね。建築家はその間をあちこち衝突しながら逃げ渡っていくんですよ。だから一国に居座らざるを得ない人は沈没しちゃうわけ。

二川　それまでは一つの国で頑張らないといけなかったわけですよね。

磯崎　それで亡命というのが起こったわけです。

二川　日本人は亡命しなかった。

磯崎　できなかったわけです。聞いたところによると日本には亡命という概念がなかった。亡命者を受け入れる法的手段がないと法律関係の人が言っていた。

二川　ただ、絶対できなかったわけではない。例えば上海に行けば、そこから別の場所に行けたわけだから。

磯崎　日本の場合、政治的に転向したような人間は全部満州鉄道に持っていったわけです。才能があるということはわかっているけれども、国内においておくとイデオロギー上問題だということで。

鈴木　建築家でも松室重光［一八七三〜一九三七］のように汚職に巻き込まれた人で、満州に行っている人は多いですね。もちろんそういう人ばかりが満州に行ったわけではなかったけれど。

国連ビルに見る戦後のアメリカ

磯崎　戦後の五〇年前後のテーマは、一遍潰れたナショナル・プロジェクト、国家表象のプロジェクトをどういうイメージで再建するか、街をどう再建するかだったと思うんです。その象徴は**国連ビル**だとぼくは思いますね。

鈴木　戦前の国ごとのナショナル・プロジェクトがすべて潰れた。ただし全体としての近代建築は、挫折をしたようだけれども挫折した割には、何で勝ったんだかわからないうちに、気がついたら勝ってたわけですよ。その意味では戦後の近代建築は何故勝ったか自覚がないから方法論が弱いというところに落ち込んでしまう、ということだと思うのですが。

磯崎　第二次大戦でアメリカは自国を唯一傷つけずに勝っているわけです。他の国は勝っても多少はダメージを受けている。そこで経済力を持って戦後の世界覇権に向かう。その道具に国連ビルをつくったわけですから、それに乗っかったということが一番大きいんでしょうね。

鈴木　国連をつくるときに、ドームのある議事堂を建てるわけにはいかなかったんでしょうね。

二川　国連ビルの設計は、どういう経緯だったんですか。

磯崎　何十カ国かから建築家を一人ずつ選んで、共同設計をやった。

二川　基本構想はコルビュジエですよね。

磯崎　全員スケッチさせられて、ヒュー・フェリスというパースの巧い人間が何案かすぐ絵を描く。それを見て、あれだこれだと議論をしたわけです。たまたま**オスカー・ニーマイヤー**［一九〇七〜二〇一二］がブラジル代表で、コルビュジエがフランス代表だった。ニーマイヤーがコルビュジエの子分だということは、コルビュジエがその前にブラジルの仕事をしていてはっきりしていますから、この二人が組んだんですよ。スケッチを見ると、今の案はむしろニーマイヤーに近いんじゃないでしょうか。国連ビルというのは、二川さんとしてはどう評価しているんですか。

二川　良くは出来ていると思いますが、それほど評価はしていない。

磯崎　スケール感はありますよね。

二川　ええ。ただ、例えばシーグラムなんかと比べると密度がない。ふにゃふにゃしてる。格好はついているけど。

磯崎　輪郭のデザインは、二人のスケッチに忠実なんですよ。ただ実施設計をやっているのはウォーレス・ハリソン［一八九五〜一九八一］で、彼はロックフェラーのお抱え建築家です。国連の土地はロックフェラーのもの

オスカー・ニーマイヤー［Oscar Niemeyer、1907-2012］：後述(p.242)

TURKISH CENTER

ウォーレス・ハリソン+マックス・アブラモヴィッツ(基本構想:ル・コルビュジエ、オスカー・ニーマイヤー、他):国際連合本部ビル、1947-53

だから、ウォーレスがやることに成り行きでなっていたわけです。

二川 全体から受ける印象として、ハリソン事務所の作品は二流品という感じなんだな。あれがもしSOMがやっていたら少しは違うものになったと思いますよ。追力といいプロポーションといい、悪くはないと思うけれど、建築の各部分の押さえ方がバラバラで、ぼくはあまり評価はしていませんね。

磯崎 ウォーレス・ハリソンについては、**レム・コールハース**［一九四四〜］が"S, M, L, XL"を書いている頃に話をしていて面白かったのは、アメリカのデリリアス・ニューヨークを代表する一人がウォーレス・ハリソンで、もう一人がジョン・ポートマン［一九二四〜］だと言うのです。ニューヨークとアトランタ。彼は、他の連中はどうでもいい、芸術なんて言っているケチなやつだとこの二人を追跡していた。ポートマンがコマーシャルなものをポピュラーなレベルにしたというのはすぐにわかりますよね。ハリソンについてコールハースはこう言っていました。彼の家に行くと、部屋中全部ピカソで埋まっている。しかしそのうち本物はいくつかしかない。残りは全部ニセモノ。ハリソンは、ピカソで自分の住宅を埋めたいと思ったけれど、高いから二、三点だけ買ったらしい。残りはニセモノでいいということで誰かに描かせていくんだからニセモノを掴んだんじゃなくて、オレはピカソでいくんだからニセモノで結構と、意図的にそれを入れて住んでいるというのです。どこまで本当か知りませんけどね。

これはある種のフェイク文明論ですよ。つまり、ニューヨークはフェイクであって、リアルなものはない。フェイクをまったく疑わずに、それでうずめたもので結構だというメンタリティで住んでいる。それはまさしくアメリカだという解釈なんです。国連ビルのデザインも同じことで、ニーマイヤーとコルビュジエがスケッチしたものをハリソンがつくって出来上がる。本物じゃないモノが本物を越えるわけです。ディズニーも同じではないかと考えると、そういう部分が二〇世紀建築のかなりの部分を占めてしまったと言えますね。それで九九％都市は出来ていて、残りの一％のやることが外れたことをしている。九九％の方をやるならもっと意図的にやればいい。コールハース自身は九九％の

レム・コールハース［Rem Koolhaas, 1944-］：後述（p.283）

側にいるんだというわけです。だから下手でいい、無趣味でいい、芸術的なんて何にもいらないということになる。

鈴木　ただ、ハリソンは、ニセモノであれピカソの絵にこだわっているんですよね。そこはどういうことなんでしょう。

磯崎　つまり、彼自身はそれは芸術だと思っているんでしょうね。

鈴木　ただぼくは、例えば**マッキム・ミード・アンド・ホワイト**たちは、すごい技術を持っていると思うんですよ。

磯崎　フランスのボザールより巧いですよね。

二川　ぼくもそう思う。ディテールの納め方なんてプロ中のプロという感じがする。つまりアメリカには二〇世紀初めには職人的な人間がかなりいたわけです。特殊なことに対する技術を持っている。だからコールハースのアメリカについての考え方は間違ってはいないと思うけれど、かなり一方的な感じがする。

磯崎　それはヨーロッパ人が見ているせいですよ。だけど、あれはヨーロッパには起きない現象なんです。それをヨーロッパで起こそうとするとグチャグチャになってしまう。だけど我々の文明はそれを拒否できないではないか、ということを片方では言おうとするわけです。もう居直りですね。

鈴木　国連ビルは戦後すぐの建物で、いわゆる古典主義的なモニュメンタルな表現を否定しようと思った点においてはそのシルエットは良い。しかし、そうだとすれば時代の象徴であり、不十分さも含めて戦後世界を一番よく表現している建物の一つだということにはなりますよね。

磯崎　あれでついにカーテンウォールをつくっているのですが、それがアメリカの重要な現象で、同時にパーク・アヴェニューは全部カーテンウォールになってしまったんですよ。パンナム・ビルだけがもうちょっとひ

マッキム・ミード・アンド・ホワイト［McKim, Mead & White, 1879-1961］：チャールズ・フォレン・マッキム（1846-1909）、ウィリアム・ラザフォード・ミード（1846-1928）、スタンフォード・ホワイト（1853-1906）によって設立されたアメリカの設計事務所。19世紀末以降、急激に発展するアメリカの都市に対して、古典主義建築のヴォキャブラリーによりながら現代的な要求に応えた、形態的、比例的秩序を持つ建築を設計した。公共建築、商業建築から住宅まで数多く手がけ、アメリカの都市美運動の中で大きな役割を果たし影響力を持った

ジョン・ポートマン：ルネッサンス・センター、1977

ねったがゆえに面白くないものになってしまったけど。

二川　レヴァー・ハウス、ユニオン・カーバイド、みなそうですね。

磯崎　シーグラム・ビルだって高級カーテンウォールですよ。あれにアメリカの現代文明がそのまま現れていると思うわけです。

二川　その初めは国連だと。

磯崎　最初かどうかはわかりませんが、あれだけの規模でデモンストレーションしたのは、他にはないでしょうね。

鈴木　それを洗練して完成型に持っていったのがシーグラムなんでしょうね。

シーグラム・ビルの登場とモダニズムの世界伝播

磯崎　ある意味で、五〇年代のアメリカは経済力も技術力も世界最高水準を保っていたわけです。その水準が何故出来たのかを考えると、朝鮮戦争からベトナム戦争までの五〇年代前半から六〇年代初めの間だけ、アメリカは戦争してないんです。朝鮮戦争は勝った。ある意味で第二次大戦の後始末みたいなものです。結果としては一人勝ちでしょう。それで軍需産業で積み立てた技術力があって底力があって、それが民需に転換した時代だったと思います。建築のレベルが非常に高いんです。それこそ絵には描いてもどうつくっていいかわからない時代です。イメージとしては

ミース・ファン・デル・ローエ：シーグラム・ビル、1954-58

すでにミースが出していたし、大量生産の被膜構造でドライ工法という理屈は全部そろっていた。しかしそれを社会的に生産させる構造には到達していなかった。それがその時点で偶然出来たわけです。

ところが、六〇年代半ば以降はどんどん質が悪くなっている。それはおそらくベトナム戦争に関わっているとぼくは思います。再び建築産業が宇宙産業、軍需産業の二の次になっていった。優秀な奴は皆軍需産業に行ってしまって建築は落ちてきて、近所のディベロッパーでいいじゃないかということになっていく。そうすると技術がぐんと落ちていきます。安物のカーテンウォールはどんどん出来るけれど、シーグラムみたいなものは、逆立ちしても出来ないわけ。

鈴木　ボストンで、ジョン・ハンコック・タワーのガラスが落ちるわけですね(笑)。

磯崎　その挙げ句に、アメリカという国で本物はなくなってしまった。じゃあニセモノだけつくっちゃえということになる。それでぼくは**カードボード・アーキテクチャー**というコンセプトを評価するわけです。六〇年代にピーター・アイゼンマンたちが言ったことですね。建築は紙の模型と同じだと。紙の模型をつくって、それを一〇倍か一〇〇倍かに膨らませたら、House Iとかになるわけですよ。**ニューヨーク・ファイブ**もそれをやる。アンリアルなものでいいと諦めてマテリアリティがなくなるわけです。そこで2×4が建築家の仕事に登場するという現象が起こる。今で言うとポリカなんかへの関心に近い。それをどんどん追い詰めていくと、ヨーロッパ的に組み立てていた、いかにも建築として成立していた社会条件がもうない。そんなら破れかぶれで安物つくれ、ボロでいいじゃないかといって行き着いた先が**フランク・ゲーリー**[一九二九〜]だというのがぼくの考えなんです。

ゲーリーは、もういいものが出来ないとわかったところからスタートしている。ディテールが納まらないということを知っているわけですね。ミースみたいにディテールをピタッと納めてディテールに神が宿るというような納め方を提案しても、仮に絵は描けても誰もつくってくれない。だから隙間があってもしょうがないし、ペンキを塗り損なったらそのままだということにして、評価基準をまったく別に組み変えてずらし

カードボード・アーキテクチャー[cardboard architecture]：ボール紙の建築、転じてオーソドックスな建築的組み立てを持っていない建築のこと。第二次世界大戦後の急激な発展が落ち着いた頃、アメリカで伝統的な建築の施工基盤が弱くなったことを背景に、コンセプトこそが重要だとする建築表現がピーター・アイゼンマンらによって生まれた。そこでは空間のモデルが建築であって、素材やディテールは関係ないとされた

ニューヨーク・ファイブ[New York Five]：前述(p.112)

フランク・O・ゲーリー：ビルバオ・グッゲンハイム美術館、1991-97

ていった人じゃないか。例えばリチャード・マイヤーが使うホーロー鉄板やアルミは、ぼくらが日本でやるのと同じで目地をきちんと取ってコーキングしてピシッと納めているけれど、ゲーリーのディテールは鉄板があったら、曲げて小ハゼでひっかけろ、それでいい。全部鱗みたいに見えちゃったって結構だというわけですね。これは虚をついたというか、誰もやらなかったものを裏返してボンと見せた。

ある意味では、非常に知的な操作を介したヴァナキュラリズムを探していったんじゃないかと思います。彼の場合には、歴史というものを一切断ち切っているわけです。それはロサンジェルスという場所性もありますよね。歴史は浮遊しているもので、リアルな存在ではないわけだから。使う素材もこれまでやってきたような職人がつくるリアルなものはない。それも虚構の極限までやっちまえと。するとビルバオ［ビルバオ・グッゲンハイム美術館］みたいなものが出来てくる。

フランク・ゲーリー［Frank Owen Gehry、1929-］：カナダ生まれ、アメリカの建築家。1971年完成の自邸により脚光を浴びる。当時、モダニズム建築に対する脱構築・ポップアート的アプローチの建築が試みられており、その旗手と目された。コンセプトとしても、より広範にコンピュータが用いられるテクノロジー面としても、時代の流れに乗りながら、個人的な造形が自由に追求されている

リチャード・マイヤー：バルセロナ現代美術館、1987-95

おかしなことに、それを今度はヨーロッパが輸入しているわけ。

つまり、アメリカが三〇年代にモダニズムを輸入した。先生も建築家も輸入した。ヨーロッパを輸入していた国が突然経済大国になっていたために輸入品を自国のポリシーに乗せた。それは国際性というかインターナショナリズムを標榜していたから、世界覇権を標榜するにはうってつけだったわけです。それをやっているうちに戦争になって、その後はベトナムのダメージでだんだんおかしくなってきた。挙げ句に破れかぶれの連中が出てきて、カードボード・アーキテクチャーが出てきたという筋書きではないかと思うのです。

鈴木　ただ、朝鮮戦争以降アメリカの一人勝ちだったということはあるけれど、ベトナム戦争が起きて建築は国家的な表現の二の次の問題になっちゃったというだけでもないと思いますが。五〇年代から六〇年代の初めにはアメリカが圧倒的にリードしたにせよ、結果的には世界中がその方法を採ったということですよね。そこで近代建築の持っていた意味が大きく変わってしまった。元々シーグラム・ビルは施主側のフィリス・ランベールの情熱が大きくて、やはり特殊例であった。だから時代が過ぎてからもう一度精度を上げ続ければ近代建築の魅力は輝き続けたかというと、そんなことはなかった。だからこそ、精度なんかどうでもよくて日常品になっちゃったわけです。決して、やりたかったが戦争によってダメだったというもんではなくて、内部的に、これはもう特別料理ではなくて食パンみたいなもんだから、適当にガサガサ切って食えばいいんだというものになっていたんじゃないか。

それが今度は逆に、広がった先で——例えば日本もその一つだと思うんですが——秀才が出てきて、アメリカが配給した近代建築とはちょっと違う色合いのものが出てきた。オーソドックスにシーグラムを建て続けていればいいという時代ではなくなった。つまりアメリカのアップダウンの問題ではないのではないか。近代建築が世界に広がってしまったことが、今度は反作用として逆になかなかすばらしい近代建築を方々で生み出してきた。そのときにアメリカは何をするかというと、並じゃないことをやろうというので、カードボードが出てきたのかもしれない。**ロバート・ヴェンチューリ**［一九二五〜］もそうかもしれない。

二川　ただアメリカで、忘れてはいけない人物にルイス・カーンがいますよね。

鈴木　そうなんです。それは当時世界中に優れ者がいたように、アメリカのなかにもいたということですよ。アメリカを支えていく主流、いや主流じゃないかもしれないけど、一つの流れとして彼がいる。

磯崎　主流ではないですね。

鈴木　そうですね。それは逆に、非アメリカンのモダニストたちがヨーロッパにいるのと同じ構図で、アメリカにはカーンがいたんだろうと思います。そういう目で見れば、**丹下健三**や**カルロ・スカルパ**もピックアップされてくるんじゃないか。そしてアメリカにはカーンがいるし、一方、大衆割烹みたいな感じでI・M・

ロバート・ヴェンチューリ［Robert Venturi、1925-］：後述(p.296)

丹下健三［Kenzo Tange、1913-2005］：日本の建築家。コルビュジエ、CIAMの影響を受け、同世代のTeam 10と共通する関心を持ちつつ、モダニズムの理念と地域の伝統を高次元で昇華した、20世紀の重要な建築家の一人。日本という近代国家を担おうとし、都市と建築を思考した。1970年の大阪万博を境に日本での仕事が減少し、アジアやアメリカなどで活動。91年の新東京都庁舎以降は、日本でも大規模な商業建築を手がけた

ペイ［一九一七〜］がいるという構図になってくる。

近代建築は第二次大戦前にアメリカに本拠が譲り渡された。それが第二次大戦後に世界に広がった。広がりきったところで、実は世界における近代建築の意味が変わってしまったということがむしろ問題なんじゃないかと思います。

カルロ・スカルパ：ブリオン・ヴェガ墓地、1970-72

磯崎　それはある意味では、記号の消費構造みたいなものだと思うんですよ。記号というのは社会的な表象として出来上がっていって、それを面白いから皆使うわけです。使うということは記号を消費していくことですね。消費を支えているロジックはノベルティしかないわけだから、つまり真新しいものが次から次へと出てくる。そのノベルティを探すことによって記号を消費していったら、もうこれ以上新しくならなくなる。そのプロセスを通して記号としての国際建築が広まったという説明はつくと思います。
しかしこれは一般論としてだと思うわけです。消費というものを考えていくときに、いわゆるモダニズムとしての国際建築を、建築家がどう料理するか、つまり消費の仕方によっては、まったく独特の料理の仕方、解釈の仕方が生まれてくる。それを突きつめていったときに、単純にイノセントに再生産していく層と、それをもっと知的にレトリカルな操作をすることで別のものをつくろうとする層がいる。こちらが七〇年以降のデザインの様々な変動を組み立てている要

カルロ・スカルパ［Carlo Scarpa、1906-1978］：イタリアの建築家。ヴェニスに生まれ、ヴェネト地方の豊かな文化の中で古い建物の改修を中心に活動。コンクリートやスタッコ、金属などの材料を使いながら、一貫して環境やそれを構成する物質に対する繊細でシャープな感覚によって、タイムレスな新しさを持つデザインを行った。その場のコンテクストを現代的に展開させる方法は深い洞察に基づいており、ライトやカーンといった人々とも交流を持ち、日本にもフォロワーが多い

因のように思っているんです。

鈴木　であると同時に、新しさによって生きながらえていく……。

磯崎　そうです。新しさをつくることによって生きながらえていくのが、モダニズムの構造なんだとぼくは思うわけです。

鈴木　そうですね。ただそれは、「ここだけにしかないインターナショナル」の時代には意味があったわけですよ。ところが、何処にでもあるインターナショナルという、ある種理想郷になったときには……。

磯崎　それは新しさのない状態、ノベルティがないわけですよね。

鈴木　でも一方では、ニューバージョンは出来ている。だけどそれがどんどん広がってしまった。広がってしまったことのもたらした意味の方が新しさが生まれてきて、それが収束していくことのデッド・エンドよりも、実は大きな意味を持っていたのではないか。

磯崎　そうじゃなくて、ぼくが言いたいのは、新しさを生み出していったから広がっていったわけで……。

鈴木　とも限らない。

磯崎　そうじゃなかったら、オリジナルと考えていいような、いわゆる始まりが、コピーされて広がっていくことは一体どういう構造を持っているのか。記号を消費することによって伝達されてそれが次を生む。生んで生んでいっているうちに元も子もなくなるという状況になっているんだと思うんですよ。

モダニズムの展開と丹下健三

鈴木　それはどんどん新しくなるのでも何でもなくて、どんどん陳腐化するわけです。たとえて言えば、ボロボロになると骨が見えてくる。そこで残った骨として、**オーギュスト・ペレ**とかミースというものの面白さがある。コルビュジエというのは、ボロボロに

オーギュスト・ペレ［Auguste Perret、1874-1954］：前述(p.136)

なって骨になると取れちゃう部分なんですよ。

磯崎　そこは言えていますね。コルビュジエは人間の肉体そのものに関心があったんですよ。ミースは肉体には関心がなかった。だからコルビュジエの絵はヌード的なものでしょ？　あれは全部アルジェのプロスティテュートをモデルにしたものから始まっている。だから彼は、鈴木さんが言うように肉を取ったら何もない。骨も残らない。

鈴木　だからコルビュジエ的なものは、実はあまり伝達されないわけです。それが近代建築が広がったということなんです。作品的には、二川さんが見に行く必要のないものばかり増えていくわけです（笑）。それが近代という状況です。それが近代建築にとっては非常に大きな意味を持ってくる。そして、行き場がなくなってきてしまう。そこで「もう一度」というのが出てくる。ポスト・モダニズムは、「先祖返り、どこまで行けるかな」というものだし、骨を考えるのには、地元を突きつめて考えるというやり方もある。単純に言えば丹下さんやスカルパですね。カーンみたいに骨そのものを考える人もいる。それが皆「もう一度」をやらざるを得なくなる。それがある意味では近代建築の成熟化になっていくわけです。近代建築というのは、単純に発展してニューバージョンがどんどん出来ていき、新しさを追うことで延びていく、なおかつそれによって収束する、というようなエリートの路線ではないと思うんですね。

磯崎　ぼくは別の見方だな。ぼくなりに解釈しているモダニズムというのは、一つの形式の運動過程です。その形式が自立的にそれ自身が展開してものをつくり出していく、その自立性を信じていることがモダニズムの正統派なんだと思うんですよ。ところがその自立性が、反復されていくと衰弱していくわけです。衰弱していくときに、何を起こしたかというと、鈴木さんが言うように、インター・ディシプリナリーというのか多領域言語をそのなかにどれだけ持ち込めるか、持ち込むことによって多領域言語がもう一遍自立的展開を活性化することがあり得るかどうかという展開になる。これはモダニズムの補強作用なんです。ですから、あらゆる地域主義とか歴史主義とかは全部補強なんですよ。

鈴木　ただ、モダニズムというイデオロギーはそういうもんだと思うんですよね。現実にモダニズムが世界に広がっていくというのは、インター・ディシプリナリーとか境界領域というような高級なことではない。例えば、スパゲッティがモダニズムだと言われたときに、うちにうどんがあるから、うどんでもいいだろうというようなものでいい。それはインター・ディシプリナリーでも何でもない。単なる既製品として受け取って自己解釈する、ディジェネレイト《堕落》していくわけです。
そのなかで実は、何か本質をつかむ人が現れてくる。その意味では、丹下さんというのはすごく面白い存在だという気がしているんです。彼について、戦前は神がかったデザインをして、戦後は民主主義をデザインしているなんてバカなことを言う人がいますが、ぼくは、丹下さんというのは一貫して自分のアイデンティティと建築のアイデンティティを一致させて、しかも超越性をデザインできた人だと思うんです。そういうタイプの建築家がモダニズムに出てくる。そういう時代が来るんだと思うんです。

磯崎　そのときに、丹下さんの場合は主体は自分というより媒体者で、国家という主題があった。戦前から戦後の万博までは、日本国家という現実のサポートの元で仕事を表現するような仕組みが順々に組み立てられていった。広島のピースセンター［**広島平和記念資料館**］と代々木の体育館［**国立屋内総合競技場**］は、同一テーマなんですね。日本国家なんですよ。

鈴木　ただ広島のピースセンターは、国家の表現を求められたわけではなくて、戦災地方都市の復興計画に過ぎないですよね。その後の**香川県庁舎**にしても**旧東京都庁舎**にしても、相手は地方政庁なんです。国だったのはオリンピックぐらいですよ。

磯崎　政府とか地方行政を超えて、日本というものがあったわけです。

鈴木　それは媒体者というものであるよりは、丹下

丹下健三：広島平和記念資料館、1949-52, 55

さん自身がそれをデザインしてきていたということだと思うのです。デザインとは格好という意味ではなくて、国家的なアイデンティティの問題に個々のプロジェクトを持って行きつつ軌跡を描いてきたということだと思うんですよ。

磯崎　国家的アイデンティティを建築的に探すためにやってきたというのは、その通りだと思います。それが一九四〇年から七〇年までの三〇年間は一貫していた。その後、表象すべき国家が衰退したんだと思うんですよ。

鈴木　それはそうですね。

磯崎　それで丹下さんは行き場がなくなったんですよ。それで中近東へ行く。経済的亡命かあるいは文化的亡命かはわからないけれど、少なくても丹下さんにとっては亡命だった。そしてその後日本の国家は商業で潰されていく。商業で国家を潰した元凶は田中角栄［一九一八〜一九九三］だというのは明瞭ですよね。国家というものは経済開発でどうにでもなるというアイディアをつくった人ですから。そして丹下さんは八〇年代、商業建築家として日本に帰還したんですよ。国

丹下健三：国立屋内総合競技場、1961-64

家建築家が行き場がなくなって亡命して商業建築家になったわけです。その挙げ句に新都庁舎がある。これは夢をもう一度というようなもので、かつての国家の中枢官僚の鈴木都知事と丹下健三が組んで国家プロジェクトだと思っていたわけです。何故かと言えば、歴代、国家とは首都をデザインすることで自分を表象していたわけです。東京都庁舎というのは、国会議事堂よりももっと国家的なものだと言ってもいいぐらいのものですよ。

鈴木　丹下さん自身も言ってましたよね。東京都庁というのは中央官庁のどれと比べてもはるかに巨大だと。

磯崎　表象すべき国家の貌がないにもかかわらず、あると思い込んじゃったわけだから、間違いしか起こらないというのがぼくの印象なんです。つまりあれは丹下さんが悪かったわけでも鈴木都知事が悪かったわけでもなくて、そのときそれを支えてあげる国がなか

丹下健三：香川県庁舎、1955-58

ったということなんです。それでバブルの塔になっちゃった（笑）。

ぼくは自らのジェネレーションとして、戦後民主主義はどこにあるのかということが一貫して気になるのです。広島のピースセンターは、国家プロジェクトであったと同時に民主主義の象徴でもあった。ぼくらはそれを学んだ世代だから、広場というものが戦後民主主義の象徴であろうと思った。それと同時に何が広場と呼び得るかというと、富士山の麓の神域みたいな大東亜記念造営物ではなくて、もっと人が集まってがやがやしているような場所だと思う。新宿の西口や広島のピースセンターの八月六日とか。それが広場を生き生きとさせていると思っていたわけですよ。ところが、つくばその広場をどうしたらいいのかということが、つくばセンタービルをつくったときに行き当たった問題なんです。広場をつくりようがないと。

鈴木　アイロニーとしての広場しかデザインできない。ただし、ぼくは広島ピースセンターは、厳島神社の超越的構造を近代建築のなかに持ち込んだと解釈していまして、丹下さんの一貫性をそこに見るわけです。けれども、そこがピークであり、行き止まりであったと考えられる。何故ならそこには、本質的に戦後の市民の場所が用意されていなかったから。

磯崎　だから裏返しをやるしかないということになった。そうしているうちにもう一遍、「都庁」が出てきた。それでわかったことは、日本では外の広場というのは成立しないということです。外に広場をつくると交通広場になってしまう。人を断絶して象徴してつくると今度はつくばみたいに別な意味は持ってくるけど、戦後民主主義とは言えないだろう。広場を広場たらしめている戦後の民主主義というのは一体どこにあるだろうと考えると、アトリウムとか地下道とかを歩いている人間ですね。彼らをどうやって広場に引き込むかということが一番の問題だと思った。ですから、ぼくの**都庁舎案**［東京都新庁舎設計競技］は内部のアトリウム空間の提案をしていたんですよ。あの巨大な内部空間というものがもし成立するならば、戦後民主主義の広場が出来るだろうと。

鈴木　その話は非常に面白いけれど、理路整然と間違っている（笑）、と思いますね。それこそ、まさしくＣＩＡＭの歴史そのものなんです。

磯崎　その通りです（笑）。

磯崎新：東京都新庁舎設計競技案、1986

都庁案＝東京都新庁舎設計競技［Competition for New Tokyo Metropolitan Government Building、1986］：1986年に行われた東京都新都庁舎のコンペは、丹下健三と磯崎新を含む九者が指名された。場所は新宿副都心、100×150メートルの長方形スーパーブロック3列×3列のうち、中央を含む3つのブロックをL型にまたがるという特殊な敷地条件で、このことが設計者たちを悩ませた。勝利した丹下案は、高さ243メートルの連結超高層オフィスを1ブロックに建て、超高層との間に広場を形成するよう隣りのブロックに議事堂を建てる案。超高層にならざるを得ない条件に対し、唯一、磯崎案だけが2ブロックをまたぐ中層案を提案し、内部化した広場と共に議論を巻き起こした

鈴木　彼らは、都市の分析はアテネ憲章ですごく正しくしていた。けれども、広場を広場たらしめているものは広場である、という定義しかできなくなってしまう。磯崎さんのそれは、CIAMが都市のコアを取り上げてその結果、コアは都市を都市たらしめている要素だというトートロジーに陥ってしまったのと一緒なんです。

磯崎　戦後民主主義、広場、それを埋める市民、この三つを追いかけてきたのがぼくらのジェネレーションなんですよ（笑）。CIAMの間違いも六〇年代の批判であらかた見えていた。それをアイロニカルにしか継承できないことも八〇年代までにわかってきた。にもかかわらず、戦後民主主義＝広場＝市民の行方を突きとめることがぼくのジェネレーションの使命のように思うのです。

鈴木さんのジェネレーションは六八年の出発からあらかじめ挫折している。その回復を、時間軸を反転することで切り抜けようとしている。だからアイロニーもない。そのためポスト・モダニズムは建築の領域では早々と消費されることになってしまいました。コミュニナルな場としての広場は、だからあらためて登場します。理路整然と間違ったのは、この辺りの問題を理解できない審査員、政治家、批評家なんですよ。

鈴木　しかし、戦後民主主義が、あるいは拡散した近代建築が与えた像というのは、不可能なことなんで

丹下健三＋上田篤＋磯崎新、他：大阪万国博覧会お祭り広場、1970

すよね。幻想なんです。ピースセンターの広場にはわっと人が集まるけれど、実はあの広場を支配しているのは、ピロティの下を通って原爆ドームへ向かう非常に超越的な軸線なんです。

　同じように近代建築家のなかでルイス・カーンのソーク・インスティテュートの中庭を支配しているのは、西に向かう極めて超越的な軸線だし、フィリップス・エクセターの図書館は吹抜けになっているけれど、あの超越性のある空間を内蔵しているがゆえに、子供達がいてもある種何か感ずることのできる場所になっている。カーンというのは近代建築家のなかで、超越性を表現できる、あるいは内包していた建築家だと思うし、丹下さんというのも基本的にはそのことによって戦前・戦後を通底している人だと思う。

磯崎　丹下さんの場合は空洞としての軸なんですよね。ルイス・カーンは空洞そのものですよね。

鈴木　ええそうですね。ペイだって**ルーヴルのピラミッド**は、都市の軸線と文化的なモティーフを交錯させて説得したわけです。つまり、基本的には近代になっても建築家が何かデザインするときには、民主主義と市民と広場みたいなものではつくられてないわけです。

磯崎　六八年の後、挫折した後にぼくが抜け出そうとしたときには、鈴木さんが語るような形式の力を頼ることによってしか道はない、と主張してきたので、その説明はよくわかりますが、今はこの形式の力さえカッコにいれて、やっぱり民主主義・市民・広場を登場させねばなるまい。政治的・社会的・建築外的な領域が参照ではなく主題化する、こういう事態が起こりつつあるとぼくは思っています。

　例えば、**クリストファー・アレグザンダー**［一九三六〜］によると、ある主体が計画するならばそれは必ずツリーになる。ツリーということは軸があって中心があって、枝葉が付いている。その論理的な構図は抜けられ

クリストファー・アレグザンダー［Christopher Alexander、1936-］：オーストリア出身、アメリカの建築家。イギリスで建築、数学を学んだ後、1960年代よりカリフォルニアで活動。近代建築を批判する建築デザイン理論において、数多くの著作を発表。アメリカ西海岸発のカウンターカルチャーとして、重要な役割を果たす。特に、数学の集合論に着想を得たセミラティスという概念を都市の本質に適用しようとする「都市はツリーではない」が有名。その集合的ヴォキャブラリーを、既存の環境に対するリサーチから導き、「パターン・ランゲージ」を提示し、建築設計として実践した

ない。つまり計画があるからには形式が採用されないといけない。だけど単純にそれがあったとしても、そこに神がいつ降臨するのか、いつ市民が整列して現れるか、あるいはランダムに現れるか、といったなかに入ってくるものの違いが具体的に現れてくる。それが広場を広場たらしめているものだと思うんです。戦後民主主義、市民と言ったのは主題の側の問題であって、ぼくはそれをアイロニカルに提案することしか問題は追い込めないと思っていますが、当然出てこざるを得ないものなんですよ。ないと議論が片手落ちになってしまう。超越性と言っちゃうと簡単なんですけどね。超越性に向かう形式そのものが支えない限り、成り立たないものなんですよ。

I·M·ペイ：ルーブル美術館ピラミッド、1983-89

鈴木　だからといって、神様を呼んでくる、天皇を呼んでくる、ヒットラーを立たせるということと、建物の構造とはある意味で切れていいわけです。あとは意味づける我々の問題であって。

磯崎　建築はそうですね。しかし都市は切り得ないと思います。都市にとっては主題をはずしての議論はあり得ない。建築は個別ですから、都市のある部分についてはそういう議論は成り立つかもしれないけれど。

鈴木　それはそうですね。

磯崎　建築デザインとアーバン・デザインとどこが違うかということがいつも頭にあるんです。それはスケールの違いではない。唯一あり得るのは、建築というのは一つの主体がつくり出し得るけれども、都市というのは一つの主体では出来ないということ。他者が周辺にあって、他者と計画者が取り結ぶ関係が別のレベルで出てくる。これが発生するとどんなに小さくてもアーバン・デザインだと言えるだろう。建築で千メートルのものはある。だけど、百メートルのアーバン・デザインだってあるわけです。

鈴木　確かにおっしゃる通りですね。ルーヴルのピラミッドは、アーバン・デザイン的な建築計画だし、カール・マルクス・ホーフも都市のデザインの一つですよね。だから決してスケールの問題でないと同時に、建築デザインを都市デザインとしてつくることはもちろん可能であると。その意味でシーグラムはパーク・アヴェニューに対して、どういう風にあるべきかを考えているわけですよね。

モニュメンタリティの意味

磯崎　超越性ということで言えば、建築におけるファシズムの定義についてぼくは非常に簡単に考えていて、超越的なものから末端に至るまで透明な論理、透明な手段で貫通することのできる、あるいはそうしたいと思っているのがファシズムだと思うんです。だから何か断絶があって繋がらないという場合にはファシズムでない。そう考えられる。すると、古典主義者であり同じ形式を持っていたピアチェンティーニとテラーニがいますが、ピアチェンティーニはシステマティックに古典主義をモダンにした人ですが、同じ様なヴォキャブラリーをテラーニは使いながら、常に軸線のずれとか形式の複合といったことをやっている。カサ・デル・ファッショですでにそれが芽生えています。一方ピアチェンティーニは貫通性を考えている。ポピュラリティとしてはピアチェンティーニの方が上だから、ムッソリーニはこれこそ我が建築だというわけです。テラーニは評判はいいけれど中途半端じゃないかと見られる。つまりテラーニは、自分がファシストだと思いながら、やっていたことはファシストから脱落する側になっていったんじゃないか。

鈴木　日本ロマン派的であると(笑)。

磯崎　言ってみればそうですね。

鈴木　ただ方法論だけでは言えないと思うんですよ。そうしたら、ミースの論理は典型的なファシズムだということになってしまうわけです。

磯崎　ぼくは、ミースはファシズムとどっこいどっこいだと思いますね。ファシストと言ってもいいと思う。ヒットラーがたまたま古典主義を好んだから追い出されたに過ぎなくて、もし別の頭のいい奴がいて推していれば、ミースはシュペア以上のポジションを得たと思いますね。

前に少し言いましたが、ハイデガーは建築は大地から生まれてきているものだと言うわけです。それから故郷を失った孤独な群衆は、故郷に帰すべきだ、と。帰すことをテクノロジーを介してやろうとしているのが、ファシストたちであるから、これには参画してもいいと彼は考えたと思う。ところが、ミースはそんなこと、オレは嫌だ、大地なんて関係ない、鳥かごでいいと、ある断念をしたんだと思う。断念の強さが、ファシズムの土地であるとか、場所性であるとか、その他さまざまな故郷喪失の人間に対する救済といった類の話をバーンと切ってしまった。ところがハイデガーの場合、人間の救済のために使われるべき道具をつくることが彼の理論ですから、ファシストに近づくのは当然だと思うんですよね。ところが実際はあまりに違うということで、またすぐ引き下がるわけです。

二川　しかし、シュペアの作品集を見ていると、全体としては大したことないと思うんですね。ニュールンベルグはいいですけど。つまりファシストが注文した、ファシズムの建物をつくった。ただそれだけなんじゃないですか?

鈴木　ええ、ぼくもそう思います。

磯崎　レオン・クリエは、それを言っているんですよね。

鈴木　その二川さんの意見と磯崎さんの論理は真

っ向から対立する（笑）。

磯崎　注文者に応えられる人と応えられない人がいるわけですよ。だから脱落する人としない人がいる。権力者もそれを見分ける。使い物になるかならないか。こいつがやったら民衆がついてくるとか。

鈴木　建築あるいは建築家は、方法によってファシストになるわけではないんですよ。政治的にやるかやらないかということなんです。上から下までがある価値観で貫徹する、一元的な原理で出来ているのがすべてファシストだとは言えないと思うんですよ。

二川　例えば今ヒットラーがいたとしたら、好む建築家は誰だろう？　磯崎さんかな（笑）。

磯崎　相手が面白かったらやりますよ（笑）。例えば、コルビュジエは売り込みに行ってスターリンにフラれてるんですよね。それでロシアから帰ってくるわけです。その次にはムッソリーニのところへ行ったけれど失敗する。で、帰ってきて、ヴィシー政権に売り込みに行くんです。しかしヴィシー政権も断る。コルビュジエの場合は、使い物にならないということを権力者から見抜かれていたわけです。

二川　確かにコルビュジエの建物は弱いですよね。

磯崎　だから彼には国家なんかじゃなくて女の肉体の方が合っているんですよ。で、それを建築にするとロンシャンの礼拝堂みたいになっちゃった。そういう宿命なんでしょうね。

二川　そうでしょうね。ミースは成功すると思いますけれど。

磯崎　ぼくは、アメリカのインダストリアリストのメンタリティは、ファシストと全く同じだと思うんですよ。自分の企業で世界制覇を企んでいるわけですから、ミース的なものがパッとわかったと思うんです。

鈴木　ただ、第二次大戦後の建築の世界というのは、今の磯崎さんが言われた意味でのファシズムが成立しなくなったんですよね。世界企業があるじゃない

ル・コルビュジエ：ロンシャンの礼拝堂、1951-55

かとか、もっと巧妙な形でグローバルな権力があるじゃないかと言われますが、建築的表象なり象徴によってそれを表現することを必要とする世界企業なり権力はないと言っていいんじゃないか。それが近代建築の戦後的状況の一つの特徴じゃないかと。数のモニュメンタリティというのは、今や建築にとっては無用の長物になってしまっているわけです。それで丹下さんの話を読めば、一番わかりがいいわけですよ。丹下さんはものすごく能力があるからものすごい象徴をつくったけれども、象徴する対象がない時代だった。

ファシズム的な構造と建築の関係は、今や完全に消滅してしまったというところから出発した方がいいだろう。いつ消滅したかというと、近代建築が世界の体制になったときに引導が渡されたと思うのです。

ロンシャンの礼拝堂内部

磯崎　それとモニュメンタリティとは別だと思いますよ。

コンピュータをやっている連中は、バーチャルな世界で、「本社ビルはパルテノンみたいなのがいい」とか「東大寺がいい」などと、あるパターンで発想しちゃうわけです。近代建築をロジックで組み立てて、ゆえに整合性があるとか何とか言っているわけではない。テーマパークのようなイメージをボーンと取り出している。

丹下健三：旧東京都庁舎、1952-57

鈴木　ただ、そこでの時間はものすごく短縮されているわけでしょう。その意味で、かつてのモニュメンタリティ、あるいは超越性は意味を成さなくなってしまった。

ひとつ二川さんに聞きたいのは、戦後の近代建築でモニュメンタリティの表現を感じられるものは何でしょうか。

二川　SOMのチェイス・マンハッタン銀行やミースのシーグラムといった密度の高いガラス張りの建築ですね。これらの建築は世界中にアメリカ文化として輸出され、アメリカの偉大さを喧伝するのに大成功します。しかし年が経つにしたがって、どんどん安物のガラス張りが蔓延して、七〇年頃からは、アメリカ反動の見本として凋落してゆきますね。

磯崎　それが、鈴木さんが言われた、一つのシステムが世界中に広がり過ぎちゃってもう行き先がないという状態に今やなっちゃった、ということですよね。どこも同じ状態になって近代建築そのものが空洞化していると言えるかもしれないですよね。

二川　例えば、ビジネスで成功した人が全世界にまったく同じ形の建物をつくるということが、今日、あり得るだろうか。

鈴木　現実にはマクドナルドとか、世界中の記号としてはあるわけですよ。

二川　ただしあれは建築として見ていない。

鈴木　建築はそれにどんどん近づいているということかもしれません。

二川　象徴的な建築としては、最近では東京新都庁舎が巨大な建築を実現しましたが、日本でも世界でもあまり盛り上がらなかったんですね。どちらかといえば、一般の人がしらけちゃったというのが面白かった。完全に時代がずれていたんですね。

鈴木　あれは、何のすごさなのだという感じがするわけですよ。新都庁舎の建設中に丹下先生に話を伺ったときに、丹下さんは、都庁前の広場は新宿超高層地区の九つの街区のちょうど中央に位置する場所だと言っておられた。前後左右どちらを見ても超高層が建っている日本で一番アーバニティの高い場所だ、と。そこに広場を持ってくることの重要性を丹下さんは強調しておられた。けれども、そんなこと感じられる人は世の中にはいないんじゃないか。それを感じられるのは超越的な視点を自分のなかに持っているエリートしかない。丹下さんの成功と孤独の秘密はそこにあると思う。

磯崎　あれが日本国家が力を失った結果なんだと思います。

二川　モニュメンタリティの威力がもう無いということでしょうね。

鈴木　でも、そういう無限遠の高みから建築を見る、考える、つまり平面図で都市スケールの建築を考える体質というのは、丹下先生から磯崎さんに受け継がれている東京大学的な資質なんですよ。

第六章　南北米・欧、それぞれの展開

ブラジリアと都市計画

二川　戦後のトピックスとしてブラジリアはかなり大きな計画だったと思うのです。この計画は結論としてはどう評価されますか。成功だったのでしょうか、失敗だったのでしょうか。

磯崎　最初は皆失敗だったと言っていましたが、今となって考えてみれば、今世紀になって出来た首都の計画としては、一番しっかりとしたものだったんじゃないでしょうか。**エドウィン・ラッチェンス**［一八六九〜一九四四］のニューデリーの計画やキャンベラの都市計画と比べてみてもそれは言えると思います。ブラジリアはスラム街が出来たと言われましたが、最初はどこでもそういうものが出来るんです。デザインも今となってももう一度注目しているという感じもある。

二川　ブラジリアの計画は何年ですか。

磯崎　**ルシオ・コスタ**［一九〇二〜九八］のコンペ案が決まったのは戦後の五七年です。建築は**オスカー・ニーマイヤー**［一九〇七〜二〇一二］ですね。大統領のグビチェックが県知事か市長かだったときのプロジェクトがあるのですが、それにニーマイヤーは二〇歳代の時に関わっていたんです。そのときにもうアイディアはほぼつくっていました。そのグビチェックが大統領になったからずっとそれに付いていったわけです。だから非常に幸運な経歴の人ではある。

二川　そういう話は割に外国に多いですね。政治に建築を使うという。規模は違いますが、**チャンディガール**も目指す方向としては同じだったんでしょうね。

磯崎　しかし、チャンディガールやダッカは、国というより州都の計画なんです。一方ブラジリアは国の都ですからね。どちらかというと、ヒットラーやスターリンや毛沢東らがつくったような新しい国の首都計

ルシオ・コスタ＋オスカー・ニーマイヤー：ブラジリア、国会議事堂、議員棟、1958

画と同じ枠組みだと思いますが、ただあそこまで丸ごと真っさらなものをつくったのは初めてだったのではないか。キャンベラなんて最近になってロマルド・ジョゴラ［一九二〇〜］の国会議事堂が出来ましたが、それまでは何もないに等しいものでしたよね。

二川　キャンベラの都市計画は何年ですか。

磯崎　国際コンペは一九一三年で、ウォルター・バーリー・グリフィン［一八七六〜一九三七］という**フランク・ロイド・ライト**の事務所にいた人がコンペを取った。ちなみに、グリフィンの奥さんはライトのパースを描いていた人で、非常に巧かった。彼らはライトのところからオーストラリアに移住してきたのですが、気の毒なことにマスタープランを描いたところでお払い箱になったんです。それですることがなくなって、ゴミ焼き場のデザインやちょっとした住宅開発なんかをやっていました。そのなかでメルボルンに映画館をつくっていますが、これはいいですね。プレキャストを斗栱みたいに組んだインテリアで、その間に様々な色の照明が仕込んであり、映画の合間にライトショーをするわけです。ぼくが行ったときには照明はもうなかったんですが。

二川　何年頃の建物ですか。

磯崎　おそらく一九二〇年前後だと思います。一〇年から二〇年代にかけて出てきたスペクタクルのアイディアとしては、面白かったと思います。ですが、それで終わってしまった。彼は三〇年代にインドへ行って死ぬんです。オーストラリアという国は、あるところまで国際コンペをやって、その後適当なところで頭を押さえちゃうんですね。そしてアイディアだけを取り入れておいて、あとは自分たちでやってしまう。インターナショナルに開いているみたいに見えるのですが、実際は建築家の扱いが厳しい。キャンベラの都市計画でジョゴラが通ったときも同じことが起こったような印象があるし、**ヨーン・ウッツォン**も、オペラハウスは仕事半ばにして離れていくわけです。

鈴木　ブラジリアについては、最近の紹介だと、自然との調和を考えた計画だということと、都市軸に直交する翼に沿って設けられてきた増築用地が順調に埋められてきていて、周辺には多くのサテライト・シティをつくっているから非常によい、と言われてい

ブラジリア［Brasília, 1960］：ブラジルの首都で、連邦直轄地区。人口は約260万人（2011年時）で、20世紀に生まれた最大の都市。1956年、ルシオ・コスタ（都市計画）、オスカー・ニーマイヤー（主任建築家）、ロベルト・ブーレ＝マルクス（ランドスケープ）により計画・設計された。都市としては、CIAMの理念を体現したものと言え、機能別のスーパーブロックや豊かな緑地計画を地形に沿って展開し、都市の水源とするべくつくられた湖を背景に、翼を広げた鳥の形をしている。頭の部分は、ニーマイヤーによって、民主主義の理想が表現された三権広場が占める

ルシオ・コスタ＋オスカー・ニーマイヤー：ブラジリア、1957-

ルシオ・コスタ［Lúcio Costa、1902-1998］：ブラジルの建築家、都市計画家。ブラジル近代建築の最初期の推進者で、1937年のニューヨーク万博ブラジル・パヴィリオンやリオ・デ・ジャネイロの教育保健省ビル、首都ブラジリアにおいて、オスカー・ニーマイヤーと協働し、プロジェクトを進める（教育保健省では、ル・コルビュジエを招聘するも後に決裂）。政界とのつながりを含め、ブラジル建築界に大きな影響力を持った

フランク・ロイド・ライト［Frank Lloyd Wright、1867-1959］：前述（p.154）

ヨーン・ウッツォン［Jørn Utzon、1918-2008］：前述（p.195）

たのですが、実際どうなのでしょうか。あれが本当にモダニズムの都市なんでしょうか。

磯崎　いわゆる近代性、モデルニテという概念で考えればいろいろな言い方ができますが、一つ一つの見かけのデザインでは、モダニズムと言っていいと思います。

鈴木　都市のパターンとして見ると非常に古典主義的で、都市を構成するとなると、結局拠り所は古典主義しかないのかなという気もするんですよ。その意味では面白い。

磯崎　都市計画としてはその通りだと思います。

鈴木　古典主義といえば、ラッチェンスは典型的なピクチャレスクな建築家として出発しているから、大きな名な話があるのですが、ニューデリーの計画で有

ル・コルビュジエ：チャンディガール、高等裁判所、1951-56

オスカー・ニーマイヤー［Oscar Niemeyer、1907-2012］：ブラジルの建築家。近代建築の巨匠の一人。ルシオ・コスタの事務所でキャリアをスタートさせ、教育保健省ビルに携わることでル・コルビュジエと知り合い、大きな影響を受ける。自由なカーブによる造形を用いながら、抽象度の高い、人間精神の素晴らしさを謳い上げるような建築をつくり出した

チャンディガール、州会議事堂、1953-56

エドウィン・ラッチェンス［Edwin Lutyens、1869-1944］：イギリスの建築家。ピクチュアレスクな古典主義建築で名高い。当初は、アーツ&クラフツと共鳴した田園住宅を、造園家ガートルード・ジーキルと協働して数多く設計。1910年代以降は、世界大戦の戦没者慰霊施設やインド、ニューデリーの都市計画に携わり、植民地の意匠や材料を古典建築に採り入れたり、一方で大規模なオフィス建築を設計するなど、古典主義建築を時代的要請に合わせて展開した

都市なんかつくったことがない。それで古典主義的なことをある意味では急に勉強してつくったんです。フランスの建築家はボザールでこういう計画ばかり勉強していたのに、それを実現するチャンスには恵まれなかった。ニューデリーでは中央に大きな通りがあって向こうに総督府がある。地図の上ではそういう構成になっているのですが、ニューデリーって起伏があるから大事なところで総督府が見えなくなっちゃうんです。それで一緒に設計していたハーバート・ベイカー［一八六二～一九四六］とラッチェンスは大喧嘩する。

磯崎　議会とか政府庁舎となるようなところは全部ベイカーがやっている。元々はベイカーが取った仕事ですよ。

鈴木　ベイカーがお膳立てをして、ラッチェンスがアーキテクトとして入った。ラッチェンスはリットン総督の娘婿だったんで、それで取った仕事です。

磯崎　その喧嘩は手紙のやりとりがいろいろと残っていて、道路のレベルを下げて見えるようにしろ、なんていうのがありましたね。そのくらいのことが図面を見てわからないというのも問題だと思いますが（笑）。

ル・コルビュジエ：チャンディガール、左から総合庁舎、1952-56、州会議事堂、1953-63

鈴木　ラッチェンスはピクチャレスクの建築家ですから見え隠れが勝負なのに、都市をつくるとなると経験がない哀しさで、途端にわからなくなっちゃったんでしょうね。

磯崎　ただ、あのコンプレックスは当時としてはなかなかのデザインではないですか？

鈴木　そう思います。ヴォキャブラリーとして、地元インドの建築的要素と当時のインターナショナルである古典主義とを巧く使っている。材料には地元のインド砂岩を使っています。

二川　磯崎さんが福岡の銀行で使われたような石ですよね。

鈴木　ただ磯崎さんの方が、もっと色が鮮やかじゃないですか？

磯崎　多分同じ種類の石だと思います。普通は砂岩を磨いて削って使うんです。磨くと色が沈む。それをぼくは割肌にしたわけ。するとパッと色が出て来る

んです。ファテプール・シクリに使われている赤砂石なんですよ。福岡の銀行をやるときに、最初は御影にしようかとかいろいろ考えたんだけど、インド砂岩なら安くつくだろうと思いついたわけです。で、日本で初めて塊で輸入したんですよ。

鈴木　近代建築家はよく石を使いますよね。ミース・ファン・デル・ローエはすごくきれいに使った。コルビュジエは乱積みにするぐらいでしょうか。

磯崎　一九三〇年代に、コルビュジエは乱積みの石を使いますね。それこそ、ピュリズムのなかに、ルスティックなものが混入したわけです。それがコルビュジエ論のなかで一つの大きなテーマなんじゃないかと思っているんです。ぼくなりの解釈をすると、何度も話に出ましたが、あの時期コルビュジエはアルジェの娼婦の館に通っていて、ヌードを一生懸命描いていた。それはレジェの影響を受けていたんです。ボテッとした肉体というよりは肉そのものといったもので、そういう感覚として乱石積みが出現したんじゃないかというのが、ぼくの読みなんです。証明不可能ですから何とも言えませんが(笑)。

鈴木　昔、生田勉さんが乱石積みのことを問題にされて、これだけが不思議だけれど、コルビュジエ自身も手業のルーツを捨てなかったんだろうと言ってました。

磯崎　手仕事というよりもっと生々しいものだとぼくは思いますね。

カルロス・ラウール・ビリャヌエバ：ベネズエラ中央大学(第1期、第2期)
1944-47、1952-57

ベネズエラ中央大学、アウラ・マグナ
(アレクサンダー・カルダーによる「雲」のある講堂)

フェリックス・キャンデラ：サン・ヴィンセンテ・デ・パウル教会、1959-60

ラテン・アメリカとヨーロッパの関係

二川　南米の五〇年代は、二つ大きなものが動いています。**ファン・オゴールマン**［一九〇五～八二］が壁画を描いたメキシコ大学都市と、**カルロス・ラウール・ビリャヌエバ**［一九〇〇～七五］の**ベネズエラ中央大学**。ヨーロッパがまだ瓦礫の山という頃に出来ているんですよ。

磯崎　ビリャヌエバの大学は、インテリアをジャン・アルプやアレクサンダー・カルダーがやってますよね。これを見ると、ピュア・モダニズムは南米にしか出来上がらなかったんじゃないかとも思う。

鈴木　南米のモダニズムはピュアなんですか？

磯崎　ビリャヌエバは、モダニズムのヴォキャブラリーを明瞭に駆使しています。メキシコの**フェリックス・キャンデラ**［一九一〇～九七］も注目していいし、ごく最近再発見されたがごとくに出版された、キューバの国立美術学校の建物にぼくはいたく感心しました。建築家

ファン・オゴールマン［Juan O' Gorman、1905-1982］：メキシコの画家、建築家。建築家としての活動の初期には、モダニズムのヴォキャブラリーを非常に軽快な形で、色彩豊かに構成したディエゴ・リベラとフリーダ・カーロの家（1932）を設計。その後、メキシコ先住民の文化に根ざしたモザイクや壁画を用いた自邸やメキシコ国立自治大学中央図書館壁画を手がける。晩年は主に画家として活動した

カルロス・ラウール・ビリャヌエバ［Carlos Raúl Villanueva、1900-1975］：ベネズエラの建築家。多くの都市の近代化に重要な役割を果たし、同時に建築も設計した。世界遺産にもなっているベネズエラ中央大学キャンパス＝大学都市は、2km^{2}の広さに40の建物が立ち並ぶ。多くのアーティストと協働し、マスタープランと建築が高度なレベルで結実したモダニズムの傑作

マリオ・パニ+エンリケ・デル・モラル：メキシコ大学都市（メキシコ国立自治大学）、1952-53
（オゴールマンは中央図書館の壁画を手がけた）

はヴィットリオ・ポロおよびゴッタルディとガラッティ。煉瓦造での様々な可能性を徹底的に追求している。土着の雰囲気が生々しく伝わってきます。

二川　ぼくは当時、ビリャヌエバに何度か会いましたが、彼はヨーロッパと直結していた。自国の文化は関係なくて、ヨーロッパから一足飛びでカラカスにやって来てつくっているという感じだった。メキシコは、民族主義的な要素が強くて、モダニズムとはちょっと違っていましたが。

磯崎　メキシコ・モダニズムに関しては、日本でトピックスがあります。四〇年代半ば、アメリカの占領下になってからアメリカ的モダニズムが日本に入って来ます。イサム・ノグチさんもそうだし、石元泰博さんの桂離宮の写真に示されるようなものですね。そして、メキシコ展というのが一九五四年にあるんです。これは今の国立博物館の一階を端から端まで全部使ったもので、インスタレーションは丹下さんがやりました。ぼくの印象としては、アメリカのモダニズムに対してもう一つの土着のモダニズムが出てきた感じがした。アズテックの大きなお面が入口正面にあったんです

フェリックス・キャンデラ［Félix Candela、1910-1997］：スペイン出身、メキシコで活躍した構造エンジニア、建築施工者。直線の連続でつくられる=施工しやすい三次元曲面で、放物線断面を持つHPシェルの可能性を追求。1951年の宇宙線研究所は、建築の架構が宇宙線を透過する必要があるため、頂部で厚み1.5cm、エッジで4cmのシェルを実現し、名前をとどろかせた。メキシコで活動する約20年の間に約300件の建築を手がけた

ね。ぼくは大学を卒業する直前ぐらいで、すごく興奮したのを覚えてます。それがぼくは、縄文的なもの、ブルータリズムに繋がっているんじゃないかと思う。アメリカのモダニズムは弥生ですから、新しい視点でのモダニズムを日本で組み立てていくきっかけになったのは、このメキシコ展じゃないかと。

二川　メキシコ展と縄文的なものとの繋がりは、感覚として非常によくわかりますね。この展覧会がきっかけで、六〇年、マヤ探検隊を早稲田大学で組織するんです。それにぼくは参加して六ヶ月間中南米を走り廻りました。それまでの美術史や建築史にはメキシコは全然出てこなかった。それがドーンと目の前に出てきたんですよね。確かにあれはショックだった。

磯崎　二川さんの民家の写真も、これに関係なくはないと思う。つまり、あの民家の写真が世の中で成立すると思う理由の一つは、あのメキシコ展が組み立てたんだと言っても過言ではない。岡本太郎の動きも関係なくはないでしょうね。

そのときのメキシコと言えば、ディエゴ・リベラ、ダビッド・アルファロ・シケーロス、ファン・オゴールマンらで、**ルイス・バラガン**［一九〇二〜八八］は住宅作家でしたが常にリーダーシップをとっていた。彼らはその頃のニューディール政策時代のアメリカの壁画運動とも関係してくるんです。アメリカの公共建築を壁画で埋めるというようなもので、一種のアーティストの社会的な救済事業だったのですが、ロックフェラー・センターにメキシコの壁画を描く連中が呼ばれてくるんですよ。確かリベラだったと思いますが、ロックフェラー・センターのエントランスの壁画にマルクス＝レーニンの絵を描きます。それでもめて潰されるんですね。そういう連中がメキシコへまた流れていくわけです。イサム・ノグチさんもその頃メキシコへ行って、フリーダ・カーロとできちゃったりする。

彼らの動きはメキシコ社会主義的リアリズムとで

ルイス・バラガン［Luis Barragán、1902-1988］：メキシコの建築家。住宅地開発の計画も多く手がける。メキシコの材料や色彩、大農園の邸宅（アシエンダ）の内外空間の関係性などを読み込みながら、ヨーロッパのモダニズムの影響を受けたシンプルなヴォリュームを用いることで、多用する光と水の効果を高めたエモーショナルな住宅を設計する

ル・コルビュジエ：クルチェット邸、1948

も言えるようなもので、日本では、スターリンはかなわないけどメキシコの民族主義かつ社会主義はいいという感じがあった。彼らはみな共産党で、シケーロスという絵描きはトロツキーの暗殺を計画した一派なんですよ。彼がやるはずだったんだけど、順序が狂って別の奴がトロツキーを殺したらしい。そういう彼らの壁画の迫力は相当なもので、今世紀の壁画のなかでは一番レベルが高いんじゃないかと思いますね。

鈴木　それがモダニズムの直系と言えるんでしょうか。磯崎さんのピュア・モダニズムという言葉が頭に残っているんですが、それらはむしろ戦後の民族自決という運動のなかで出てきた民族的表現ではなかったのか。モダンではあるけれど。

磯崎　メキシコは民族的表現だったけれど、ビリヤヌエバは、まったくモダニズムだし、ブラジリアもそう言えると思います。アルゼンチンはどうかという感じもしますが、ただ、コルビュジエの**クルチェット邸**という住宅がブエノスアイレスのニュータウンにあって、これは**サヴォア邸**よりも質が高いとぼくは思います。

二川　あの住宅はぼくもいいと思います。

磯崎　サヴォア邸はコンセプトをそれこそピュアにつくったものですが、こちらは敷地がいびつで一種のタウンハウスなんです。そういう状況でも、彼のメソッドは成り立つということを示している。

鈴木　サヴォア邸自体は一つのモデルで、これは方々に建てられるんだということをコルビュジエ自身も言っていますよね。

磯崎　そうですね。サヴォア邸を並べたスケッチなんかも残してますからね。

アルゼンチンは他にはあまり目立つものがないので

サヴォア邸[Villa Savoye、1931]：前述(p.143)

すが、ブエノスアイレスに二〇世紀の初めにオペラハウス[コロン劇場]が建っています。これは十九世紀末の国際コンペで一等になったものですが、十九世紀のヨーロッパの建築家の経歴を辿ると、ほとんど全員応募しているんです。

鈴木　十九世紀末というと、オペラ劇場華やかなりし頃ですね。

磯崎　ガルニエのオペラハウスが出来てすぐの頃です。それがなかなかいいオペラハウスで、ガルニエよりガルニエらしいようなものがより大きな規模で出来ているわけです。

二川　現在、世界中のオペラハウスで、十九世紀のオペラハウスの雰囲気を一番持っているのは、ブエノスアイレスだと思いますね。豪華絢爛で、来る人を見ているのと映画を見ているような感じがする。

磯崎　メキシコは土着的な感じがあるけれど、アルゼンチン人のメンタリティはヨーロッパ人よりもヨーロッパ的だという感じはありますね。

アメリカ：SOMの時代

二川　五〇年代、六〇年代のアメリカとしては、SOMという集団は評価しないといけないと思うのです。かなり程度の高い大組織だと思うんですが、磯崎さんはどう思われますか。

磯崎　今、アメリカの組織設計事務所の分類は、3キャピタルといって、三人組の頭文字で出来た事務所が多く挙げられます。SOM、KPFなどがそうで、元々は、**マッキム・ミード・アンド・ホワイト**から来ているわけです。その三人組というのは、営業とデザイナーとプロダクションという形で役割分担されている。マッキム・ミード・アンド・ホワイトで言えば、ホワイトがデザイナーです。余談ですが、彼はマディソン・スクエア・ガーデンの工事現場で殺されるんですよ。

SOM[Skidmore, Owings & Merril、1936-]：前述(p.205)
マッキム・ミード・アンド・ホワイト[McKim, Mead & White、1879-1961]：前述(p.213)

SOM：チェイス・マンハッタン銀行、1957-61

二川　どうして?

磯崎　誰かの女を寝取ったとかで。殺した奴はマディソン・スクエア・ガーデンを見て、あんなすごいデザインをやる奴だとは知らなかったという話になってる(笑)。

　とにかくあの三人組が良かったのと同じ形で、初代SOMは良かったんじゃないかと思います。スキッドモアがデザイナーでしたよね。ところがその後の展開があって、二代目のゴードン・バンシャフト[一九〇九～九〇]以降は独立したパートナーシップになっていったんです。いわゆる法律事務所と同じ構成をつくり始める。それが巧く成功して、優秀なデザイナーがかなり自由に仕事がやれるようになるんです。

　そう考えると、SOMの重要な存在はバンシャフトじゃないかと思いますね。スキッドモア自身は、ウィリアム・レスカーズ[一八九六～一九六九]やグッドウィンなどの三〇年代から四〇年代のモダニストの事務所の流れを引いていたと思うのですが、それを今の典型的アメリカン・スタイルに仕立て上げたのは五〇年代のバンシャフトでしょう。彼が**レヴァー・ハウス**をやるし、**チェイス・マンハッタン銀行**もそうです。イェールの図書館みたいな妙なものもつくりますが(笑)。ぼくはこれが一番気に入っているんですよ。彼は、アメリカの資本家のすべてのメンタリティを受け持って、それに答えを出していった人なんだと思います。大家ぶったりしないで、当時アメリカで使えるテクノロジーを全部投入して適切な解法を求める。そういう感じがします。

鈴木　ぼくだけかもしれないけれど、バンシャフトとSOMを我々の世代はあまり分けて考えなかった。我々にとってのSOMはバンシャフトの時代だったかもしれない。

二川　しかし、SOMも七〇年代になると、凋落していきますよね。

磯崎　もう次世代になっているんです。ブルース・

グラハム［一九二五～二〇一〇］とかウォルター・ネッチュ［一九二〇～二〇〇八］とか。その辺からプリンシプルは崩れるし、パートナーシップというシステムだけが残る。ブルース・グラハムが最後の代じゃないでしょうか。ジョン・ハンコック・センターやバルセロナにツイン・タワーをつくってますね。その前に**フランク・ゲーリー**が魚の彫刻を置いてる。今でもニューヨーク・オフィスにはデイヴィッド・チャイルド［一九四一～］がいて、組織を生かした仕事をしています。ゲーリーやアイゼンマンは彼と組もうとする。信用はあるし、技術もある。ただなかなか実現しませんが。

鈴木　これもぼくらの世代の特徴かもしれないけれど、三文字の事務所をそれ自体のイメージで捉えてしまうところがある。つまり、マッキム・ミード・アン

SOM：シアーズ・タワー、1974

SOM：アメリカ空軍アカデミー、1954-62

フランク・ゲーリー［Frank Owen Gehry、1929-］：前述（p.217）

SOM：レヴァー・ハウス、1951-52

ド・ホワイトからシュリーブ・ラム・アンド・ハーモンの時代になって、次にSOMがくるという流れで考えすぎていたのかもしれません。

西海岸の住宅作家

二川　この辺りで、アメリカ西海岸に話を移してみると、**リチャード・ノイトラ**［一八九二〜一九七〇］と**ルドルフ・シンドラー**［一八八七〜一九五三］はどうなんでしょうか。シンドラーは最近評価が上がっていますが。

磯崎　六八年から六九年、ロサンゼルスにいたときに、シンドラーの建物を全部見て廻りました。あの有名なビーチ・ハウスに住んでいたロヴェル氏が、ノイトラの**健康住宅**のクライアントでもあるんですよね。そのロヴェル氏に会いに行った。かなりの高齢で、ぼくは、なんで健康住宅に住まずにこちらに住んでいるんですかって聞いた覚えがある。そうしたら、健康住宅は売り払ってしまったんだと言ってました(笑)。

シンドラーはフランク・ロイド・ライトのところにいて、一九二〇年前後にライトは日本と行き来していたんですが、シンドラーは、日本に来ずにホリホック邸の現場監督をやらされていたんです。入り口の横の門番の家はシンドラーがやったということになっています。その頃に**自邸**をつくっているんです。床で全部コンクリートを打ち、それを起こして壁にして、木造でビームを渡すというティルト・アップ工法をそこではやっている。構造的に危ないということで問題になっている

リチャード・ノイトラ：健康住宅、1927-29

ルドルフ・シンドラー：ロヴェル・ビーチ・ハウス、1922-26

ようですが、今でもちゃんと建ってます。その彼を追いかけてウィーンからノイトラが出てきたんですよ。最初は仲が良かったんですが、シンドラーが**ロヴェル・ビーチ・ハウス**をつくった後、ロヴェル氏がもう一軒住宅をつくることになったとき、彼はノイトラを薦めた。そうしたら、これでノイトラが突然有名になってしまった。有名になったがゆえに二人は喧嘩になった。その後二人は、同じ場所、ロサンゼルスにいてまったく口をきかないまま別の仕事をやっていくわけです。結局、シンドラーの方が早く死ぬ。しばらく病院に入っていたんですが、そうしたらノイトラが交通事故で同じ病院に担ぎ込まれて、ベッドが隣り合わせだったという話がある(笑)。これは出来過ぎの話ですが……。

鈴木　しかし瀕死の病人の横に、交通事故のオッサンが来るなんて、あり得ないですよ(笑)。

磯崎　エスター・マッコイの書いた本で読んだ記憶があるんですよ(笑)。

鈴木　歴史家は話をつくるから注意しないといけません。

磯崎　質としては、ノイトラはコルビュジエというか**ヴァイセンホーフ**的なモダニズムの筋に完全に乗っかっている仕事ですね。それとはシンドラーは違っていた。ライトがコンクリート・ブロックを使っています

ルドルフ・シンドラー:シンドラー自邸、1921-22

リチャード・ノイトラ[Richard Neutra、1892-1970]:オーストリア出身、アメリカの建築家。ドイツ、スイスで実務を経験した後アメリカに移住。ライト事務所、次いで友人だったシンドラーと働く。ヨーロッパのバウハウス的な機能主義をアメリカ西海岸で展開し、クライアントから要望を詳細に聞き取り、また外装を自由なスキンとして扱うことで、自然との関係を調停する「バイオ・リアリズム」を提唱

ルドルフ・シンドラー[Rudolf Schindler、1887-1953]:オーストリア出身、アメリカの建築家。オーストリアで働いた後アメリカに移住。ライトの事務所で大きな役割を果たし、在職中から自らの仕事を行う。ライトと決別して独立後、ロサンゼルスを中心に、現場製作のPCパネルによる躯体フレームに、木材とガラスでオープンな外皮を纏わせる「シンドラー・フレーム」によるローコストの建築をつくった

が、シンドラーは同時にコンクリートをプレキャストで使うようなことを考えていたんです。建物を様々な素材で構成していくという、どちらかというと構成主義、**デ・スティル**のコンセプトでやっていた。それは後期に至るまで変わってないと思う。だからプランやエレベーションがすごく複雑なんですよ。ノイトラは、大型パネルを使うとか近代デザインの一般的なプレファブリケーションの方向へ行っちゃっているから単純で明解なんですね。当時の一般的な流行としたら、ノイトラの方がメインストリームに入った人だと思います。シンドラーはそこからは外れていった人ですよね。

二川　ノイトラは、中産階級のクライアントが比較的付いていましたが、シンドラーの家はローコストのものが多い。学生のためのアパートを多くつくっているし、住宅にしてもそうです。

磯崎　それは、おそらく付き合ったディベロッパーの違いでしょうね。

二川　面白いのは、スティーヴン・ホール［一九四七〜］とか今のアメリカの建築家がかなりシンドラーの影響を受けていると思うのです。トム・メイン［一九四四〜］もかなり研究していて、シンドラーのエレメントを使っている。でもノイトラの真似をしてる奴は誰もいないね。

磯崎　そう言えばそうですね。最近のスティーヴンなんて完全にそうですね。

鈴木　磯崎さんが今整理された、まさしくその理由によるのでしょうね。

磯崎　シンドラーは、構成じゃなくてヴォリュームだと言ったインターナショナル・スタイルの、その前に戻らないと先はないということがわかっていたんだと思います。ぼくは三〇年前、週末ごとにこの辺りの近代建築廻りをやりましたが、ノイトラは何だかつまらなくてすっ飛ばしていました。シンドラーはすぐに見つかる。ノイトラのものはその前を何回も通って気がつかないことさえある。似たものがあまりにたくさん出来てしまったためでしょう。

鈴木　西海岸というと、**チャールズ&レイ・イームズ**［チャールズ／一九〇七〜七八、レイ／一九一二〜八八］の家や少し前のグリーン&グリーン［C・グリーン／一八六八〜一九五七、H・グリーン／一八七〇〜一九五四］、バーナード・メイベック［一八六二〜一九五七］、ジュリア・モーガン［一八七二〜一九五七］な

ヴァイセンホーフ・ジードルンク［Weissenhof Siedlung、1927］：前述（p.167）

デ・スティル［De Stijl］：前述（p.108）

チャールズ&レイ・イームズ［Charles and Ray Eames、C: 1907-1978、R: 1912-1988］：アメリカのデザイナー。20世紀中期の工業デザインに大きな影響を及ぼした。特に成型合板の技術を発展させ、多くの家具などを開発。雑誌『Arts & Architecture』の編集に関わり、ケース・スタディ・ハウスの一つとして自邸を設計。全てを既製品によって構成するコンセプトを掲げた。1960年代以降は、ショートムービー製作や展覧会構成を多く手がけるようになる

どはどう評価されますか。

二川　**イームズ邸**は、**ケース・スタディ・ハウス**の一つとして重要視してますし、大きな影響力があったと思います。ぼくの知り合いが、最近ケース・スタディ・ハウスを一軒買ってきれいにしたのですが、ペンキを塗り替えたり絨毯を張り替えるだけで新品同様になる。ロサンゼルスの、雨が降らず湿度がない気候には持ってこいのシステムだとは思います。ただ、ぼくの考え方が古いのかもしれないけど、イームズたちの考え方は、インダストリアルや家具の方に接近していて、ぼくが考えている建築とはちょっと筋道が違うんですよね。

鈴木　するとその前のグリーン＆グリーン、メイベック、モーガンなんかは古い、ですか？

二川　古いと思いますが評価はしています。グリーン＆グリーンは『GA』も出してますから。ただ、ぼくの建築観のなかには入ってこない人ですね。つまりメイベックとかモーガンとかは発展性がないんですよ。行き止まりというか（笑）。

鈴木　行き止まりではありますが、そういう人って面白いんですけどね。メイベックはヴィクトリアンの枝葉の人なのかもしれませんが、サンフランシスコの博覧会を手がけていてなかなか面白いと思う。一番有名なのが**クリスチャン・サイエンティスト第一教会**でしょうか。グリーン＆グリーンには日本的オリエンタリズムが入っていますが、メイベックはカリフォルニ

グリーン＆グリーン：ギャンブル邸、1908-10

ケース・スタディ・ハウス［Case Study House、1945-1966］：アメリカで第二次世界大戦後の住宅ブームに対し、経済的で機能的な住宅モデルを提示するため、雑誌『Arts & Architecture』のスポンサーにより、有名建築家に依頼し建てられた実験住宅。クレイグ・エルウッド、ピエール・コーニッグ、イームズ夫妻、エーロ・サーリネン、ノイトラらが設計し、写真家ジュリアス・シュルマンによる雑誌上のヴィジュアル・イメージと共に大きなインパクトを読者に与えた

ア・ヴィクトリアンという感じがする。どちらにしろ伝統の行き詰まりのところで、妙なスタイルが出てくる。それが興味深いんですよね。

二川　ただ、グリーン＆グリーンとメイベックは全然別物でしょ？

鈴木　別ですね。その意味ではメイベックの方が本格的アーキテクトだと思う。ただどちらも道の果てに立っていて、その脇をモダニストが通り過ぎていってしまうという人なのかもしれませんが。

バーナード・メイベック：クリスチャン・サイエンティスト第一教会、1910

二川　メイベックは、ロスには生まれないけどサンフランシスコだから生まれたというような印象は持ちますね。反対にグリーン＆グリーンはサンフランシスコでは生まれないけれど、ロスだから出てきたという感じはある。

鈴木　その中間あたりでジュリア・モーガンが出て来るんでしょうか。彼女は新聞王のハーストのために巨大な邸宅をつくっていますが、あれこそアメリカのヴァニティ《虚飾》の世界だろうと思うし、あれでアメリカがわかるなあという気がするんです。

二川　そういうわかり方をされると困るんですけどね（笑）。ハースト・キャッスルはディズニーランドに近いんじゃないですか？

鈴木　まさしくそうですね。グレイト・ギャツビーの世界でもある。それがアメリカを示しているというか……。

二川　アメリカというかハリウッド、ウエスト・コーストでしょうね。しかし建築史にはあまり関係ないんじゃないですか？

鈴木　いえ、ああいうものも重要なんですよ（笑）。

二川　例えば、メイベックなんてぼくは巧いなと思うわけ。この間亡くなった**ジョン・ロートナー**［一九一一〜九四］がその感じを引き継いでいるような気がします。ロートナーはスケールが巨大なので、今の時代には合わないかもしれないけど、クライアントは、ほぼ皆満足していて、ぼくは非常に買っている。

磯崎　ロートナーはぼくも巧い人だと思う。また復活してくる建築ですね。今ロートナーを継いでいるのはゲーリーですよ。ロートナーの複雑な、つまりケース・スタディ・ハウスとは逆のオーガニックなデザインをゲーリーはかなり意識していると思いますね。

二川　それはわかります。ロートナーのキッチュなところをゲーリーはピックアップしている。

ケース・スタディ・ハウスの話に戻すと、鈴木さんはどう思っておられますか。

鈴木　二川さんは、ああいう風土だからこそ機能しているが、家具的世界に近くて自分の考える建築とは違うと言われましたけど、ぼくらはこれからの建築はああなるかもしれないよと言われて育った世代なんです。だから非常に印象的な建物ではあるし、今後ともああいう可能性はあると思います。

磯崎　先にも話しましたが、建築学会の座談会で、二〇世紀を決めたものを挙げよと言われたとき、**アドルフ・ロース**のラウムプランともう一つはイームズの自邸だと言ったんです。ラウムプランについてはすでに言った通りですが、イームズの家は、カタログを集めてきてそれを注文したら家が出来ちゃったというものですよね。今で言えば現場小屋みたいなものをつくったわけです。二〇世紀後半の建築というのは、カーテンウォールの建築やら鉄骨やらいろいろな理屈はあるけれど、全部大量生産品ですよね。つまり一品製品を使わないとするならば、全部イームズの方法でしかない

ジョン・ロートナー［John Lautner、1911-1994］：アメリカの建築家。ライトの下で働き、独立後も西海岸のプロジェクトを手伝う。プレストレスト・コンクリートや集成材など新しい技術を使いながら、ライト経由の「オーガニック・アーキテクチャー」を独自に展開。裕福な施主に恵まれたことや、山の手の傾斜地の敷地が多かったことから、風景を享受する持ち上げられた建築表現を得意とする。外部環境に流動的につながっていく、レベル差のある空間を、全体として一つのコンセプトを持つ建築としてまとめることを重視した

アドルフ・ロース［Adolf Loos、1870-1933］：前述（p.44）

わけです。SOMだってカタログを集めてそこから仕様書をつくって指定するわけですよ。すると工場から現場に材料が来て、組み立てて出来上がる。これはイームズがやったのと同じ手法です。現在になってもそれを越えるつくり方はない。サグラダ・ファミリアみたいなものがいまだつくられているというアナクロニズムは唯一際立っているけれど、残りは全部イームズが

ジョン・ロートナー：アランゴ邸、1977

フランク・O・ゲーリー：ゲーリー自邸、1979

カバーしている。大げさに言えば**ミース・ファン・デル・ローエ**が骨組みをつくった。それをイームズが表層をカバーした。そして都市は全部そうなってしまったと。

鈴木　今のお話には、とても磯崎さんらしい世界観が現れている。つまり、極めて魅力的で説得力のある図式を示して、その上で自分はそのいずれでもないという話し方をされる。それが磯崎さんの世代の精神なのだろうと思います。それに対して、我々はまさしくそういうことを習って建築を始めたところがあるんですが。ただ、そういうことを言っていた先生は、かえって今では伝統工法の重要性を説いたりしています。

しかし実はいくらレディメイドっぽいビルであれ、ごく普通の住宅であれ、オープンパーツだけでは絶対にきれいに出来ないんですよ。理屈から言えばイームズの言った通りだけど、現実はその通りにはならない部分が必ず残ってしまって、むしろそこが建築というものなのではないか、と思うわけです。これからの建築とは百年遅れて自動車を追いかけていくとか、コンポーネントを組み合わせれば全体が出来るという話だったけれども、実際には必ず隙間が残る。そこが建築だし、むしろ都市というものの性格だと。

磯崎　有難いことに、鈴木さんは何とかして建築をいまだに信じようとしている。だから頼もしいのですが、建築家であるぼくは、カタログ建築家にもクラフト建築家にもどっちにもころんでいける可能性を持って、それを選択することから仕事を始めました。九九％対一％のどちらを選ぶか、というわけです。一九三二年のＭｏＭＡの展覧会[The International Style: Architecture Since 1922]は、九九％はこっちだよという予想に基づいていた。都市はそうやって出来た建物で埋められる。だがそのなかからあらためて一％が出現する。こっちに引きずられる。

大文字の建築とぼくが言い出したのは、この両方をカバーできる超越概念を引き出そうとしたことです。

ルートヴィヒ・ミース・ファン・デル・ローエ[Ludwig Mies van der Rohe、1886-1969]：前述(p.16)

とは言っても、凝りに凝った建物も、いい加減に寄せ集めた建物も同じように〈建築〉とぼくらは呼んでしまう。それらを建築として認定する認定の仕方自体が建築をつくってしまっているというのが今のぼくの話であって、この二つはそのたとえです。だからどちらもぼくの好みではないし、ぼくの仕事ではない。だけど、これを抜かすわけにいかないし、世の中の九九・九%を支配しているものです。だけどそれを認めちゃったら、することがなくなるわけ。

二川　ぼくもそれを言っているんですよ。あれを肯定してしまったら、建築家はすることはないんじゃないかと。

鈴木　ケース・スタディ・ハウス的なオープンパーツによる建築の可能性は一九六〇年代の日本では、大いに論じられていた。けれども現在では、その流れはイージーオーダー的な商品化住宅の花盛りという方向になってしまった。オープンパーツを論じていた当時の先生の方は、木構造の可能性を説く方に転じてしまったし、ぼくとしては奇妙な歴史の流れを感じます。

ヨーロッパの戦後：ジェームズ・スターリング

二川　時代はだいぶ最近のことになってきましたが、ヨーロッパの戦後はどうでしょうか。ぼくは、ジェ**ームズ・スターリング**［一九二六～九二］の**レスター大学工学部**は、かなり重要なものだろうと思うのです。

磯崎　当時、いろいろ建ってはいたんです。イギリスには、サンディ・ウィルソン［一九二二～二〇〇七］とか、デニス・ラズダン［一九一四～二〇〇二］など一つの前のブルータリズムのジェネレーションがいた。そのなかで巧かったのは、カナダのアーサー・エリクソン［一九二四～二〇〇九］でしょうか。彼はシャープで巧かった。例えばアメリカだったら**ポール・ルドルフ**［一九一八～九七］が挙げられるようなジェネレーションです。つまり大したものではなかった。その中からスターリングが突出して出てきたということでしょうね。

鈴木　一種の怒れる若者みたいな感じがあったという記憶があります。

　五〇年代、六〇年代のヨーロッパというと戦災復興の側面が大きかった。その意味では、**ユネスコ本部**は

ジェームズ・スターリング［James Stirling、1926-1992］：第二次世界大戦後のイギリスの建築家。ジェームズ・ゴーワンと設計活動を始めたが、後にマイケル・ウィルフォードとのパートナーシップとなる。初期の「ブルータリズム」と言われた作品は、チーム10以降のモダニズムの展開をイギリスのハイテックな方法を引き継ぎながら、かつレンガタイルなどの素材を用いながら即物主義的に実現し、建築界に衝撃を与えた。1970年代以降は、都市の大プロジェクトが増え、より古典主義的でポストモダンなヴォキャブラリーを用いるようになる

ポール・ルドルフ［Paul Rudolph、1918-1997］：後述(p.291)

チャールズ・イームズ：イームズ自邸、1945-49

イームズ自邸、居間

かなり早く出来ていますね。あれは山田守の設計した病院に似ているというスキャンダルがありました。

磯崎　ユネスコ本部の設計が**マルセル・ブロイヤー**になったというのは、**ル・コルビュジエ**にはすごくショックだったようですよ。ああいうものは当然オレがやるとコルビュジエは思っていた。これはアメリカ人の陰謀だということで、ますますコルビュジエはアメリカを嫌いになる。

鈴木　しかし、普通戦後のヨーロッパというとコルビュジエ以後で話すことが多いですが、スターリング出現後と二川さんが言われるのはどうしてなんでしょうか。

ミース・ファン・デル・ローエ：ベルリン国立美術館、1962-68

マルセル・ブロイヤー＋ピエール・ルイジ・ネルヴィ＋ベルナール・ゼルフス：
ユネスコ本部、1952-58

マルセル・ブロイヤー［Marcel Breuer、1902-1981］：ハンガリー生まれ、アメリカで活躍した建築家。ドイツのバウハウスで家具デザインを教えた後、渡米、グロピウスと協働する。初期においては、建築よりむしろ家具デザインで著名だったが、1953年ユネスコ本部の依頼が転機となり、コンクリートによるブルータルな彫刻的造形を追求（イギリスの「ブルータリズム」とは異なるもの）。現代的なスケールに対し独自の建築的存在感を表現し、一連の教会建築はその純粋な表れ

ル・コルビュジエ［Le Corbusier、1887-1965］：前述（p.113）

二川　コルビュジエはぼくにとっては、その時代においてはもう過去の人という分類なんです。一九六三年に磯崎さんとヨーロッパを廻ったときに、フランスにしてもドイツにしても衝撃的なものはなかった。ミースは帰ってきてベルリンにナショナル・ギャラリー［ベルリン国立美術館］をつくったけれども、もう大家だったわけです。そういうところにスターリングが登場した、という印象が強い。

鈴木　ぼくもレスター大学工学部は非常に衝撃的だったんですが、一つはハイテックに繋がるようなイギリスのメカニカルな伝統、即物的なメカニズム愛好みたいなものが現れているわけです。その一方に、経験主義的モダニズムの根がある。確か、スターリングの奥さんはモートン・シャンドというイギリスの評論家の娘さんでして、シャンドはイギリスのモダニズムを一生懸命評価したパイオニアなんです。レスターのなかには、チャールズ・ホールデン［一八七五〜一九六〇］など流線形の煉瓦建築をつくるような経験主義的モダニズムとメカニズムの両方が併存していて、それがシュールレアリスム的出会いだとも言える。その面白さと新しさに、皆、次の時代に開けたなという感じを持ったんだと思う。スターリング自身としてはレスターが一番にして最高で、最終的には収支決算が付かなくなっちゃった人だと思うんですけどね。

二川　そうかもしれませんね。レスターをトップにして、階段状に落ちてくるという。

鈴木　**シュトゥットガルトの美術館**を越えればまた何かできたのかもしれませんが。

磯崎　ぼくはスターリングに近い人たちを個人的にも知っていたということがあるんですが、スターリングの後を継がなきゃならないのはお前じゃないかと言われたことがあるんですよ。例えば、ボブ・マックスウェルなんかからも言われました。思いもかけなかったんですが。

鈴木　確かに磯崎さんの初期にはレスターの影響ってありますよね。
磯崎　ぼくとしては、それほどの意識はないんですけどね。
鈴木　ぼく、シュトゥットガルトの美術館のなかで、磯崎さんの計画を見たことがあるんですが……。
磯崎　それは建物の向かい側のコンペだったんです。通ったけれども建たなかった。
鈴木　あれを見たとき、継いだという感じはしなくて、磯崎さんは次の時代の人だという印象でした。
磯崎　ぼく自身は受け継ごうなんて思ってなかったんですが、そう見られてしまっていると聞いて考えてみたことがあるんです。
　ぼくらのジェネレーションはスタートのときは、皆歴史的なリファレンスを持ってないわけですよ。それが途中で持ち始める。スターリングはそれを最後までキープしたんだと思うんですね。ぼくは、途中で消えたりしながら間接的にはリファレンスしていた。そこが似ているということなのかなと思ったわけです。他の人は歴史を早く忘れようとするんですよ。

鈴木　ただスターリングの場合には、ハイテックの原型というか十九世紀的テクノロジーの残骸みたいなものを持っていたから強かったけれども、歴史的リファレンスに対しては、一方向でナイーブなリファレンスしかしてなかった気がするんですよ。磯崎さんの方が

ジェームズ・スターリング：シュトゥットガルト美術館、1977-84

ジェームズ・スターリング：レスター大学工学部、1959-63

もっとしたたかで、ある意味ではリファレンスすることと自体を異邦人としてやっているから、スタンスが全然違う。その自由さをスターリングが持てなかったから、収支決算が付かなくなっていっちゃったんだろうという気がしますけどね。

磯崎　完成したかどうかわかりませんが、スターリングの設計でシティに計画がありましたよね。

二川　完成しています。

磯崎　それは、ピーター・パランボというディベロッパーが二〇歳代前半で始めた計画ですが、彼はまずミースのところに行くんですよ。彼は、ファンズワース邸を買い取った人で、当時シーグラムが歴史的な事件になったというのは知っていたわけです。するとミースは一筆書きのスケッチを描く。敷地の形が違うし高さの関係もあるから、シーグラム・ビルを横に太らせて薄くしたような形にした。それがパブリック・ヒアリングで蹴られたんです。パランボはその後スターリングに頼みに行くんですね。ところが、またパブリック・ヒアリングで蹴られた。高さも低いしヴォリュームを押さえて町並みに合わせているのに何故ダメかというと、プリンス・チャールズが出てきてプランを見て、「何だ、三〇年代のラジオ・ステーションみたいな建物だ」と言ったらしい。三〇年代のラジオ・ステーションとは、プリンス・チャールズにしてみれば、好きなジョージアンではもちろんないし、正統なモダニズムでもなくて、要するに中途半端なモダニズムなんですよ。そのうちにプリンス・チャールズは介入するのに飽きちゃって、もう彼が出てこないというのがわかったので最近出来上がったんです。このエピソードでもわかるように、スターリング自身のポジションというのは奇妙なんですよ。

鈴木　ある意味では戦後の旗手であるけれども、それが三〇年代のラジオ・ステーションとして見られてしまうという。

磯崎　そうかといってコンテンポラリーにも見えない。オーソドックスなモダニズムにも見えない。でも、だからこそ面白いと思うんですが。

鈴木　ハイテックの要素もブリティッシュ・トラディショナルな要素も持っていたけれど、そのどちらにも結局は収斂できなかったのかもしれない。その間に、ハイテックならハイテックと一方に決めちゃった奴がどんどん出て来たから、どんどんそちらに越されてしまったという状況だろうと思います。

磯崎　基本的には一八〇〇年代半ばに**シンケル**が描いているような煉瓦の工場街のディテールが、レスターになったという感じがするんですね。といっても、レスターは本物の煉瓦じゃなくてタイルなんですが。

レスターには、六三年、二川さんと最初に行ったんですよね。ぼくはそのとき、ロンドンは初めてでしたから、レスターと読めなかったのを覚えてる。ライセスターと発音するので切符を買えないんです(笑)。日本を出る前に、『アーキテクツ・ジャーナル』におかしな建物が出来たって記事が載ってると聞いていたんですが、当時スターリングなんて耳にしたこともなかったから聞き流していたら、実はレスターのことだったわけですよ。調べてみると、当時のイギリスとしても衝撃的だったらしいですね。

ハンス・シャロウン、フレデリック・キースラー

二川　ヨーロッパで衝撃的だという建物は他に何があるでしょうが。

磯崎　ぼくがいまだに覚えているのは、スターリング事務所に行ったら、誰かから来た葉書を飾ってあるんですよ。それが**ベルリン・フィルハーモニー・ホール**の工事中の写真だった。その前後にベルリン・フィルの工事現場を一人で見に行ったんです。建築家らしい人がいて、「コン……」とかって言う。英語のcomeなんですね。付いて中に入って見せてもらった。後で考えてみたら、その人が**ハンス・シャロウン**〔一八九三〜一九七二〕だった。

ぼくは、この二つの建物が六〇年代の初めにヨーロッパで建った建物としては挙げられるんじゃないかと思います。そして半ばに**ラ・トゥーレット修道院**が出来るわけですよ。

カール・フリードリッヒ・シンケル［Karl Friedrich Schinkel、1781-1841］：前述(p.8)
ハンス・シャロウン［Hans Scharoun、1893-1972］：ドイツの建築家。近代建築の初期を共有する巨匠の一人。第一次世界大戦の復興計画に従事し、近代建築を実践。タウトらによる表現主義の建築家グループ「ガラスの鎖」や「デル・リンク」に加わる。ヴァイセンホーフ・ジードルンクにも参加。ジーメンスシュタット・ジードルンクではマスタープランも手がけ、そこに参加したフーゴ・ヘーリングの有機的な機能主義建築の思考に影響を受ける。戦中もドイツにとどまり建築のアイディアを温め、緻密な機能主義的な計画と、場所ごとに異なる有機的な空間を融合させた、表現主義が孕んでいた近代建築の可能性の一つを戦後に開花させた

ル・コルビュジエ：ラ・トゥーレット修道院、1953-59

ハンス・シャロウン：ベルリン・フィルハーモニー・ホール、1959-63

鈴木　ぼくが聞いた話では、スターリングの事務所にコルビュジエのスケッチが貼ってあって、よく見るとスケッチに日付けがついている。それがコルビュジエの死んだ日の日付けなんですね。つまり、スターリングが自分で描いたスケッチだったらしい。それだけ彼は近代建築の流れを意識していたらしい。そのあとでぼくはスターリングの自邸に行ったことがあるのですが、典型的なヴィクトリアンの住宅で、そこに彼はヴィクトリアンの家具のコレクションを置いていた。彼は英国の伝統と近代建築の巨匠の歴史の中間に身を置いていたのだと思います。

二川　その頃は、ある意味で巨匠が健在だったということかな。

当時のものとしては特殊な存在でしょうが、**フレデリック・キースラー**［一八九〇〜一九六五］はどうですか。エルサレムの書物の神殿を磯崎さんと一緒に見にいった覚えがある。

磯崎　ぼくは実際に見て、思っていたよりいいと思った。キースラーは、突然エンドレス・ハウスをつくるわけですが、あれはこれから流行りそうなものです

フレデリック・キースラー［Frederick Kiesler, 1890-1965］：オーストリア・ハンガリー生まれ（現ウクライナ）、アメリカで活躍したアーティスト、建築家。ウィーンで建築や絵画を学んだ後、舞台芸術や展覧会構成でキャリアをスタートさせる。デ・スティルのメンバーになるなど、前衛芸術家と交流を深め、映画上映イベントを企画する他、1929年には数少ない建築の実作としてニューヨークに映画館をつくる。コロンビア大学建築学部のデザイン相互関係研究所の所長を務め、リアルもヴァーチャルも流動空間の中に溶けるコンセプトのエンドレス・ハウスをMoMAで展示し、変わり者と言われながら作家として著名だった

よね。その前に一九二五年の万国装飾美術博覧会では、同時開催されていた劇場の展覧会で空間都市という作品をつくっている。これは棒が立体交差しているオブジェですが、なかなか面白いんです。**ハンス・ホライン**にかなり影響を与えていますね。初期の頃は粘土を使ってみたりほとんど同じデザインですよね。

二川　キースラーはどこで活躍していたんですか。

磯崎　ウィーンの人ですが一九二〇年代にニューヨークへ行って、ニューヨークで亡くなるんです。ジューイッシュだったんですね。シュールレアリスムのグループに入っていて、シュールレアリスム展の会場構成を手がけたこともあった。それとペギー・グッゲンハイムの最初のギャラリーの改造はキースラーです。ヴェニスに行く前のニューヨークのもので、戦争前後の頃だったと思います。キースラーは非常に背が低い男だったらしい。模型と一緒に写っているからスケールがよくわからないけど。

死海の書の神殿、内部

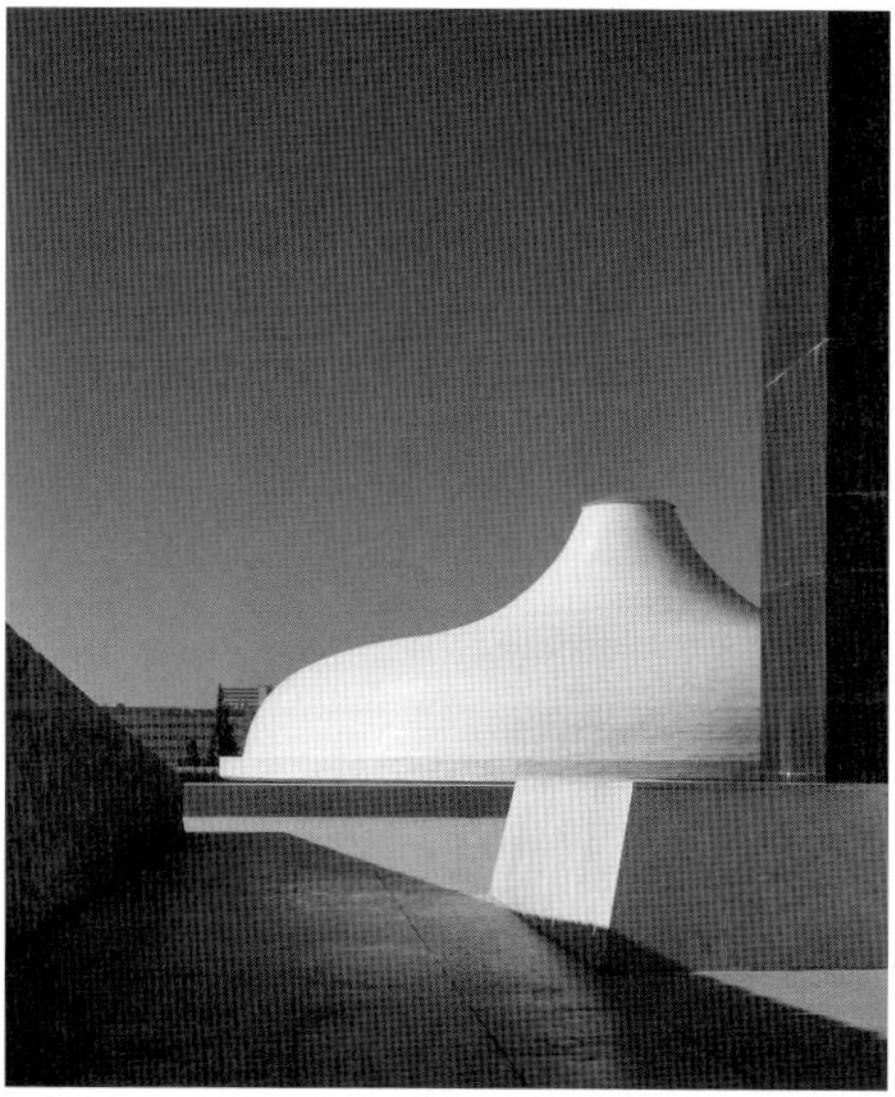

フレデリック・キースラー：死海の書の神殿、1959-65

ハンス・ホライン［Hans Hollein、1934-］：オーストリアの建築家。アメリカに留学し、教鞭も執る。バークレーでは環境デザインを学び、プエブロ・インディアンの建築における、環境との連続性に大きな影響を受ける。その後、ウィーンに戻り、前衛的な芸術家と交流しながら、都市や環境と建築を接続する新しい建築表現に取り組む。そこでは、廊下や階段、スロープなどが重要な役割を果たすが、それを単なる独立した建築的要素というより、建築の壁体やテラスなどの空間構成そのものとして扱う（メンヒェングラートバッハ美術館やハース・ハウスなどを参照）。数多くのビエンナーレやトリエンナーレなどで重要な役割も果たした

二川　彼は建築家なんでしょうか。

磯崎　自称建築家でしょうね。エルサレムの書物の神殿の、鐘のようなドームは迫力があるし空間の構成はなかなかいい。そういうスケール感は、空間都市にすでに現れている。ただこれも二川さんの言う行き止まりですよ。誰も一般化した人はいない。

戦後ウィーンに奇妙な人が何人か現れますが、彼はそのハシリだったと思います。例えば、レイモンド・エイブラハム［一九三三〜二〇一〇］。ぼくはコンセプチュアル・アーキテクトということで日本に紹介したんですが、彼は、ウィーンにいる頃にアルプス山中に建つ山小屋の写真集を出しているんですよ。その小屋は木造のものや石積みのものなどいろいろあって、屋根にはそこらの石を張っている。なかなか良くて、ロージエの「プリミティブ・ハット」がアルプスにあったらこんな感じだろうというようなものなんです。

そしてワルター・ピッヒラー［一九三六〜二〇一二］は、それにそっくりなものを実際にデザインするんですよ。ディテールからすべて実物大の彫刻としてつくるんです。そして出来たドローイングを展覧会に出して売っては、建物をつくる。彼のドローイングは非常に巧くて、エットーレ・ソットサス［一九一七〜二〇〇七］と話をしたときに、誰のドローイングが巧いかといったら、ピッヒラーの名前を挙げるぐらいなんですよ。ですが建築家としては絶対にリストには上がってこない奴なんです。誰も認めないわけですよ。

ハンス・ホライン：ハース・ハウス、1985-90

マルク・アントワーヌ・ロージエ［Marc-Antoine Laugier、1713-1769］：前述(p.6)

イタリア黄金時代とフランス・グラン・プロジェ

二川　後はヨーロッパの戦後として挙げられるのは何でしょうか。

磯崎　五〇年代ですが、ミラノの**ジオ・ポンティ**［一八九一〜一九七九］の**ピレッリ・ビル**とかでしょうか。ローマは何もなかった。

二川　インテリア・デザインは、その頃からイタリア黄金時代になるんですよね。ジョー・コロンボ［一九三〇〜一九七一］なんかが出てくる。

磯崎　五〇年代末期はスカンジナビア・デザインで全世界を制覇していたわけですが、六〇年代になってイタリアが巻き返してきたわけですね。それで、七〇年になってエミリオ・アンバース［一九四三〜］がMoMAにいる頃に展覧会をやるんですよ。「イタリアン・ランドスケープ」という展覧会。これがある意味で六〇年

ハンス・ホライン：レッティ蝋燭店、1965

ハンス・ホライン：シュリン宝石店I、1974

ジオ・ポンティ［Giò Ponti、1891-1979］：イタリアの建築家、デザイナー。初期より設計事務所と、陶磁器メーカー、リチャード・ジノリのアートディレクター、雑誌domusの創刊編集長など、多彩な活動を展開する。第二次世界大戦後には、ネルヴィらと協働で、ピレッリ・ビルのコンペを勝ち取り、オリジナリティある高層ビルをつくった。戦前からノヴェチェントに影響を受け、新古典主義をベースにしながら、現代のテクノロジーを用いたエレガントなデザインを展開

代イタリア・デザインの最後を締めくくったという感じがする。七〇年代に何が出てくるかというと、あんまりないね。

二川　ハンス・ホラインが出てくるんですかね。

磯崎　一九六八年という年がありますが、そのときぼくは**ミラノ・トリエンナーレ**に参加していてミラノにいた。来ていたのが、アーキグラム、ハンス・ホライン、**チームX**、ヒュー・ハーディ[一九三三〜]だった。イタリアは前の回にデビューしたのがヴィットリオ・グレゴッティ[一九二七〜]。その年はジャンカルロ・デ・カルロ[一九一九〜二〇〇五]がオルガナイズしたので、もちろんチームXの残党もいた。**アルド・ファン・アイク**[一九一八〜九九]、**アリソン&ピーター・スミッソン**[ピーター・スミッソン／一九二三〜二〇〇三、アリソン・スミッソン／一九二八〜九三]などです。そういう面々が集まるところが、六八年の「五月革命」の余波を受けて抗議され占拠されます。ぼくにとっての成果はこういう面々に会ったことです。ピーター・クック[一九三六〜]は、ロンドン・ウィーン・東京というコネクションでこれから動かすんだと言っていた。それに参入して来たのがフィレンツェのスーパー・スタジオやアーキズーム。四極の組み合わせが出来上がったわけです。六八年というのはすべてが自滅する方向へ向かうわけです。その後、七二年のトリエンナーレを組んだのが**アルド・ロッシ**[一九三一〜九七]だった。彼はそこで意図的にコンテクスチュアリズムをつくったんです。それまではラディカルだったんですよ。ぼくもそれに入っていた。アルド・ロッシは、完全にひっくり返して裏から見ているという感じでした。

アルド・ロッシとグレゴッティは、五〇年代にエルネ

ジオ・ポンティ+ピエール・ルイジ・ネルヴィ他：
ピレッリ・ビル、1956-58

チーム10 [Team 10]：前述(p.164)

アリソン&ピーター・スミッソン [Alison and Peter Smithson、A: 1928-1993、P: 1923-2003]：後述(p.289)

ストロジャースの下で『カサベラ』の編集をやっていたんです。五〇年代の『カサベラ』はかなりのものだったんですよ。ロンシャンで一冊特集をしたり、突然アドルフ・ロースの特集を組んだりする。ロースはそれまでまったく無視されていたんですが、そのときアルド・ロッシは大論文を書くんです。その特集はロースの再登場を促したものとして、いまだに影響力がある。だけど六〇年代になると『カサベラ』にはそういう部分が消えていくんですよ。結局ロジャースが手を引くからダメになっていくんですね。そして、『ドムス』がドッと出てくる。六〇年代は『ドムス』の時代ですが、それも六八年ぐらいで打ち止めになって、アルド・ロッシのトリエンナーレと、アンバースの展覧会の二つが七〇年代初めのトピックスとなる。全部イタリアですよね。

その頃から、だんだん**ニューヨーク・ファイブ**が出て来るんです。マイヤーのダグラス邸が七三年ですよね。グワスミーもつくっていた。アイゼンマンはほとんど出来てないという状態で理屈だけ言っていた。そうやってラディカル・デザインが行詰まっていくんですよ。七〇年代半ばにはラディカルが消滅して、イタリアではそれが直に政治に結びついていく。デザインなんかまどろっこしいということでテロになっていく連中が出てくるのです。

アルド・ロッシ：ガララテーゼの集合住宅、1967-73

ニューヨーク・ファイブ［New York Five］：前述(p.112)

レンゾ・ピアノ+リチャード・ロジャース+オヴ・アラップ：ポンピドゥー・センター、1971-77

ミラノ・トリエンナーレ［Triennale di Milano］：イタリア、ミラノで開催される芸術展示会。新しい工芸・デザインと産業を結びつける装飾芸術展として始まったため、デザインや建築、都市計画、ファッション、映画などを扱う。1968年はジャンカルロ・デ・カルロのディレクションの下、「International Exhibition of Modern Decorative and Industrial Arts and Modern Architecture」をテーマに開かれたが、5月革命の影響で会場は若者に占拠された。前世代を批判した前衛が、大衆社会的な制度のきしみと錯綜した瞬間に居合わせた参加者は、磯崎の『建築の解体』のモチーフになる

その頃、他では何があったかというと、一九七一年に**ポンピドゥー・センター**のコンペがある。でもフランス人はコンペを取れなかった。ただフランス人は利口だとぼくは思うんです。ミッテランになってグラン・プロジェをやるときに、フランス人建築家はダメだということがわかった。だから無理矢理ビッグ・プロジェクトの国際コンペをしたんです。最初は、フランス人は取れない。グラン・アルシュとかルーヴルのピラミッドとか全部輸入なんですよ。三、四つやって、やっとジャン・ヌヴェル［一九四五〜］の**モンド・アラブ**［アラブ世界研究所］ができ、クリスチャン・ド・ポルザンパルク［一九四四〜］の**音楽都市**ができ、ドミニク・ペロー［一九五三〜］の**国立図書館**が出来て終わる。そのジェネレーションがようやく浮かび上がってきた。つまり彼らの尻を叩くために、恥を忍んで最初は外国人にやらせていたわけです。で、国内を活性化する。一〇年後の今になって国

ドミニク・ペロー：フランス国立図書館、1989-94

クリスチャン・ド・ポルザンパルク：音楽都市（西棟）、1984-90

ジャン・ヌヴェル：アラブ世界研究所、1981-87

アルド・ファン・アイク［Aldo van Eyck、1918-1999］：オランダの建築家。チーム10を始めたうちの一人。戦後モダニズムの機能主義による固有性のなさを批判。アフリカの民族建築に影響を受けつつ、意味と役割を含んだ空間の構造、形態によって、その場所ならではの建築をつくろうとした。学校や孤児院を手がけた他、アムステルダム市内に数百の子どものためのポケットパークを設計。グループフォームを提唱した槇文彦とも親しかった

OMA：リール・グラン・パレ、1991-94

際的にレベルの高い建築家が出てきた。二〇年前は最悪だったわけ。ドイツはいまだにそうですね。構造的に建築家が出て来ない国のような気がする。

鈴木　何故ですか？

磯崎　アメリカよりももっとシステマティックになっていて、すべての建築のレギュレーションが緑の党的なんです。ありとあらゆるディテールがプロテクトされていて、レギュレーションに合わせるしかない。だから建築家がやれる部分がない。たまにはコンセプトレベルでコンペを、というとドミニク・ペローとか外国勢に取られてしまう。そういうトレーニングが自国ではできてない。どうしようもないが、そういう国なんですね。

二川　ヌヴェルの世代といえば、**レム・コールハース**が挙げられると思いますが、いかがですか。

鈴木　ぼくは、リールを訪れたとき、やはりレム・コールハースの設計が一番面白いと思いました。ヌヴェルやポルザンパルクの建物は取り立てて意味があるとは感じませんでした。特にポルザンパルクは巨大なＬ字型のビルをつくっていて、クレディ・リヨネが入って

アルド・ロッシ［Aldo Rossi、1931-1997］：イタリアの建築家。テラーニやロースといった古典主義的モダンに影響を受けた提案をしながら、都市の研究を進める。都市の構造と集合的記憶を引き受けるモニュメントについて思考を深め、1970年代、80年代の建築界に大きな影響を与える。『都市の建築』は名著

ロバート・ヴェンチューリ［Robert Venturi、1925-］：後述(p.296)

同右

いるビルだからリヨンのLなのだとか、リールの町だからLなのだとか聞かされましたけど、まったく意味を成していない。コールハースの**リール・グラン・パレ**だけが、安い表現によって建物を覆うといった意気込みがあって面白かった。

　建築家には職人タイプの人と現代批評家タイプの人がいるけれど、コールハースの批評家精神はやはり注目に値すると感じました。ガラスを斜めに取り付けて、DPG工法をローテク化してしまうやり方とか、日本で覚えた石垣みたいな仕上げの既製品のパネルを使うところとか、潔さを感じます。これから彼の存在はどういう方向へゆくのか、まだわからないところがある。**ロバート・ヴェンチューリ**的になってしまう恐れもないわけではないし。ヌヴェルのような建築的精密さを否定したところに、作品としてはどのような可能性が開けるのか、不安を抱きながら期待しているといったところですね。

レム・コールハース［Rem Koolhaas、1944-］：オランダの建築家、イデオローグ。ジャーナリストとして活動した後、パートナーシップにより設計活動を開始(OMA)。様式主義的なポストモダニズムが流行していた1980年のヴェニス・ビエンナーレで、ディレクターのポルトゲージが「過去の現前」をテーマとする中、ゲーリーとともに全く異なるアプローチをとり、注目を集めた。建築のプログラムや社会システムのリサーチの上に、即物的、スーパー機能主義的なアプローチをシニカルに採り、建築をスタティックな「もの」でなく、アクティブな「イベント」や「事件」に仕立て上げる。一方で表現としては、ニューブルータリズムやオランダ構造主義の、現代的な展開から出発し、新しいスケールから素材にいたる表現を確立。現代建築に多大な影響を与えている

最後の巨匠、そして日本

ルイス・カーン

二川　今回は**ルイス・カーン**の話から始めようと思います。

磯崎　ぼくは、ルイス・カーンの回顧展の展示計画をしたものだから、知り過ぎていると言えば知り過ぎているんですよ。

鈴木　なぜ磯崎さんがやることになったんですか。

磯崎　元々展覧会を企画したのは、MoCAにいたリチャード・コシャリックで、ペンシルヴァニア大学のアーカイブにドローイングがまとめてあるから、それを展示したいと思ったようです。インスタレーションは建築家にさせようと考えていたらしくて、何故かぼくのところに話が来た。理由について彼は何も言わないんだけれど、フィラデルフィアでのオープニングに出席してわかったことは、とにかく弟子がたくさんいるんです。**ロバート・ヴェンチューリ**をはじめ香山壽夫［一九三七～］も含めてみな出席している。香山さんはダッカ計画のとき働いていたんですよね。ルイス・カーンの恋人だった人たちも出席していた。しかも皆子供がいるんですよ。ティンという中国人の、初期のスペース・フレームをやっていた頃の恋人もいました。

それで、なるほどと思ったのは、おそらく誰に頼んでも揉めるんですよ。だから部外者を引っぱり出してきたわけです。ぼくは、コシャリックに、アメリカで今誰を尊敬するかと聞かれて、ルイス・カーンの名前を挙げた記憶があった。それを彼は覚えていてぼくのところに廻ってきたという経緯なんです。弟子が現存している建築家の何かをやるときは、すごく大変なものだとわかった(笑)。ライトは、タリアセンが押さえてい

ルイス・I・カーン［Louis Isadore Kahn、1901-1974］：ロシア帝国領、エストニア出身、アメリカの建築家。ボザール式の建築教育を受けるが、1932年ヨーロッパの前衛建築の影響で、リサーチオフィスを共同で設立。世界大恐慌で仕事はなかったが、リサーチの成果もあり公共住宅に携わる。戦後、ローマのアメリカン・アカデミーの派遣建築家で古代遺跡などに接して、影響を受ける。帰国後、フィラデルフィアの都市計画や教職をしつつ、実質上の建築家として出発。幾何学的な建築の骨格によって、その材料の使用法や施工技術、設備システムを統合するアプローチを追求し、最後の巨匠と言われる

ロバート・ヴェンチューリ［Robert Venturi、1925-］：後述(p.296)

て未亡人が仕切っていた。カーンの場合は、未亡人が仕切れないわけですよ。恋人がたくさんいるし（笑）。
余談ですが、ぼくはこの件でポンピドゥー・センターと大喧嘩したんです。イエロー・トレースに木炭で描いたドローイングだから、外光に当てると飛んでしまうので、照度をうんと下げて自然光は入れないという条件を出したんです。そういうプランを持っていったんですが、何故か窓が開けてある。だからぼくはもっての外だ、閉めろって言って帰ったんですが、また開けたもんだから、しょうがなくて、光が入るところに架かっていたものを全部引き上げて持って帰ったんです。館長に抗議文を書いたりして、それ以来喧嘩をしているんです（笑）。

鈴木　カーンについては、ぼくらが知った頃にはすでに有名でした。よく言われていますが、世に出てくるのは、比較的後年になってからですよね。そういうなかでカーンが最初に注目され始めたのはどういう理由だったのかというのが、実はよくわからないんです。

磯崎　彼はポール・クレの影響の下に建築を学んだのですから、完全にボザールの人なんですよ。ボザールのスタイルで二〇年代半ばぐらいに卒業して、二〇年代末にはヨーロッパ旅行をしてスケッチを残しています。帰って来た頃にアメリカにモダニズムが入ってくるわけです。その頃のフィラデルフィアと言えば、PSFSビルが建っている。あの時代の建物としてはインパクトを与えたものですよね。

鈴木　今でも、非常にいい近代建築の一つだとぼくは思います。ポール・クレはアメリカン・ボザールの最後の正統を伝えた人として、最近再評価の機運の高い人ですけれど、その影響力とPSFSビルのインパクトの落差はかなり大きなものだったんでしょうね。

磯崎　ところが、アメリカの三〇年代は不況で、建築家はみな失業している。そこでニューディール政策の一環として、公共的な建物に対する建築家の参画を、国家が意図的に指示したんです。それで学校や病院や公共住宅などがどんどんつくられる。これはボザールがモダニズムになっていく過渡期現象だと思うのですが、アール・デコ風のものが全国的に出来ていくんですよ。フーバー・ダムのデザインもその一連だと思います。そのときに、ルイス・カーンはフィラデルフィアに若い建築家のグループをつくって、ある種のモダニズム運動みたいなことをするんです。そしてローコストの公共住宅の仕事をやり始める。印象としては、ブロイヤー風のデザインでしたね。三〇年代の頃です。

当時、イェール大学にジョージ・ハウ［一八八六〜一九五五］といって、あの時代のフィラデルフィアではかなり重要な近代建築家がいたんです。

鈴木　ウィリアム・レスカーズと一緒にPSFSビルをつくった人ですね。

磯崎　元々はリチャードソンみたいなボザール風の建物をつくっていたんですが。このハウが、戦後イェールにカーンを呼んだんだと思います。当時、ルイス・カーンは五〇歳ぐらいでしたが、大した仕事はまだない。そうしているうちにローマのアカデミーのスカラーシップを取るんです。大学を休職して何ヶ月かローマに行くということをしていた。そのときたまたま、イェール大学のミュージアムのエクステンション［イェール・アート・ギャラリー］の建築家に選ばれるんです。

元来、ニューヨークのMoMAをやったグッドウィンがやることになっていたのに、コストがかかり過ぎるという理由で下ろされた。そこでハウが推薦した。サーリネンも選考委員だったけど反対だったようですね。そのときにカーンはすぐ帰って挨拶に行くべきなのに、そのまま既に予定していたギリシャ、エジプトに旅行に行っちゃうんですよ。そこでスケッチを描いてくる。そのスケッチが一番いいですね。つまり、まだ設計ができない、だけどやれる可能性が出てきた。で、アメリカに帰らずに東に行った。そういう状況のなかで描いたスケッチです。その後アメリカに帰ってきていろんな案をスタディして、最終的にはコンクリートの立体トラスの天井に到達する。その担当だったのが最初の彼女のアン・グリスウォルド・ティンさんなんですよ。それをやりながら、さらにフィラディルフィアの再開発のコンサルタントをやることになる。それで、フィラデルフィアの都市計画でタワーの案を続けてつくっていくという経緯になるんです。

二川　彼の住宅を見るとかなりオーソドックスな古くさいことをやってますね。それが突然、近代建築になる。どうしてなんでしょうか。

磯崎　いや最初から、いわゆる近代建築ではないと思うんですよ。

鈴木　それはわかりますね。

磯崎　アート・ギャラリーはまずプランがいい。ミニマルで、真ん中にシリンダーがあってその中に三角形の階段が入っている。コンクリートの天井と合わせて幾何学の原型のようなものが出来ている。あの時代のギャラリーの雰囲気としては、イタリアのフランコ・アルビーニ［一九〇五〜一九七七］という建築家がジェノヴァの美術館のインスタレーションをやっているんですが、それに近いような感じがします。

その後リチャーズ・メディカル・センター［ペンシルヴァ

ルイス・I・カーン：イェール・アート・ギャラリー、1951-53

ニア大学リチャーズ医学研究所」の仕事が入って、これが彼のデビューだったんだと思います。サン・ジミニアーノのタワーを並べたような形ですね。

鈴木　そうですか。ぼくは断面が見えるという感じがすごく面白かったんですが。

磯崎　あれは空間的にはまったく成功してないんです。だけど出来たときはカッコ良かった。確かその頃MoMAでリチャーズ・メディカル・センターの展覧会をやっていると思います。そこでフィラデルフィアの都市計画のプランも発表されて、カーンのデビューになったというわけです。

二川　リチャーズ・メディカル・センターはカッコ良かった。レスター大学工学部に似てるような気もします。内部は何もなくて、ぼくは何度も撮影に行っているんですが、働いている人は文句タラタラで、お前は何故撮りに来るんだって感じでした(笑)。

磯崎　このメディカル・センターのオープニングか何かのときにドクター・ソークが来るんですよ。それでカーンに声を掛けてラ・ホヤに連れて行くわけです。ぼくは偶然ドクター・ソークに会って、**ソーク生物学研究所**を延々と案内してもらったことがあるんです。「リチャーズ・メディカル・センターのコンセプトをオレ流につくり直せばもっとやれるはずだと思った」とソークさんは言っていた。だからルイス・カーンにとってオレは一番困難なクライアントだったはずだと自負してい

ルイス・I・カーン：ペンシルヴァニア大学リチャーズ医学研究所、1957-61

ました。実際のプロセスとしても設計変更になったり潰れた案がいくつもあるんです。彼はとことんクレームを付けたと言ってましたし、実際会ってみてもそういうタイプの人でした。

Form Evokes Function

磯崎　カーンは**チームX**にも呼ばれてます。そして日本に一九六〇年の世界デザイン会議で呼ばれてくる。そのときに話を聞きに行ったんですが、もう完全にお説教ですね（笑）。普通レクチャーを聞きに行くと、機能主義やらモダニズムの論理に基づいた説明があるものなんですが、ルイス・カーンは全然違う。突然、神がかったことを言うんです。“Form Evokes Function”とか。こちらは何のことやらよくわからない。機能主義の転倒がロジックなんだろうとそのとき思いました。

鈴木　つまり若いアーキテクトの間では、最初はとまどったけれども、何を言ったんだろうと考え込む人がすぐに出てきたわけですね。I・M・ペイの伝記をジャーナリストが書いているんですが、ペイとカーンがプロポーザルで競合したときの話が出て来るんです。カーンは実作をつくり始めた時期ではあったけれど、アメリカの社会では訳のわからぬことを言う浮世離れした建築家だという描かれ方だった。ペイが主人公の伝記だからかもしれませんが。それでも建築家の間では、六〇年代初めからすでに注目を浴びていたということなんでしょうか。

磯崎　五〇年代終わりからです。当時の日本に外国の情報が入ってくる状況を考えてみると、ルイス・カーンのフィラデルフィアの計画とベルリンの再建計画［一九五八］のコンペが一緒に入ってきたんです。一等は誰か忘れましたけど、二等は**ハンス・シャロウン**、佳作が**アリソン&ピーター・スミッソン**だった。**ル・コルビュジ**

チーム10［Team 10］：前述（p.164）

ハンス・シャロウン［Hans Scharoun、1893-1972］：前述（p.271）

アリソン&ピーター・スミッソン［Alison and Peter Smithson、A: 1928-1993、P: 1923-2003］：イギリスの建築家。パートナーシップで活動した。硬直化した機能主義を掲げるCIAMに対し批判的スタンスを取るところからスタートし、動的な都市や建築の概念を追及した。出世作ハンスタントンの学校は、ニューブルータリズムとも言われ、分節された要素を即物的に表現し、鉄とガラスのミース的美学と、レンガ壁や設備システムの率直な構成を融合している。コンセプトとしては明快であったが、基本的には近代建築を大きく超えるものではなかった

エは落ちた。
　これは戦後、壁の出来る前の東西をまとめてベルリンを再建するというものだったんですが、都市計画を考える上では五〇年代の一番大きいイベントだったと思います。これでスミッソンはデビューした。ペデストリアン・デッキにエスカレータが付くという案を出したわけです。当時屋外にエスカレータを使うなんてあり得ないと思われていたけど、今は普通ですよね。シャロウンはベルリン・フィルや国立図書館の類のものを町中にばらまいて長いデッキを付けるという案で、コルビュジエは「輝ける都市」をそのままベルリンに適用していた。コルビュジエがものすごく古く見えたというのがぼくの印象でしたね。

鈴木　その意味で、スミッソンの案がぼくらの印象として残っているというのはよくわかる話ですね。

磯崎　ベルリンとフィラデルフィアの計画が、ぼくにしてみるとコルビュジエの時代から新しい時代になる兆候だったように思います。

鈴木　すると、当時の日本の若い建築家が六〇年代にいろんな都市イメージを出していく、その一つの

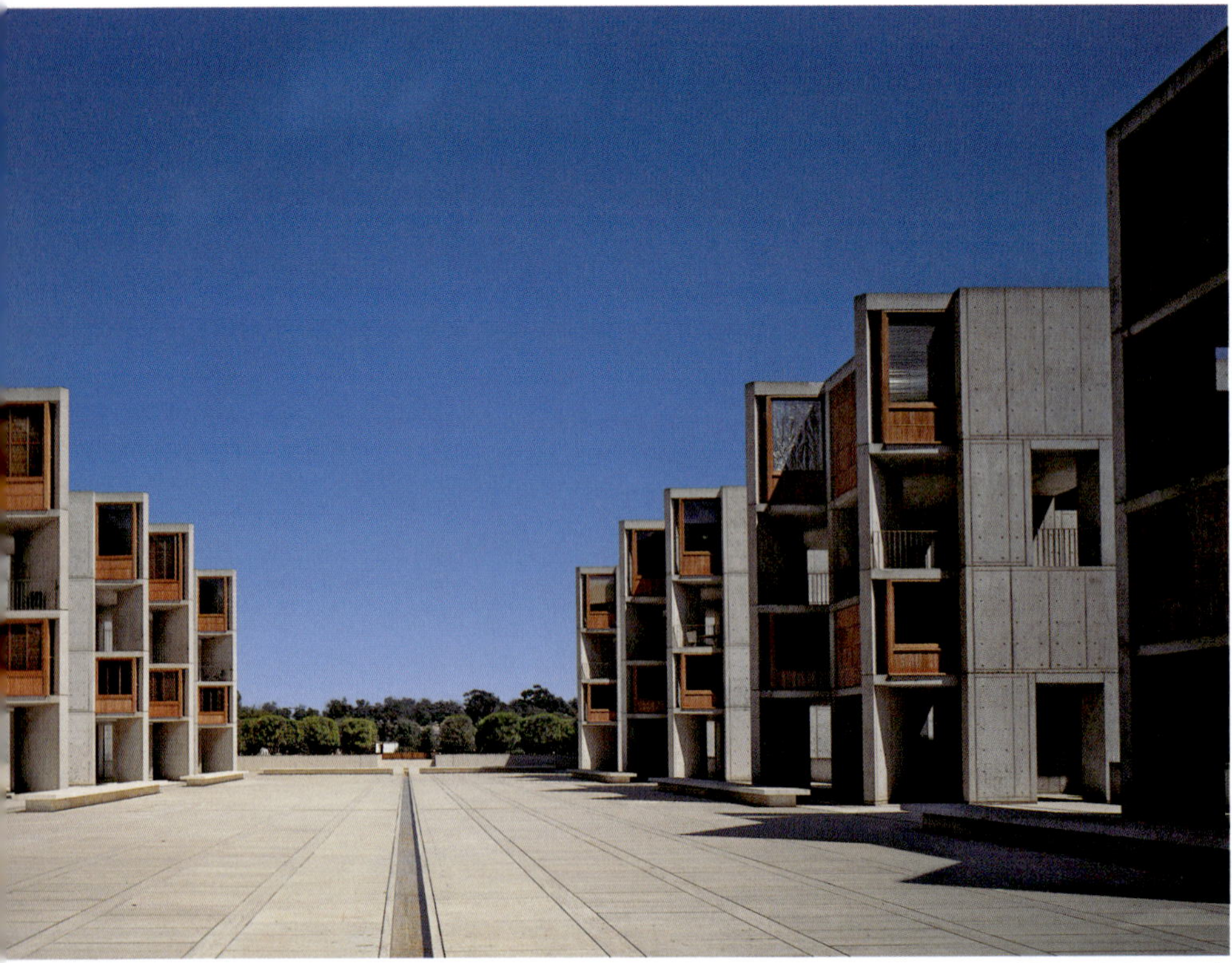

ルイス・I・カーン：ソーク生物学研究所、1959-65

ル・コルビュジエ[Le Corbusier、1887-1965]：前述(p.113)

出発点は、ベルリンの都市計画でありカーンのフィラデルフィア計画だったということですね。

磯崎　間接的だとしてもインパクトはあったと言っていいと思います。だから状況としては当然、東京デザイン会議にスミッソンもルイス・カーンも呼ばれるわけです。でもスターと言えば、まだ**ポール・ルドルフ**だったかな。

二川　だけど、玄人筋というか、ものがわかっている人は完全にカーンに傾いていたと思います。あの頃、**ブルータリズム**が流行りましたが、その一環だったように思うのですが。

磯崎　当時は皆ブルータリズムですよ。イェールのアート・ギャラリーは完全にブルータリズムだし。

鈴木　それにしては、イェール大学のアート・ギャラリーは増築ということもあって、コンテクスチュアルなところがあるように思いますが……。

磯崎　しかし、天井をあんな風に露出するなんてブルータリズムにしか見えないですよ。パーティションがなく強引なプランです。ぼくは、個人的には、ルイス・カーンのなかで一番好きなものを挙げるとすれば依然としてイェールのアート・ギャラリーですね。

二川　ぼくのなかではずいぶんランキングが下だなあ。

鈴木　いやぼくも確かにいい建物だと思いますよ。ぼくが学生だった時期だと、いわゆるルドルフのようなマッチョな建築がだんだんおかしいなと思われてきて、初めてカーンが見えてきたという印象だったんですが、やはりそれ以前からカーンの印象はあったということですね。

ポール・ルドルフ［Paul Rudolph、1918-1997］：アメリカの建築家。最初、パートナーシップ、次いで単独で、フロリダのサラソタで設計活動を始める。亜熱帯の風土に対して、独特の表現を追求するサラソタ・モダンの旗手として注目を浴びる。深い日よけ、空気を流動させる断面、スライドするガラス面、ジャロジー窓、浮遊する階段といったヴォキャブラリーは、フォスターやロジャースを含め、現代に影響を与えた。イェール大学に携わって以降は、複雑な空間構成をさらに展開し、コンクリートのブルータルな表現に変化し、一世を風靡した

ポール・ルドルフ：イェール大学建築芸術学部棟、1958-63

磯崎　あったんですが、ヒットはしてない。リチャーズ・メディカル・センターだって、絶大な評価というわけではないですからね。出来はそう良くないというような。ソーク研究所で初めて評価されたんですかね。

二川　カーンは、ぼくのなかでは当時から大きな力を持っていました。フィラデルフィアに行くと必ず会ってた。当たりのいい人で、**カルロ・スカルパ**に感じが似ていました。やることが大げさじゃないんですね。それがルドルフと対照的で、ルドルフははりきり過ぎてる感じだった。ぼくは、その二人のどちらにとっても、出だしにはライトの影響が大きかったんじゃないかと思うんです。

それと、これはぼくのうがった見方かもしれませんが、当時**フィリップ・ジョンソン**は、ルドルフとはぴったり合っていたんですが、カーンをあまり好きではなかったんじゃないかと思うんです。だからカーンよりもルドルフを買っていたんじゃないか。晩年にはルドルフもジョンソンに潰されるわけですが。つまりジョンソンが、評価の軸としてはずいぶん噛んでいたと思うんですね。

ブルータリズム [brutalism]：1950-70年代を中心に展開した建築スタイルの潮流。第二次世界大戦後、形式化した近代建築に対する反応として起こった。大きくは、関係し合う二つの流れがある。一つは、コルビュジエが戦後復興の中で、béton brut（生の〈＝打放し〉コンクリート）を用いた、ローコストの集合住宅やインドの公共建築を手がけたことから、建築を構成する素材、特にコンクリートを積極的に露出する表現的な手法として。もう一つは、イギリスでスミッソンが名付けた、建築・設備計画と、それを組み立てる構造・材料的側面を、ストレートかつ統合的に表現していく方法として。どちらも単なる機能主義でなく、それを構築する材料や技術、空間を一体のものとして表現しようとし、大振りなジェスチャーとリニアな構成やボックス的な構成の多用、時に要塞のような冷たい表現とされた点は共通している

磯崎　当然そうです。おそらくMoMAでメディカル・センターの展覧会をやったとき、「新人が出てきた、頭を撫でればいい」ぐらいに思っていたらあんまり出過ぎたんで、頭を押さえたんだと思いますね。

鈴木　ぼくは、カーンの建物はどれもいいとは思うんですが、**フィリップス・エクセター・アカデミーの図書館**が個人的には好きな建物なんです。この学校はアメリカ有数のプレップ・スクールで、キャンパスもイギリスの古い大学みたいなゴシック風の校舎が並んでいる。カーンの図書館も周囲に合わせないといけないから外は煉瓦になっていますが、内部においては非常に強引に幾何学的な構成を入れている。面白かったのは、その脇に同じくカーンがつくった学生食堂があるのですが、小さな女の子が遊んだ跡があったんですね。花を摘んで壁の窪みに並べているのですが、非常にシンメトリカルにおままごとの花が置いてある。それを見て、彼の形式感覚というのは、ただそこで遊んでいた幼稚園前後の子供にも伝わるんだなと思って、非常に印象に残っているんです。

二川　ぼくはアーメダバード［インド経営大学］がいいと思います。ダッカ［バングラデシュ国政センター］でもそうなんですが、材料が全部揃ってないと出来ないというものではない。そこに彼の強さが出ていると思う。

鈴木　ローテクでもいけるというわけですね。彼と一緒にやっていたエンジニアのオーガスト・コマンダント［一九〇六〜一九九二］がカーンとの協働の回想録を書いていて、自分と一緒にやっているうちはよかったけれど離れたらよくなくなった、などと言ってましたが、カーンの建物は、すごく理念的であると同時にディテールの精度も高い。エンジニアリングのシステムをどう組み入れていくか、そしてそれと調和させてどうつくるかということを考えていた人だと思います。しかも技術や材料がないような途上国の建物でも骨格の強さは出る。その辺は、二川さんも言われるように他の近代

カルロ・スカルパ［Carlo Scarpa、1906-1978］：前述(p.220)
フィリップ・ジョンソン［Philip Johnson、1906-2005］：前述(p.57)

建築家にはない強さだろうという気がします。

磯崎　それはボザールの伝統を引き継いだ人だからじゃないかと思う。ボザールの伝統にはデュランの構成方法が出てくる。デュランの構成が出来上がるということは、その前に単純な幾何学で建築が組み立て得るという筋書きがある。その歴史を完全に受け継いでいると思いますね。

フィリップ・ジョンソン：グラス・ハウス、1949

鈴木　逆にアメリカの現代建築を見ていると、戦前には、**マッキム・ミード・アンド・ホワイト**みたいなアメリカン・ボザールがあった。そういう伝統をバックボーンにできてそれを生かせた現代建築家はカーンぐらいで、あとは完全なモダニズムなり、移民というか亡命者達の流れのなかに溶解してしまったんでしょうかね。

磯崎　そうだと思います。ジェファーソンのパラディアニズム、マッキム・ミード・アンド・ホワイトのボザール、それにMoMAのモダニズム、多かれ少なかれヨーロッパで生まれたスタイルの輸入です。カーンはモダニズム期に仕事をしながらボザールを継承している。言わば反時代的というか、時代錯誤みたいなところがあった。だからやっぱり孤立していたと考えられますね。

カーンの弟子たち

二川　しかしカーンの影響を受けた人ってあんまりいないですね。

マッキム・ミード・アンド・ホワイト[McKim, Mead & White、1879-1961]：前述(p.213)

ルイス・I・カーン：フィリップス・エクセター・アカデミー図書館、1965-72

ルイス・I・カーン：インド経営大学、1962-74

磯崎 似たことをやっている人は多いんですよ。何しろ弟子は大勢いる。だけど、皆どこか抜けている。

鈴木 逆にカーンは、お説教というかご託を述べるから、それに参っちゃう人が弟子になって、結局頭でっかちになってしまうんじゃないか。**ヴェンチューリ**を見てるとそう思えてならないんですが。

二川 ジョゴラもその部類でしょ?

ロバート・ヴェンチューリ:母の家、1962

鈴木 ジョゴラの方がまだきれいにまとめるような気がします。

磯崎 ルイス・カーンをより建築的に使おうとしたんだと思う。ただコンセプトとしたらヴェンチューリが継いでいるのでしょうね。

鈴木 ただヴェンチューリは著作家としての功績はすごく大きいと思いますが、建築家として見ると、建築は言葉でつくるものではないという事実が露わになるばかり、という印象を持ちますね。建築にもならないと。

磯崎 グラフィックですか?

鈴木 グラフィックにもなってないんじゃないか。ぼくはどうしてあの人が偉いのかまったくわからない。まずフランクリン・コートというのがありますよね。あれはベンジャミン・フランクリンの家の跡を記念館にしたものですが、彼は推量で復元をしてしまったら嘘をつくることになると思った。だから家の外形線だけをつくる。あとは地下へ埋めちゃって、地面には発掘のパターンを描く。つまりあれは建築じゃないんですよ。完全に記号と建築を混同

ロバート・ヴェンチューリ[Robert Venturi、1925-]:アメリカの建築家、理論家。妻のデニス・スコット・ブラウンと協働で活動する。カーンの大学の助手からスタートし、陳腐化したモダン建築に対し、歴史的に見られる多様性や対立性を包括的に建築に採り入れることを主張し『建築の多様性と対立性』を著す。『ラスベガス』では、ロードサイドに並ぶ単純なハコに商業的な装飾を付加した建物を「decorated shed」として、過剰に建築の要素自体をアイコン化していく「duck」と並べて論じた。建築の意味性を合理的な方法で回復しようとしたとも言えるが、現実的な建築の中では、非常に表層的な次元にとどまった

してしまっている。

磯崎　デコレイテッド・シェッドという彼のコンセプトは明解で影響力を持っていたわけですが、彼自身の方法論でもあるわけです。普通のハコをつくる。それに伝達力のある装飾要素を足せばいいじゃないかというわけです。近代建築の正直さを皮肉ってしまった。

鈴木　彼はロンドンのナショナル・ギャラリーの増築をしましたよね。あれもロバート・スマークがやった十九世紀の古典主義の建物のオリジナルの部分の柱を借用して、だんだん抽象化していく。すごく面白いのは、それを彼は頭のなかで考えて巧くいくと思った。しかし、現実は恐ろしくて、地面は下り坂で向こうに行くにしたがってどんどん地面が下がっていくわけですよ。つまり地面のレベルと建築表現がずれてしまっている。だから柱は地面より高いところに並んでしまう。グラフィックとしては巧くいくかもしれないけど、建物としてはずれきっている。そうしかできないというのが彼の限界だと思うんですね。

磯崎　ヴェンチューリは、西洋建築の様式を知り過ぎているんですよ。日本建築も、やって来ればいろいろと勉強する。それをもう一つひねれないままにそのまま記号としてポンと出してくる。これは**クリストファー・アレグザンダー**が日本でやった高校にも似たようなことが言えますよね。このジェネレーションはぼくと同じなんだけど、建築をペラペラの記号にしたんだという六〇年代にラディカルだったあのコンセプトは、そのまま見えてくるとひどいもんだという、そういう例のような感じがするね。

例えば、ルイス・カーンがアーチを説明するときに、「煉瓦がアーチになりたいと思っている」と言います。つまり素材や技術そのものが、それになりたいと思っているから、それを形にするんだというわけです。対象を自分のデザインでねじ伏せたのでも他の様式を当てはめたのでもない。持っている意志を引き出すん

クリストファー・アレグザンダー［Christopher Alexander、1936-］：前述(p.229)

だというわけですね。実は、イサム・ノグチさんがルイス・カーンと協働で、子供の遊び場のプロジェクトをやっているんですよ。結局プロジェクトは途中で空中分解したらしいんですが。イサムさんに晩年会って話をすると、「石を毎日見ていると、石がこうやってほしいってしゃべるんですよ。それにぼくはちょっと手助けしてやるんです」と言ったことがある。たまたまルイス・カーンの話を知っていたから、ああそうかと思った。どちらが先に言ったかはわからないけど。

鈴木　でも、そもそもミケランジェロがそういうことを言っている(笑)。

磯崎　作庭記にも書いてあるから、歴史的にそういう言い方があるのはわかるのですが、それを選んでいるということが、ルイス・カーンの一つの特徴かなと思うわけです。これで機能主義をまず切る。建築は機能によってオーガナイズされるのではなくて、形があればそれから機能が生まれるという理屈ですから、逆転しているわけです。そこには建築の様式もない。中から自ずと生成されてくると。存在するのはジオメトリーだけだというわけです。ジオメトリーを採用

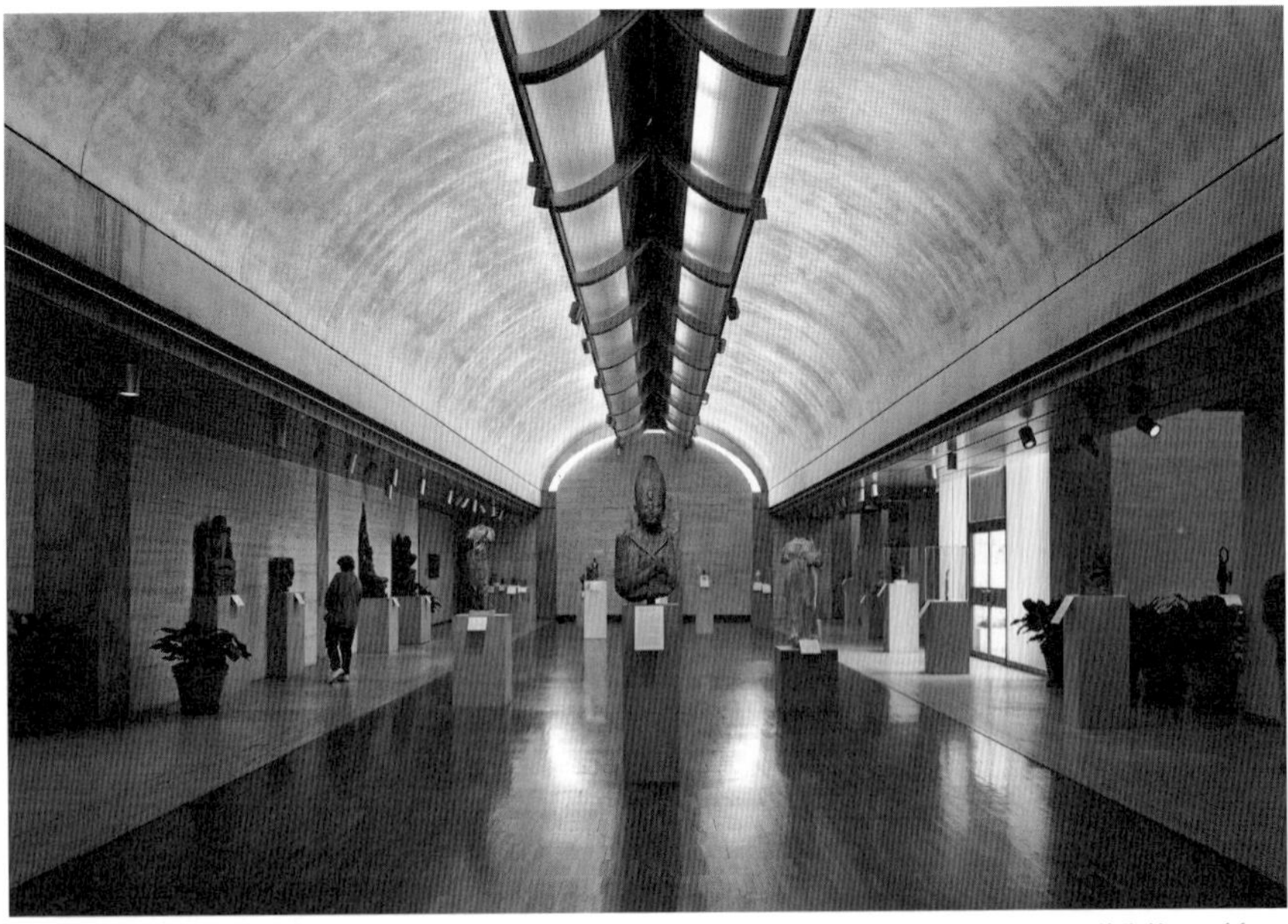

ルイス・I・カーン：キンベル美術館、1966-72

ルイス・I・カーン：バングラデシュ国政センター、1962-83

することについては、一度調べてみたんですが、彼がはっきり言っているものは見つからなかった。解説はありますが納得がいくものはなかったですね。

とにかく様式主義を壊した機能主義を、彼はもう一度壊したわけです。それに対してヴェンチューリは、様式を組み立てていた文化理論をそのままひねって使うという解釈をしたんじゃないか。ジョンソンなどはもっとさばけていて、一つの様式が終わったらまた新しい様式をつくればいいんだというわけです。それがモダニズムでありネオ・クラシシズムやポスト・モダニズムだった。彼のシンケル論なんかを見れば、そう考えているということはわかりますよね。

鈴木　モダニズムを「インターナショナル・スタイル」という一種のスタイルにしたのがジョンソンだから、そのスタイルがおかしくなれば、また別のスタイルを持ってくればいいというわけですね。

磯崎　十九世紀的な様式概念がもう一度そこで使われているのです。ルイス・カーンはそういう構図を違う形で組み替えようとしていたということはわかりますね。ヴェンチューリはその間にいて、次の戦略をどうするかを考えていたんだと思うんですよ。しかし時代が非物質性の時代になろうとしていて、煉瓦も鉄もコンクリートも信用できない、そうするとあるのはテキスト空間じゃないかというのが、ヴェンチューリの行き着いたところでしょう。

鈴木　だから空間をつくれなくてパターンになってしまうわけですね。

磯崎　しかもポップアートの悪い影響を受けているから、表層でいい、書き割りでいいとなってしまう。デコレイテッド・シェッドのコンセプトは強力だったけど、それで何が出来たかというと何も出来なかったわけです(笑)。

鈴木　そういう部分に至ってしまう行き止まりみたいなところが、カーンに元々あったのか。つまり、カーン自身が行き止まりだから、弟子がコピーする以外にないようなものをつくってしまったのか、という疑問と興味が同時に沸く。今年の一〇月にロンドンのロイヤル・アカデミーで、**ジョン・ソーン**の大きな建築展があって面白かったのですが、カタログには、ソーンの系譜のなかにルイス・カーンまで含めて説明していました。

カール・フリードリッヒ・シンケル［Karl Friedrich Schinkel、1781-1841］：前述(p.8)
ジョン・ソーン［Sir John Soane、1753-1837］：前述(p.77)

二川　ただ弟子と言っても、話に出るような人はいないのでは?

鈴木　カーンを先生にまつり上げている建築家にはまったくロクな人はいない。けれども例えば安藤忠雄［一九四一〜］さんは、全体の形式性としては違いますが、カーンのある部分を巧く継承している人だと思う。コンクリートの表現など。ただカーンの全体像としてはあそこで行き止まったんでしょうね。

二川　発展性がないということは言えるでしょうね。今、あの形が出てきたら時代錯誤的な感じがしますし。

磯崎　出たときから反モダニズム的で時代錯誤なんです。一番最初のぼくの印象は、こんなアナクロでいいのかしらということだった。五〇年代のモダニズムの元気がよかった時代に、こんな……、という印象だった。まあ影響を受けた作品は調べればたくさんあるでしょうね。

二川　マリオ・ボッタ［一九四三〜］ですかね?　しかし、彼は真似て自滅した人ですね。

磯崎　六〇年代のぼくの仕事がルイス・カーン的だと言われたこともあるんです。ぼくはそうは思ってないですけど。

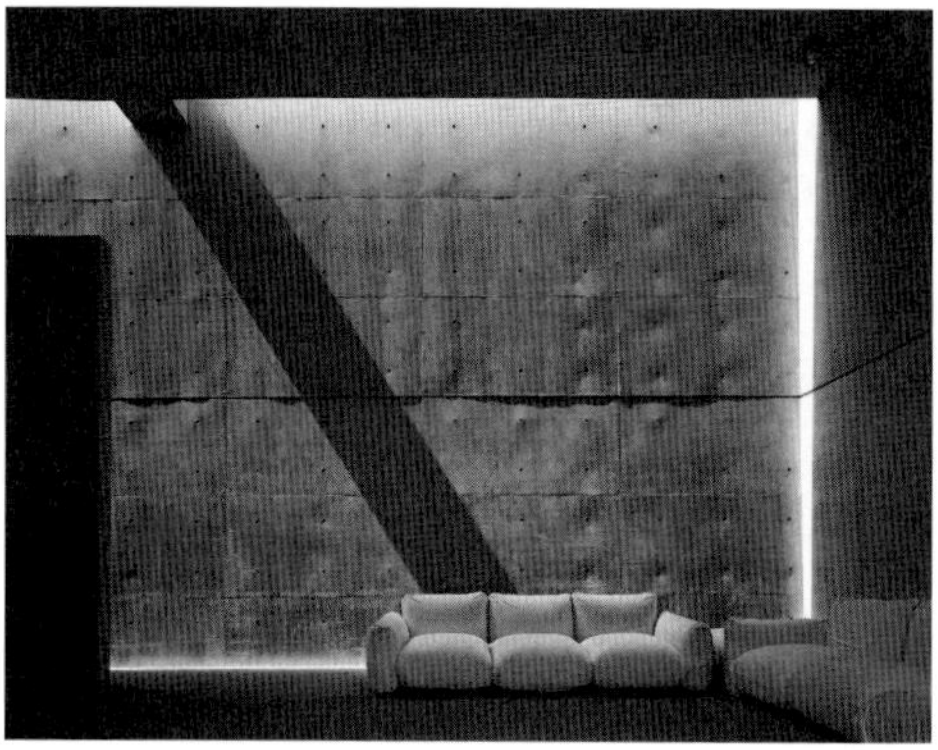
安藤忠雄：小篠邸、1979-81、1983-84

磯崎新：大分県立中央図書館、1962-66

磯崎新：群馬県立近代美術館、1971-74

鈴木　例えば、どの辺りですか？

磯崎　N邸とか大分の図書館［大分県立中央図書館］。幾何学を同じやり方で考えたのはボッタと安藤さんだと思いますね。ぼくも幾何学を使うけどコンセプチュアルにしか考えてない。

鈴木　磯崎さんの場合は、最初から別の斜めの軸が入ったりしてずらしていますよね。

磯崎　群馬［群馬県立近代美術館］のフレームはキューブですが、コンセプチュアルなキューブなんです。リアルなキューブとは違う。ただ実際に図面を引いていると、ルイス・カーンの、ベーシックな幾何学をマニピュレーションしていくあのやり方の呪縛から逃れるのは、実は大変なんです。ぼくもやっているとカーン的なところに入り込みそうになる。そのときにハッと気が付いて逃げる。そういうことはありますね。

二川　チャールズ・グワスミーは、それで自爆したんじゃないですか。

磯崎　そうですね。グワスミーは木造でやるんです。ボッタと安藤忠雄とグワスミーでしょうね。それぞれブロックとコンクリートと木造で継承したということですか。

サーリネンの弟子たちとハイライズ

二川　戦後のアメリカのトピックスとしては他に何があるでしょうか。

磯崎　ルイス・カーンのアメリカのあの時代については、二川さんから**ケヴィン・ローチ**［一九二二〜］はどうなんだと聞きたい。

二川　彼はダブリンからやってきて、IITに入るんですね。ところが、面白いのは**ミース・ファン・デル・ローエ**はつまらないと思って辞めるんです。だから卒業してない。それでハリソンのところに行ってドラフトマンとして国連ビルの仕事に関係していたらしい。

ケヴィン・ローチ［Kevin Roche、1922-］：アイルランド生まれ、アメリカの建築家。サーリネン事務所のチーフから事務所を引き継ぎ、進行中の仕事を完成させた後に、自らの事務所を設立。エンジニアであるジョン・ディンケルーとのパートナーシップにより、サーリネンの追求した形態、構造、設備の統合を、より現代的なスケールの中で展開。ブルータリズムや構造主義などの前衛的なアプローチをよりシステマティックに追求する。現代建築のルーツの一つと言えるが、後年はポストモダン建築を経由してより社会システム的な環境建築に関心が移る

ルートヴィヒ・ミース・ファン・デル・ローエ［Ludwig Mies van der Rohe、1886-1969］：前述（p.16）

そのときに、**サーリネン**に誘われてバーミンガムに行くわけです。それで割とすぐチーフ・デザイナーに抜擢される。だから、サーリネン事務所のほとんどの作品に彼は関係しているんですね。どうもサーリネン自身は家具をつくるのが大好きな人だったらしい。当時のサーリネン事務所は、各大学で成績のいい奴は全部入れろというようなところだった。だから彼のところからは、質は別としてある一つの時代をつくったような人が軒並み出てくるんです。そのなかで、ケヴィン・ローチがサーリネンのいい時代を背負って立っていた。その後ローチがハムデンに自分の事務所をつくって移ろうとしたときに、サーリネンが脳腫瘍で死ぬんですよ。それでローチが跡継ぎになるんです。

ローチ自身非常に巧い人だったと思うのですが、後年ポスト・モダンに大きく転向しますよね。その一番大きな原因は、七四年の『フォーラム』の最終号で、ヴィンセント・スカーリー[一九二〇～]にメチャクチャ叩かれたことじゃないかと思っているんです。

鈴木 どういうことについて批判されたんですか。

二川 ヒットラー的な建物だ、ファシストだという言われ方だったと思う。ぼくはそこがいいと思っていたんですが。ところが驚いたことに、叩かれたことで彼はガタガタに崩れるんですよ。それまで、ぼくは鉄のローチだと言っていて、付き合っていてローチが笑ったのは作品集を持っていったときが初めてだったんです。そのとき、流線型のかなりいいプロジェクトをやっていたんですよ。ぼくは、これはいいですよって言ったんですが、その事件以後虚ろになるんですね。それでポスト・モダン一辺倒になってしまった。ぼくは彼はあれでホッとしたんじゃないかと思うんです。ダブリンで古典的な教育を受けて、サーリネンの形を引き継いでいこうと頑張ったけれども、継ぎ切れず、ポスト・モダンの造形が出てきたんじゃないか。ローチさんはサーリネンの事務所にいたときは無理していたんじゃないか。だから笑えなかったんじゃないか(笑)。

鈴木 ローチはポスト・モダンでもあるけれど、いい意味でクラシシズムを身につけていた建築家なんだという気がします。ニューヨークのメトロポリタン・ミュージアムの入口の階段に手を入れたのはローチだと聞いてますが、あれは自分を殺しているかもしれま

エーロ・サーリネン[Eero Saarinen、1910-1961]：前述(p.188)

せんけど巧いとは思う。

磯崎　納め方は上手ですね。増築自体は問題が多いと思いますが。

鈴木　でも、メトロポリタンの増築部のウィンター・ガーデンが大好きだって言う人はとても多いですが。

磯崎　サーリネン事務所の同僚にはシーザー・ペリなど数人いますが、みな同じことをやっている。

二川　シーザー・ペリなんて四本柱にスラブを付けているだけですよね。その意味では、ガンガン高層ビルを建てている。クライアントの言うことをよく聞いてすぐ建てる。

鈴木　ただ、ハイライズというのはそういうものじゃないかと思いますが。超高層ビルを建築としてつくれる可能性というのは、そうないんじゃないだろうか。

二川　いや、もっと素晴らしいことはできますよ。

磯崎　今のハイライズはどれもコア・アンド・シェルです。コアの廻りに柱が立ってシェルがついて、それで終わり。

二川　いや、できるはずだと思うんです。ディベロッパーの力が強く噛んでいるから、計画案はあっても実際に建たないわけ。計画案はいいのがいくつもある。例えばリチャード・マイヤーがニューヨークの超高層ビルの計画をつくっていますが、彼のプロジェクトのなかでは一番いいと思う。グワスミーにしてもいい計画案があるし、ジャン・ヌヴェルだってつくってます。ところがいい計画案は全部潰れちゃうんですよ。

鈴木　ヨーロッパ、特にドイツはエコロジーの意識があって、その意味ではピアノが設計しているビルには、建築的な工夫なり面白さがあるとは思いますね。

二川　しかしレンゾ・ピアノ［一九三七〜］にしても良くないものしか建ってない。

磯崎　超高層を工夫しているという意味では、ノーマン・フォスターぐらいでしょうかね。

二川　そうですね。しかし彼のビルのいいものは金

エーロ・サーリネン：TWA空港ターミナル、1956-62

が掛かっているということなんです。**香港上海銀行**は、だからいいわけです。彼はそういうクライアントを探してくる。今名前を挙げた建築家のビルが建っていたらいいものになると思うけれど、普通、ディベロッパーは金がいくらあっても足りないから逃げちゃうわけですよ。シーザー・ペリは、クライアントの言うことを聞くから、どんどん建てるわけ(笑)。

鈴木　ペリは日本のディベロッパーにも、とてもウケがいいですね。今度日本橋の三井本館の再開発も手がけますし。

磯崎　アメリカの戦後のディベロッパーのゼッケンドルフはいいほうで、それ以外の多くのディベロッパーにとって、建物が金儲けの手段であるのは明快で、文化的なものが削られていくという事態は当然起こるわけです。ぼくもディベロッパーとは何度か接触してきたけれど、巧くいかないとわかって一切関わってない。彼らに合わせるか、こちらが主張するかで、文化的な問題なら喧嘩もできるけれど、彼らと喧嘩してもどうしようもないんですね。

ミースが**レイクショア・ドライブ**をやったときは、デ

レイクショア・ドライヴ・アパートメント[Lake Shore Drive Apartments、1951]：前述(p.179)

ケヴィン・ローチ+ジョン・ディンケルー：フォード財団本部、1963-68

ィベロッパー初体験だったと思うんですよ。そのディベロッパーは今のタイプとは違っていて、もうちょっと文化的なことをやりたいという人だった。もともとは数学者で、それがつまらないからディベロッパーになったという人らしい。それでミースをつかまえたわけです。それでもバルセロナ・パヴィリオンとレイクショア・ドライブを比べると、レイクショア・ドライブはディベロッパーの仕事だったなという感じがする。だけどミースはその間の難しさをすり抜けたわけですね。シーグラムはモニュメントで、ディベロッパーが関係してませんから成り立ってますけど。

二川　シーグラムと香港上海銀行は在り方としては一緒で、ディベロッパーは関係なくて、お金を湯水のごとく出す人間がいたから出来たわけです。

磯崎　八〇年代、パンフレットみたいな薄い雑誌がアメリカでいくつか出ましたけれど、そのなかでフィリップ・ジョンソンが話しているのを覚えてる。「俺はコマーシャル・アーキテクトとしては、一番成功したと思わないかい?」って。彼のクライアントは全部ディベロッパーだから、そのことをわかっているんですね。その枠はアメリカでは越えられないんですよ。

二川　ディベロッパーもしたたかで、ジョンソンと組んでいるディベロッパーに話を聞いたことがありますが、何故ジョンソンに頼むかというと、空き部屋が少なくて済むと言うんですね。彼が宣伝してくれるって。そのぐらいジョンソンは力があるんですよ。ジョンソンの建築的能力は買っているけれども、それよりも偉大なものがあると言ってました。

鈴木　売れる男、ジョンソンということですね。

二川　広告を出さなくてもニュースでやってくれるらしいです(笑)。

日本近代:その始まり

二川　ここで、日本のことを話していただきましょう。日本の一九〇〇年頃の建築家というと誰が挙げられますか。

鈴木　明治末期ですから、第一世代が終わってちょうど名手が出てきた頃じゃないですかね。岡田信一郎[一八八三~一九三二]、大江新太郎[一八七五~一九三五]、長野

The Mandarin

宇平治［一八六七～一九三七］、武田五一［一八七二～一九三八］、中條精一郎［一八六八～一九三六］などがいました。

二川　やはり海外のコピーをしていたわけですか。

鈴木　そうですね。西洋のコピーの非常に巧い人が出てきた世代だと思います。初期の**ジョサイア・コンドル**［一八五二～一九二〇］から**辰野金吾**［一八五四～一九一九］らがまだいるけれど、それに代わる世代がそろそろ登場してきた頃ですね。

二川　その頃はどういう人がコピーされてましたか。**チャールズ・レニー・マッキントッシュ**などですか。

鈴木　マッキントッシュについては、辰野さんの最後の頃はアール・ヌーヴォー的なインテリアをやってい るんで、影響しているかもしれない。九州の松本邸が明治末で、ちょっと遅れてますがその部類です。京都の武田五一は、割と新しい感覚でアール・ヌーヴォー的なものに通じていたと思います。けれども、当時の日本人はマッキントッシュに気づいてはいなかったでしょう。アール・ヌーヴォー全体をコピーした、というところでしょう。

二川　西洋の「モダン」が本格的に入ってくるのは、やはり**堀口捨己**［一八九五～一九八四］とかの分離派になるのでしょうか。

鈴木　分離派前後です。ものとして出来てくるのは、**アントニン・レーモンド**［一八八八～一九七六］の自邸や横浜シェル石油など二〇年少し経ってからですよね。

二川　レーモンドはいつ頃来日したんですか。

磯崎　**フランク・ロイド・ライト**のところにいて帝国ホテルのために来たんですが、すぐ辞めるんですよ。つまり大正年間にはいました。

鈴木　一九二〇年に分離派が旗揚げをするのですが、ちょうどその年にコンドルが死ぬんです。それでうまくバトンタッチをされて、モダニストたちは紆余曲折しながらやっていく。一九〇〇年代から三〇年代というのは、実際の作品の面では、堀口さんの一世代前の、先に名前を挙げたような人たちの時代です。

二川　ただそういう人たちは完璧にコピーなんですよね。

鈴木　折衷ですね。しかし巧い折衷だと思います。洋風住宅で言えば熱海の岩崎家別邸は、昭和初期の最高作でしょうね。住宅系には、大正時代からアーツ・ア

ジョサイア・コンドル［Josiah Conder、1952-1920］：イギリス出身、日本で活動した建築家。明治政府に招聘され来日。工部大学校（現在の東京大学建築学科）の教授として、日本人建築家の育成に当たった。庁舎や博物館など公共建築を設計した他、民間のオフィスや邸宅を様式建築でつくった

辰野金吾［Kingo Tatsuno、1954-1919］：日本の建築家。コンドルが大学校で教えた造家学科第一期生の一人。イギリス留学後、実務に入り、渋沢栄一とのつながりの下、銀行や駅舎の建築を数多く手がける。また、帝国大学教授として後進の指導に当たった。建築家としては様式の折衷主義で、しばしば辰野式と言われる

ンド・クラフツと数寄屋を折衷したようなオリジナリティが見られる。藤井厚二［一八八九〜一九三八］や武田五一はその類だろうし、清水建設の技師長だった田辺淳吉［一八七九〜一九二六］なども非常に洒落た折衷住居をつくっている。オフィスや商業建築はヨーロッパのコピーで行くより仕方ない。それが近代という世界だったから。

磯崎　モダンをどう見るかということになると思うんです。二つ見方があって、モダンという様々な建築のスタイルが外から日本に入ってくる、という見方と、できるできないは別として、一つのデザイン運動を組み立てて自分の主張をする。それは前衛なんですが、前衛がつくった考えがモダンなんだという見方と二つありますよね。

鈴木　そうですね。モダニズムと、日本の近代建築＝近代日本の建築と、二つあるのです。

二川　それはどういうものになるんですか。

鈴木　日本の近代建築には、近代日本の建築という意味が入りますから、鹿鳴館から東京駅から様式主義のものも入ります。時代で区切っているわけです。モダン・ムーブメントとかモダニズムとなると、○○主義が輸入された、××主義の影響が現れたというものが挙げられて、あらゆる前衛はコピーであるという不思議な状況が起きてしまっている。それに対してオリジナルな発想をしたというのだけを前衛と考えると、これも不思議なことになるんです。

例えば一九三〇年頃、宇治に高谷宗範というお茶の師匠がいて山荘をつくっています。彼は、検事を辞めて茶人になり、ドイツにも行っていたことがあるという人で、「茶道経国」を唱えて、茶道で国を立てるという非常に道徳的茶道観を持っていた。彼は、世界は○と□で出来ていると言うんです。だから、丸い建物と四角い建物をつくるし、和風の玄関なんだけど、唐破風でなく円筒ヴォールトの玄関をつくって、インテリアはドイツ風のパステル調の格天井にするといった茶

チャールズ・レニー・マッキントッシュ［Charles Rennie Mackintosh、1868-1928］：前述(p.29)

堀口捨己［Sutemi Horiguchi、1895-1984］：日本の建築家。ヨーロッパの近代建築の影響を受け、分離派建築会をつくり、様式の折衷主義建築を批判する。日本文化工作連盟設立に加わる。茶人、歌人でもあり、モダン建築を手がけながら、建築と庭園の関係全体を空間構成ととらえる研究を行い、いわゆる近代和風建築を設計する

フランク・ロイド・ライト［Frank Lloyd Wright、1867-1959］：前述(p.154)

道場をつくるのです。ある意味では非常に奇妙なオリジナリティがあるけれど、スタイルから言うと近代和風に他ならない。ただモダニズムの建築がどこに出てきたかというとレーモンドなどいろいろあって、結局はスタイル探しなんですよ。それをオリジナルと言っていいのかどうかはまた問題があるんです。

磯崎　日本の前衛について考えると、ポンピドゥー・センターで日本の前衛についての展覧会を何年か前やりましたよね。あれに鈴木さんは関係していたの？

鈴木　はい。

磯崎　ぼくが外から見て感じたのは、ヨーロッパで前衛と呼ばれていたものがどうやって日本に入ったか、日本にも似たようなものがありましたという、それだけを持っていって日本の前衛としているんですよ。だから完全にコロニアリズムの展覧会に見えたんですね。

鈴木　確かに、そうですね。

磯崎　フランスにしてみれば、うちの文化的植民地としては結構やってるじゃないかという見方になる。だから非常に哀しい展覧会だったんですね。

鈴木　あのときにかなり議論をしたのは、日本の前衛というのは、前衛が日本にもあったという話じゃないはずだということなんです。それでほんの少しだけ建築の部分では近代和風を入れているんですね。そうするとスタイルから言えば単なるリバイバルじゃないかということになるんですが。

磯崎　二川さんが、「コピーじゃないか」と言うのもしょうがない、ということになる。

日本の近代建築とは

磯崎　では、日本の近代建築は何をやったのかというのがその次の問題で、本当は出来てないにしても、何か違う筋書きが組み立てられて来つつあったのではないか。それは何かということが今日になって皆関心を持っている部分じゃないでしょうか。ですが表層的に見るとない。ただ、アメリカだって同じでヨーロッパの植民地なんですよ。MoMAが一九三二年にやった展覧会は、植民地なら破れかぶれで、いいとこだけ貰っちゃえということだった。それぐらいの醒めた輸入

アントニン・レーモンド［Antonin Raymond、1888-1976］：オーストリア＝ハンガリー（現チェコ）生まれ、アメリカに移住し日本で活動した建築家。ライト事務所で働き、帝国ホテル建設の際に来日。ライト、ペレ、コルビュジエの影響を受けつつ、日本独自の建築技術やヴォキャブラリーに着目、研究し展開した。戦時中には、日本家屋の知識を活かし、空襲の効力の研究に助力したことや、日本の戦災復興を考慮し土木コンサルタント、パシフィック・コンサルタンツを共同設立したことでも知られる

を日本でやれば、また話が違ったかもしれないんだけど、日本には伝統があった。だから伝統と輸入物がどう重なって衝突したかというのが一番の問題になるわけです。

鈴木　アメリカの場合、唯一の救いは、ライトがいたということで、彼だけはメイド・イン・USAのモダンになる道をつくった人なんですよね。

二川　ルドルフもそうだったと思う。当時の『フォーラム』を中心とした『タイム・ライフ』誌が彼らを応援した形跡はある。だから六〇年代以降ライトの株はどんどん上がってくる。そこにルドルフは乗るんですよね。彼はマイアミ生まれのアメリカ人で、いつも海兵隊スタイルだったし(笑)。

鈴木　植民地化する方を考えると、ヨーロッパのモダニズムのしたたかさは、ミースにしても**ワルター・グロピウス**にしてもアメリカを乗っ取ってしまうんですよ。ギーディオンまで呼んでくる。そしてモダニズムの神話をアメリカで発売していくわけです。

二川　そういう問題が、日本の場合は伝統などとぐちゃぐちゃに混ざって、挙げ句の果てに日本でしか通用しないものになってしまうんですよね。

鈴木　ただ日本にも似たようなことはあった。モダニズムというのはヨーロッパのなかの一部なんです。それがどこかはよくわからないけど、最終的にはゲルマン系の人たちが元だろうと思う。**ジークフリード・ギーディオン**はスイス人ですが最終的にはアメリカで、『空間・時間・建築』という神話を書く。**ニコラス・ペヴスナー**はイギリスへ出掛けていって、『モダンデザインの展開』を書く。その意味では、**ブルーノ・タウト**が日本に来て『桂離宮』という神話を書く。あれは日本を評価したように見えているけど、本当は、モダニズム神話を日本に植え付けて去って行った人じゃないかと思うんですよ。ゲルマン的というか……。神々のたそがれのときに人々が方々へ出て、世界中に神話を植

ワルター・グロピウス［Walter Gropius、1883-1969］：前述(p.52)
ジークフリード・ギーディオン［Sigfried Giedion、1888-1968］：前述(p.95)
ニコラス・ペヴスナー［Nikolaus Pevsner、1902-1983］：前述(p.98)
ブルーノ・タウト［Bruno Taut、1880-1938］：前述(p.171)

えて行ったというような感じがします(笑)。

磯崎　イデオロギー輸出だな。

鈴木　流浪の民の強さですよ。

ぼくが考えているのは、モダニズムというのは、ヨーロッパの周辺地域のなかで自発的に出てくるものなのか、時間さえあれば日本型モダニズムが生まれたのかということなんです。

磯崎　最近、建築学会で日本の近代建築を二〇個選んだという話がありましたね。

鈴木　DOCOMOMO[Conservation and Documentation of Modern Movement]という国際組織がありまして、モダン・ムーブメントの建物を記録したり認知したり啓蒙していこうという団体ですが、その依頼で学会として日本の近代建築を二〇件選んだんです。ぼくは、セレクションのお膳立てはしたけれど、セレクション自体は藤岡洋保さんが中心になってしていただいたんです。

磯崎　これについてぼくは、どうケチを付けようかと考えているんですよ(笑)。

二川　それはどういう年代のものですか。

鈴木　二〇世紀で一九六〇年末までで終わっています。その年代を下げると途端に難しくなるということがあったんでしょうね。

日本の近代を考えるのはやっぱり難しくて、コピーのインデックスをつくって、「あっ、ありました」というような百人一首的なやり方をすると大体全部あるわけですよ。それを結びつけていけばいいのかという問題ではないだろうとは思う。じゃあオリジナリティの話なのか、というとそうでもない。じゃあ何かというと、逆に言えば、近代という概念自体がヨーロッパで生まれたものだし、それに依拠せざるを得ないわけです。その意味では、ヨーロッパ的なもののコピーの出現年表をつくるという作業になるのは、致し方ないかもしれない。

ただ、日本人は猿真似ばかりで、形を真似るけれども精神を理解していないというような議論が昔さかんでしたが、様式なり技術なりをいかに精神と切り離すかが日本人の努力してきた部分ではないかと、逆説的に思うわけです。西欧近代という現象をいかに技術の領域に押し込めるかで、主体性を守ってきたと

丹下健三[Kenzo Tange、1913-2005]：前述(p.219)

吉田五十八[Isoya Yoshida、1894-1974]：日本の建築家。欧米への旅行を通じ、ヨーロッパの古典建築を日本人が設計することの文化的な不可能性を感じ、日本の伝統的な建築ヴォキャブラリーの近代化を展開。建築要素の合理化や洗練化、工業部材の採用、現代的スケールへの対応などを追求した

考えるべきなのではないか。意図的に猿真似をしていたんじゃないか。ところがやはりその主体性が出てきてしまう。それが、例えばある種の帝冠様式の一部なのかもしれない。そのなかでは、戦後に至る道を引いたという意味で、**丹下健**三さんは他の人とは異なった軌跡を描いた人だという感じがします。

磯崎　その話を聞いて感じるのは、戦争中に生産力理論というのがあったんです。マルキシズムを標榜して弾圧されていた時代の話ですよね。そのとき隠れマルキストがどうしたかというと、一切のイデオロギーを外して、資本論や唯物論が持っている基本的な概念を、別のレベルで展開できないかを考えた。その基本としては、生産力を上げるための理論を考えたわけです。生産力というと丸ウケする理屈なわけです。

ぼくは昔、一九三〇年代についてインタヴューをやったことがあって、**吉田五十八**［一八九四〜一九七四］さんに始まって**吉武泰水**［一九一六〜二〇〇三］さんなどいろんな人に聞いたんです。彼らは五〇年代に戦後の理論をつくった人たちですが、その理論の下地は戦争中に出来ていたはずなんです。その下地は一体何だったのか、それを聞き出そうと思ったんですね。結局、話はいろんな方向へ散ってしまってそういう話にはならなかったんですが（笑）。

そこで感じたのは、多かれ少なかれ戦争中には表立って言えないようなことをやっていて、それが戦後になって生きた、戦後のデビューに繋がったという人が結構いたんです。吉武さんは、イデオロギーや先入観を一切はずして純粋に現象だけを記述していこうとする科学者の仕事なんかを研究していたみたい。それが戦後の吉武さんの計画論に繋がっていくという話が出てきた。鈴木さんが言う、表面に出てくるいろんなものを外して技術化してしまったというのは、皆強制的にやらざるを得ないような状況だったんじゃないかという気がします。

吉武泰水［Yasumi Yoshitake、1916-2003］：日本の建築学者。公営住宅の住戸プロトタイプ51C型を計画した。建築の規模、部分やスペースの寸法、その関係、動線を科学的に決めるアプローチは、日本では戦後の社会発展の中で、公共性の高い建築を主な対象に、統計調査や数理理論によって研究された。吉武はその定量的方法論（ポアソン分布による需要に基づく規模算定手法など）を確立し、病院、学校、集合住宅などの施設設計に携わった

鈴木　ただ、それは弾圧だったのかどうかはわかりませんが。

磯崎　ぼくが見ていたのは隠れマルキストでしたからね。

二川　同潤会アパートにはじまりパレスサイド・ビルで終わる二〇件のセレクションを見ていると、これが日本を遅らせてきた大きな理由じゃないかとぼくは思う。同潤会アパートはコピーなんですよ。国際組織に出すものでありながらこのセレクションはすごく日本的な感じがします。コピーをして建築を始めるというのは、しょうがないと思うんですよ。それを卑下することは何もない。ただ、今日になっても、そういうものがランキングのなかに入ってくる、しかも比較的若い人が選んでいる。このなかで存在として死んでいるものがいっぱいあるんですよ。例えば、土浦亀城邸が出来たのは一九三五年ですが、その時代、世界にはもっといい住宅がたくさんあるんですよね。

鈴木　しかし、日本にはゼロだということになる。

二川　ゼロならゼロでいいと思うんですよ。これを生かすと話が間違ってくる。空白は空白でいいんですよ。今日においてぼくらがすべき評価はそういうことだと思う。何もないところで頑張って、B級品をA級品に昇格させるようなインチキはやめた方がいい。その意味でも戦後の日本の建築家は、それこそ村的に固まっていたと思うんですよ。それがこういうリストに現れているような気がします。

鈴木　だけど、それは国際組織のいやらしさで、各国二〇選びなさいというやり方自体には内心反発するところは大きいですが、国際組織はそういうことをやりたがるわけですよ。

二川　そのときに一番がなくて二番がなくて、八番がある、というリストを出せばいい。

鈴木　ただそれをやったら、本家はドイツ、分家はアメリカ、三男坊はフランスというそれだけになって、日本は小作人かということになってしまって、日本から見たときの切り口がなくなってしまう。だからぼくは近代和風みたいなものも入れるべきだというのが個人的な意見なんです。極端なことを言えば、藤森照信［一九四六〜］さんじゃないけど日本の近代の表現は銭湯にあり、と言ったっていいわけです。

建築の消失

磯崎　今の鈴木さんの発言は面白いんですが、本家がドイツ、分家が……といくと、今本家がダメな理由は何でしょうか？

鈴木　どこの家でも本家がダメということは今、多々ある……（笑）。

磯崎　なるほど（笑）。しかし世紀末の今は本家分家総崩れという感じでしょうかね。

鈴木　その意味では、家なり系譜なりが壊れていると言えるわけです。だから、あそこの家のあのガキは元気だ、という風にバラバラにある健全な状態かもしれないですね。日本代表の建築家なんて誰もいなくて、例えば磯崎さんの持っている世界との繋がり方、あるいはもっと若い世代の繋がり方というのは、すでに個人ベースになっている部分がある。

磯崎　国単位では議論の枠組みをつくれなくなってきた。周縁の国々の近代化が若干遅れて出てきて、本家というか最初からスタートとしたところと同格に見えるような状態になってきた。それがちょっと前なら国で括れていたけど、今や国では括れない。地域でもない。個人の単位になったんでしょうか。

鈴木　昔なら党派というものがあったけれども、今は古典的党派自体が見えにくくなっているような気がします。

磯崎　党派があったとしてもランダム・コネクションですね。

鈴木　ただし、それも固定的でなくて、次のときにはまた別の組み合わせになっているかもしれない。バラバラです。

二川　ぼくは、この本は締めくくりをしない方がいいと思うんですよ。締めくくりをするためには事件が必要だけど、今世紀末は事件がない。だらだらと次へいくだろう。だから終わりもだらだらでいいんだろうと思うんですよね。結論づけることはない。

磯崎　同感です。この頃、来世紀はどうなるかとか、デザインはどうなるかというようなアンケートがやたらと来ますよね。つまり世の中が変わると思っているんです。

鈴木　コンピュータの二〇〇〇年問題と同じでしょうね。何事も起こらないように技術を調整してますが、結局はそれまでのものが変わらず継続される。ただ二〇〇五年ぐらいになると今とは違う局面が出てくるような気がします。

磯崎　一〇年単位ぐらいで特徴は出るものなんですけどね。

二川　すると今の時代はいつから始まっているんですか。

磯崎　八〇年代の終わり頃だと思います。日本ではバブルが出来上がった頃までが一区切りで、歴史的な事件としたら八九年のベルリンの壁崩壊、九一年のソ連崩壊の頃でしょうね。その後は世界的に構造が変わってますよ。

二川　ただベルリンの壁は崩壊しましたけど、デザインはあまり変わってないのではないかと思うのです。ロシアにも大きな事件が起こったけど、建築はあまり変わってない。だから建築はあまり関係ないんじゃないかな。

鈴木　モスクワでは今、ルシコフ市長の元で赤の広場の脇に地下ショッピングセンターをつくったり、モスクワ川のなかにイワン雷帝だか何かの巨大なモニュメントを立てたりして、一種のバブル的状況になっている。国は荒廃してもモスクワという都市だけが一人勝ちしてる状態です。バラバラというのはこういう状態を言うのでしょうね。磯崎さんがよく言われる一**九六八年**に、ある意味で二〇世紀の前半が完全に終わった。で余震なのか何なのか、ロシアが崩壊してベルリンの壁が崩れるわけですよね。

磯崎　その二〇年間が歴史的には宙づりなんです。ぼくは、ポスト・モダンと言われた時期がその間じゃないかと思う。だから八〇年代末に区切りがついている。そこから後がどうなったかというと、二〇世紀を組み立ててきた最大のものはプランニングですよね。経済や国家や、都市にしろ建築にしろ計画をするという概

1968年［1968］：前述(p.192)

プロセス・プランニング論［Theory of Process Planning, 1962］：磯崎新が提唱した概念。近代的な、全てを科学的に予測し、計画するアプローチに対し、その不可能性を主張し、時間的切断ごとの意志決定の集積が、その都度、空間を生み出すという建築創作理論。近代的な完結した時間や、単なるリニアな時間でなく、動的な時間を建築に対応させようとした、近代批判の手法

念があった。それが全部ダメだったということがわかったのが八九年ですよ。計画経済も成り立たない。都市計画も建築計画もないというわけですよ。だから、二川さんが言われるように直接的には建築は変わらないんです。でも状況は決定的に変わったと思います。

おそらく、ぼくの初めての建築的言説は、プロセスという反建築的な概念をどう扱うかでした。「**プロセス・プランニング論**」を書いたりしたんだけど、このときまだ計画が無意味になるなんて考えなかった。だけど線的時間に基づく計画を「切断」によって停止し固定するという方法に到達したとき、線的時間から離脱できた。つまり計画概念から抜けたのです。それがぼくにとっての近代批判でした。計画とは近代が特権的に産出したものですからね。ですから廃墟や消失が語れるようになった。

ぼくは昔、「**建築の解体**」なんて言ったけれど、今ならば建築の消失と言った方がいいんじゃないかって、最近思ってます(笑)。今、姿を消した奴がカッコ良いということになってますからね。だから、今あの頃の歳だったら、「建築の消失」というタイトルで書く。そのなかでどうすればいいかというと、おそらく、建築を根元的な人間の欲望と繋いで考えるというようなレベルでやると、建築は残ると思うんですよ。それはある意味で、建築の始まりのようなところですね。

鈴木　それはすごく高いレベルでの話だと思うんですが、家を持ちたいとか資産としての建築についての欲を、建設業が支え、建築家が引っ張るというワンセットがあるから、建築は続くんだと思うんですよ。

磯崎　田中角栄が目を付けたところじゃないですか。

鈴木　つまり建築は常に政治が目を離さないということです(笑)。

二川　その辺が建築の明るい未来というところなんでしょうか。まあ明るく考えましょう、万歳三唱とはいきませんが(笑)。

建築の解体[Kenchiku no Kaitai]：磯崎新による、雑誌『美術手帖』に1969-73年にわたり連載された記事タイトル。1975年に書籍化。サブタイトルに1968年の建築情況とあるように、68年のミラノ・トリエンナーレの経験も下敷きに、近代建築に至るまでの大文字の建築概念が崩れ、多様化していく状況を描く。連載で挙げられたのは、磯崎とほぼ同世代の、近代建築を学び、しかし活動を開始した時には戦後体制の中で近代の意味が変容していた1930年代生まれの人々である

あとしまつ　磯崎新

聞き手：二川由夫

土俵が無くなってしまった

磯崎　今日は、あとがきを話すと聞いていますが、まず、鈴木博之さんは降りたんだね。

二川由　一九九〇年以降、二〇一〇年ぐらいまでのお話を、と磯崎さんと同じようにお願いしたのですが、この時代については建物もあまり見ていないので話せることがないとおっしゃいまして……。

磯崎　なるほど。今一度読んでみると、鈴木さんとは一章に一度は揉めてるね(笑)。今度やったら最初から最後まで揉めたでしょう。前の時は、親父(二川幸夫)が間にいたから何とか一回ぐらいで済んだけれど(笑)。こういう組み合わせを考えたのは、親父でしょ？

二川由　その通りです。

磯崎　彼は自分が行司だと思っていたからいいけど、極端に言うと、鈴木さんとぼくはプロレスラーと相撲取りが闘うみたいなもので、異種格闘技ですよ(笑)。同じ土俵に立ってない。鈴木さんはまともな建築史として見ているし、ぼくは現場にいた建築家として話しているから、どうしたってズレるわけです。ぼくも少しは合わせて歴史のことを話しているし、彼も合わせてはいるけど、立場のズレはどうしようもない。二川は、その異種格闘技が面白いと思って、確信犯的にぼくらを指名したに違いないとは思うのですが。

とはいえ、前に話した時はまだ土俵がありました。○×とは、評価ですよね。建築物が良いか悪いかを議論するわけだから建築論というより建築批評でしょう。その建築を批評し論ずるという状況、土台が世紀の変わり頃に崩れた。これが近年ぼくの言っていることなので、鈴木さんが無理だと言うのはよくよくわかる。どういうことかというと、近代を迎えてから、建築が社会的な制度に組み込まれたとぼくは理解しています。建築家という職業が生まれるし、建築学科ができるし、建築論も生まれる。そこではある概念のなかでの理念の共通性がうたわれる。

近代国家が出来上がっていく背景には世界の文明の歴史があって、それが最終的にはいろいろな建築物の評価基準をつくり上げてきたと考えられる。その時代をモダニズムと我々は受け取っていたわけだけど、ぼく自身は、どちらかというと、これをどうやって否定するかという議論を六〇年代からやってきて、九〇年頃までは続いたと思います。いわゆるポスト・モダンと言っていた七〇年代、八〇年代はモダニズムの最後の、ある意味では裏返しみたいなもので、やはりひと括りにできるムーブメントだった。

ところが九五年から後は、極端に言うと、全部ヴァーチャルになってしまった。神戸の震災で建築物がすぐ壊れるものだということがわかったし、インターネットが出来上がるし、あげくの果てにはphotoshopでデザインしたものがそのまま建ってしまう。ミースみたいに、しこしこディテールを描いて、やっと超高層になるといったものではなくて、photoshopでつじつまを合わせて、それがそのまま建って建築だという事態になった。OMAのCCTVがまったくそういうつくり方です。コンペの時にプレゼンテーションされたものを審査員としてぼくは見ていて、それはこれまでの建築の理論でつくられていたし、構造や構成のプリンシプルも筋が通っていた。ところが出来上がるプロセスは違っていた。コンペの時に出したパースを「これがいい」と政治家が言ったから、もう外側は変えちゃいけないと。それで最初に描いたパースに見えるように内側のつじつまを合わせていった。芝居の書き割りと同じです。中のストラクチャーも耐震ブレースのディテールも全く意味を成さない。

つまり近代のロジックは一切あの建築の中に入ってない。何があるかと言えば、コンピュータに映されたphotoshopのイメージだけが、無茶苦茶な大きさで出来上がっている。世の中では都市のアイコンになるようなものが求められているので、ブランドの目玉商品を売り出すべく、同じような具合でphotoshop的にデザインされたものがどんどん立ち上がる。目玉商品がないとブランドという戦略は成り立たないからね。

ところが、そういう現代社会とズレたかたちで建築をつくっている人もいる。ピーター・ズントーは、古いやり方で建築的なものにしたいと思いながらつくり続けている。これは極端に言えば、一九三〇年代に日本で数寄屋造りの家をつくっているようなものです。一般的には当時の現在建築はモダニズムで、だけど一部では数寄屋もつくられていた。それと同じように、近代建築が時期外れにできるケースもあるわけ。アナクロニズムですね。それはいろいろな建物が建っているなかでの一般的な議論とはもはやまったく無関係。いつの時代でも時期外れなものはありますからね。

二川由　今、聞いていてよくわかったのですが、この十年間取材をしていて特に反響があるのは、辺境の建築家の作品です。中国のワン・シュウはその代表で、南米、ブラジル、チリ、スペインに行くと、時期外れのモダニズムが生きていて、しかも若い人がそれをやっている。

磯崎　そう、だからそれは時期外れなんだよ(笑)。

二川由　その通りで、一般にはないものだから目立つのです。それで、ぼくたちもこの十年は延命してきた(笑)。

磯崎　九〇年代の初めから二〇〇〇年頃の間の変節については、日本ではあまり言われていませんが、フレドリック・ジェイムソンという文芸批評家で元々ANY会議に出ていた人物が、カルチュラル・ターン《文化論的回転》という言葉で語っています。その頃、文化問題の議論の仕方がひっくり返ったのではないかと。ぼくが『建築における「日本的なもの」』(新潮社、二〇〇三年)を出した時に、彼は長文の批評を書いて、ぼくもそれに返答しました(「茶匠たちが作り上げたもの」フレドリック・ジェイムソン、「〈やつし〉と〈もどき〉」磯崎新、『新潮』二〇一〇年九、一〇月号)。

ぼくなりにカルチュラル・ターンとして理解してきた流れがあるのですが、建築や都市を論じるのに、モダニズムの歴史は十九世紀からつながっていて、そこで共通理解されている理論を元にすれば、建築を建築として論じることができていた。しかし、現代は、建築や都市を論じる前に、世界の資本主義、経済状況はどうなっているか、都市の開発をする政治システムがどうなっているかといった、つまり我々が排除していた枠組みが表に出て来て、それを通さない限り何も言えない。だから、建物はどんどんできるけれど、これは建築としてではなく、論じることさえ無理だというのが、ぼくなりに九〇年代半ばぐらいから考えてきたことなんです。

考えてみたらこの本が出たのがちょうど世紀末で、これで二〇世紀のケリが付けば、二十一世紀は建築の無い時代にいよいよ入ってくるであろうから、今のうちに忘れないうちに建築を論じておけばいい、というのがこの時の付き合い(笑)。昔から社会学がどうだ、環境がどうだという議論はあったけど、まだ建築の方が面白かった、というのがこの本の最後ぐらいまでですよ。そこから後は、新しい人がいろいろやっているけど、ここで議論してきたものとは違う別のフェイズなんだろうと。だから、まったく建築家自身も困り果てている。そこで、九五年ぐらいから後は、ぼくは都市の方をやってきた。中国のプロジェクトはもっぱらそれです。

ということは、九五年から二〇〇〇年の間、ちょうどこの〇×の話をしていた頃に、土俵そのものが変わってきていたということでしょう。それでもまだ〇×という勝負の舞台があった。共有する議論のベースがあったということです。ところが、二〇〇〇年になると、それはもう無くなってしまった。無いというより、皆共通の議論ができなくなっていると感じている。

例えば、二〇一二年のヴェネツィア・ビエンナーレの伊東豊雄さんたちによる日本館の展示は、建築じゃない。ぼくは神戸の震災の後の一九九六年とその後も何回かビエンナーレには付き合いましたが、どれも建築ではなくて、都市や震災とかオタクがテーマでした。建築はいよいよ無くなってどうしようもない、というところに、偶然妹島和世さんが二〇一〇年にディレクターをやって、ぼくは審査員として付き合った。石上純也くんは目にも見えないような細いカーボンファイバーで「空気」という作品をつくった。この手のものはもう最後で、以後は彼のようなことをやっても評価基準が世界になくなってしまうだろうから、これは今、賞をやらないとしょうがない。そう思ってぼくは、ワン・シュウと石上純也をどこかの賞に同格で入れてくれとずっと言っていた。そうしたら、真夜中になっても結論が出ないから、ぼくは眠くなって、この二人が入っていればいいと言い残して、帰ったわけ（笑）。翌朝、一方（石上純也）がグランプリで、もう一人（ワン・シュウ）は佳作の末席だった。ところが、その翌年には、ワン・シュウがプリツカー賞を取るわけですよ。

あの時の状況をみても、ワン・シュウの評価はすでにできなかったんですよ。まあワン・シュウにしたって、この本の中に入れられるものがあるかと言えば無い。彼のやっていることは議論できる。だけどそれは建築物の良し悪しではない。本人がそれを意識しているかどうかはわかりませんけどね。

よくよく考えりゃ、この本で選ばれたものは、全建築のなかで〇・一％もない。残りの九九・九％は、時代のファッションとしてどこかでつながっていて、二〇世紀においては、〇・一％の影響の元に九九・九％が徐々に変わっていった。それが二十一世紀まで通用するか、ぼくはわからない。それくらい文化状況が変わったんじゃないかと思う。アートを見ればわかりますが、ある何人かは猛烈にマーケットで売れる。他の連中は一文にもならないけどアーティストだということになっている。どちらを評価したらいいかというと新聞も値段の付け方も流行の方に合わせる。一般的にはマーケットは九九・九％の方をとるわけですよ。〇・一％が〇だといっても、これは〇なのではなくて、外れたものだけを評価しているに過ぎないじゃないか、というぐらいの状況に、今なってきているのではないか。これは〇、これは×だと簡単に言えないようになってきた。

この本は一九九九年に出て、それまでの百年ぐらいの話をしたのかな？

二川由 はい、おおむね一世紀の話です。

磯崎　○×というのはクオリティとして良いか悪いかを議論していたわけで、時代から見ると二〇世紀というのは、建築が建築という概念のなかで捉えることのできた時代だった。これから後が深刻なんだろうと思いますよ。

「二〇世紀」の「現代建築」を「検証」する

磯崎　ところで、タイトルの「二〇世紀の現代建築を検証する」は、どういう意味があったんですか。

二川由　もちろん二川幸夫が付けたのですが、近現代の建築とするのが本当は正しい表記なのかもしれません。ただ、現代建築という言葉に彼はいろいろな意味を込めたようにも思います。モダニズムというと日本では近代建築と訳されますが、実際はその時代においては現代建築だったわけで、つまりモダニズムは現在に続いているとして、十把一絡に「現代」としたのかもしれませんね。今日磯崎さんの話を聞いていて、今の時代は名前も無い、ということなのかと思ったりしました。

磯崎　中国では、現代建築という言葉は無いんです。現代にあたる言葉は当代で、ぼくらが現代建築と言っているのは近代建築です。おそらくモダンという概念＝近代としてあるわけね。それが今も続いているという状態でありながら、コンテンポラリーというと当代となる。例えばこれを英語にするとどうなりますか?

二川由　(笑)。「現代」を抜いて、「二〇世紀の建築を検証する」になるでしょうね。「現代」という言い方は、特に英語だとそぐわない。

磯崎　「現代」が取れれば話は明解で、それは歴史についての議論だという意味が出てくるね。つまり「二〇世紀の建築」と「二〇世紀の現代建築」は語義矛盾しているんだよ。それがこの企画の面白さでもある(笑)。

二川由　二川幸夫的ですね(笑)。なるほど、おっしゃる通りです。

磯崎　「オレは両方やってるよ」という感じがあって。実際、五〇年前にできた建物を撮った写真と去年撮った写真が同じようにここにあるよ、ということだろうと思うけど、話す方にとってはまた別問題ですよ。

二川由　確かに二川幸夫的な現代建築の定義は、非常に個人的な感覚としてあったと思います。

磯崎　ぼくらの付き合いの初め、五〇年代の頃は敵がいなかったから、言いたい放題だった。彼は、酒を飲んで議論すると、「オレが撮ったのが現代建築だ。他はクズだ」と言っていた。「オレが撮りたい建物は、オレが見てオレが決める。歴史家なんていらない」というのが彼の基本原則だったわけ。ぼくは、横で見ていて、現場をやるということはそういう見方しかないだろうと思って、ずっと一緒に付き合った。だからぼくも建築に対しては基本的に彼の撮り方と同じ見方をしてきたと思います。グラスゴーは、二川よりも先に6×6のカメラを持って行って、カラーで写真を撮って帰ってきて、マッキントッシュは面白いと言ったら、彼はすぐに行ってきちんと撮った。六〇年代の終わり頃、重い6×6でした。あいつがハッセルブラッドを買った頃かな。ぼくはその金はないから、日本製の似たようなカメラを担いで行った。

ぼく自身も、面白ければ古いものでも新しいものでも見に行った。だんだん、現代建築と五〇年前のものと二〇〇〇年前、一〇〇〇年前も全部同じように見ればいいというのが、ぼくの立場になってきた。見に行ったことが重要であって、アクロポリスにしろ何にしろ、歴史的に何であろうが構わない。そこに見えた格好が建築だと考えるようにぼくも変わってきて、行った時の記憶しか頼りにできないと思い始めた。

写真家というのは太陽の動きを考えて、太陽があの位置に来た時にここから見れば建物は格好良く見えるというポイントを探して、そこにカメラを据える。そのポイントを探すことが職業的に重要なわけです。ぼくはただ歩いているわけ。歩いているだけだから写真にはならない。見て面白いと思えるものだけをぼくは建築として扱おうと思っているから、全部漠然とした記憶しか頼りにしていない。だから同じところに行っても二川とぼくはまったく違う見方をしてきたと思います。それはぼくの場合は言葉でしか伝えられない。気分や気配を言語化できるかどうかはぼく自身の問題で、なかなか難しいことが多い。だけど現場を写真家と見て廻ることをしたから、歴史家と違う見方ができるようになったとは言えますね。だから、写真家が何を探して何を見たかはわかります。あとがきとしては、彼の写真が何を意味したのか、説明しておく必要があるんじゃないかな?

二川由 手前味噌的で、ちょっと抵抗感があります……。本人はこの本においては黒子的ですから、あまりそこら辺はつつかないであげてほしい気もします。

磯崎 いやあ、黒子じゃなくて、彼としてみれば、ここに置いてある写真がしゃべっているのと同じなんですよ。写真だけで一つの流れを持ってるわけです。歴史的な事実というより、このカットが持っている空間の、あるいはディテールの、デザインの意味についてしゃべってくれって言っているんだと思う。

二川由 (笑)。

磯崎 すると当時、鈴木さんと衝突することが多くなるわけ。本人は行司みたいな顔してるし。事実、彼じゃなかったら、この二人の対談はこういう形では成立しなかったと思います。

別の言葉で言えば、彼の建築解釈が写真になっている。他の写真家が同じように撮ったら、別な写真になっているはずなんですよ。GAの場合は、彼は一つのメディアだと考えているわけだから、写真そのものというより写真を介してヴィジュアルなメディアをどう組み立てるかが主題であって、写真はそのための資料なわけでしょう。

彼の場合は、一つのカットで最大限の情報が見えるように、ぼくの考えでは親切に撮っていると思います。このフラードームの写真(p.102-103)は、ぼくも同じ場所で見ていますが、他の人の写真は大概まっ昼間に撮ったものが多いと思うけど、彼は、外と中の明るさが近くなる時間帯を待って撮ってる。それによりコンセプトが一発で見える。ぼくはこの写真、とってもいいと思う。なぜなら、中がただ見えるのではなくて、このドームを介して内と外が同じように見えている。それは一つの建築解釈なんですよ。

それと、ぼくは二川が都市を空撮するのに付き合ったんだけど、彼はすごく立体的に撮るんですよ。それはよく覚えてる。

二川由 空撮は、『日本の民家』の頃からやっていたようです。

磯崎 五〇年代の後半にはセスナに乗っていました。ぼくは彼と一緒に行っていたから、ヨーロッパで乗る飛行機をどうやって探してどうやってパイロットを口説くかという文章を書いたことあります。

このファンズワース邸の雪の写真(p.114-115)はいつ頃撮ったのかな?

二川由 九七年の撮影です。

磯崎 ファンズワース邸の施主の女性は、有名建築家だというのでミースに頼んだらこんな家ができちゃって、気に入らずに自分の趣味で古い家具を入れて住んでいた。そこに撮影に行ったものだから、威嚇射撃をされたと何度も聞いた。

二川由 最初に行ったときの話ですね。普通のやり方では敷地に入れないから、ボートを雇って対岸の川を渡って家に近づいたと言ってました(笑)。

磯崎 威嚇射撃されても撮るよ、というその根性がぼくはいいと思う。そうじゃなかったら撮れないわけだから。

二川由 フィリップ・ジョンソンのガラスの家は、勝手に塀を登って入って写真を撮って、出版までしてしまった。そうしたら、ジョンソンが「オレのうちはこんな日本風に見えるのか」と驚いたらしい。

磯崎 あそこは確かに侵入できるね。いずれにせよ、これは建築写真の宿命ですよ。

二川由 (笑)。

磯崎 一種ストーカーみたいなもんです。建築ストーカーとしての写真家(笑)。建物の撮影をする上でストーカーたらざるを得ないというのは基本でしょう。建築家にしてみれば撮ってほしくない部分まで撮られちゃうし、住む人にとっちゃ自分のプライバシーを侵されるわけだから。いちいち挨拶してたら面白い写真にならないし。決定的な写真は、事件の最中にどうやって潜り込んでいるか、ですからね。バルセロナ・パヴィリオンの写真(p.206-207)は、中庭だけに光が入っている状態ですね。このタイミングを探すのは大変なんですよ。でもそれをやらないとしょうがないと思って彼は待ったんでしょう。

二川由 ……九〇年代の建築も載せているんだね、ビルバオ・グッゲンハイムとか。

二川由 出版したのが一九九九年なので、そこまでの主だった建築はさらっているつもりです。

磯崎 「現代建築」だもんな(笑)。

何はともあれ、二川は最初から最後まで「オレが撮ったものが現代建築」というスタンスだったと思います。それが二〇世紀建築だったんだと言えば、それでぴったり話は収まるね。

二川由 出来すぎた話ですが(笑)。

磯崎 だけど、後から見たら「語義矛盾」(笑)。

二川由 絶対、「現代」というフレーズを入れたかったんでしょう。

磯崎 自分が現代だと思ってるから当然です。あとは「オレが撮った写真をお前ら二人で裏付けろ」ってなもんで、「検証」と付けている(笑)。

そういう意味では、この本は二〇世紀建築そのものですよ。それを二川がドキュメントした。で二人がそれをごちゃごちゃ言った。そういうことで、これを歴史として売るというのが筋でしょう。そこからつながる話はもう無い。でも、歴史書であると考えるならば、十九世紀についても同じことができるかもしれない。しゃべるやつも写真撮るやつも、もういないけどね。

索引／作品，キーワード，書籍

磯崎新
1931年大分県生まれ。東京大学工学部建築学科卒業、同大学大学院修了。丹下健三研究室を経て、63年磯崎新アトリエ設立。主な著作に『空間へ』、『建築の解体』(共に美術出版社)、『見立ての手法』(鹿島出版会)、『反回想I』(エーディーエー・エディタ・トーキョー)、『建築における「日本的なもの」』(新潮社)等

鈴木博之
1945年東京都生まれ。東京大学工学部建築学科卒業、同大学大学院修了。74-75年ロンドン大学コートゥールド美術史研究所留学。東京大学教授を経て、現在、青山学院大学教授、博物館明治村館長。主な著作に、『建築世紀末』(晶文社)、『東京の地霊』(筑摩学芸文庫)、『庭師 小川治兵衛とその時代』(東京大学出版会)等

二〇世紀の現代建築を検証する

2013年7月25日発行

企画：二川幸夫
編集・発行：二川由夫
撮影：GA photographers
印刷・製本：大日本印刷株式会社
発行：エーディーエー・エディタ・トーキョー
東京都渋谷区千駄ヶ谷3-12-14
TEL: 03-3403-1581 FAX: 03-3497-0649
E-MAIL: info@ga-ada.co.jp

ISBN 978-4-87140-682-6 C1052

出典
『劇場』S・ティドワース、早稲田大学出版部, 1986: p.14
"Chicago Tribune Tower Competition and Late Entries" by Stanley Tigerman, Rizzoli, New York: p.21
"The Works of Sir Joseph Paxton" by G. F. Chadwick, The Architectural Press, London, 1961: p.70上
Victoria and Albert Museum, London: p.70下
Bibliothéque Nationale, Paris: p.73
"I mobil di Gerrit Thomas Rietveld" by Daniel Baroni, Gruppo Editoriale Electa, Milano: p.111
©FLC/ADAGP, Paris & JASPAR, Tokyo, 2013 D0260: p.125
The Frank Lloyd Wright Foundation Archives (The Museum of Modern Art | Avery Architectural & Fine Arts Library, Columbia University New York). All Rights reserved.: p.128
"Die Weissenholfsiedlung", Karl Krämer Verlag, Stuttgart, 1968/1977: p.167